Aprender com a história?

Aprender com a história?

O PASSADO E O FUTURO DE UMA QUESTÃO

FERNANDO NICOLAZZI
HELENA MIRANDA MOLLO
VALDEI LOPES DE ARAUJO
organizadores

FGV
EDITORA

Direitos desta edição reservados à
EDITORA FGV
Rua Jornalista Orlando Dantas, 37
22231-010 | Rio de Janeiro, RJ | Brasil
Tels.: 0800-021-7777 | 21-3799-4427
Fax: 21-3799-4430
editora@fgv.br | pedidoseditora@fgv.br
www.fgv.br/editora

Impresso no Brasil | Printed in Brazil

1a edição — 2011

PREPARAÇÃO DE ORIGINAIS | Maria Gabriela Delgado
REVISÃO | Eduardo Carneiro Monteiro e Fatima Caroni
CAPA E DIAGRAMAÇÃO | Santa Fé ag.

Ficha catalográfica elaborada pela
Biblioteca Mario Henrique Simonsen/FGV

Aprender com a história? : o passado e o futuro de uma questão / Organizadores: Fernando Nicolazzi, Helena Miranda Mollo, Valdei Lopes de Araujo. — Rio de Janeiro : Editora FGV, 2011.
256 p.

Inclui bibliografia.
ISBN: 978-85-225-0856-3

1. Historiografia. 2. Historicismo. I. Nicolazzi, Fernando. II. Mollo, Helena Miranda. III. Araujo, Valdei Lopes de. IV. Fundação Getulio Vargas.

CDD — 907.2

Sumário

Parte II — As histórias da questão

Prefácio

História: filha e mestra do tempo

ESTEVÃO C. DE REZENDE MARTINS

Nos tempora sumus.

S. Agostinho

Da história diz-se uma infinda quantidade de coisas. Duas merecem reiterado destaque: que a história é mestra da vida e é filha do tempo, de seu tempo. Agostinho de Hipona refere-se à medida de tempo atribuindo-a aos próprios homens com um termo que engloba autor e leitor: nós somos os tempos. Viver o tempo, interiorizá-lo pela reflexão, transformá-lo de história vivida em história pensada é próprio a nós, à racionalidade de nosso pensar e de nosso fazer.

O presente livro apresenta uma miríade de itinerários pelos quais a reflexão crítica sobre o tempo da ação humana, sobre a história, percorre as possíveis formas de apropriar-se, pela investigação historiográfica, da experiência passada.

A questão que orienta as análises diz respeito à possibilidade de aprender com a história, que alguns formulam como aprender da história. A história, tal como enunciada na historiografia, em toda sua diversidade, reúne em si duas potencialidades efetivas. É plenamente possível aprender com a história, afinal o agir humano no passado é condição de possibilidade do agir humano no presente e no futuro. O presente em que está o historiador é sempre o passado do presente do amanhã, fugazmente percebido como futuro.

O agir humano de cada presente torna-se o passado do presente de hoje. Aprender com a história constitui-se em uma forma de diálogo interativo com o tempo passado, mediante o qual se busca desvendar a questão intrigante que se põe, hoje, sobre ontem, porque se está preocupado com o amanhã.

De certa maneira, aprende-se também da história. A cultura histórica acumulada, tanto na consciência histórica difusa de qualquer agente quanto no pensamento histórico do profissional de história, forma um acervo, um legado. Esse legado torna-se denso, quase autônomo, quando se tem presente a ingente massa de testemunhos materiais e imateriais que abriga — documentos, depoimentos, monumentos, vestígios, resquícios, traços, indícios, e assim por diante. O modo inicial com que se lida com esse legado sugere uma etapa, sempre preliminar ao desenvolvimento da análise crítica, em que se "aprende da história". Esse movimento de aprendizado inicial não faz da história, por sua vez, um agente propriamente dito, que se imporia a nós por lições exemplares, coercitivas.

O aprender com a história e o aprender de seu legado se exprimem no amplo leque de questões e de temas que o presente suscita. Tais questões e temas se situam na lógica de carências de explicação das situações existenciais concretas, nas quais cada um de nós faz a experiência do tempo. Afinal, o legado histórico é uma riqueza cultural com relação à qual se elabora a consciência e o pensamento históricos.

É a cada um de nós que incumbe, por conseguinte, o (re)pensar a história do ângulo das inquietações, das expectativas e dos resultados que se aspira alcançar a cada tempo que se almeja domesticar pela reflexão. Por certo, essa ação intelectual não é aleatória nem a tal ponto particular que a história se desfizesse numa bruma imprecisa de interesses meramente individuais.

Os temas tratados neste livro apontam com nitidez a direção teórica e metódica que a historiografia contemporânea mais avançada toma. O rigor metódico, o enquadramento teórico, o vigor argumentativo articulam-se para a produção de narrativas historiográficas que convencem por estar dotadas de pertinência empírica e de relevância contemporânea, por mais remoto que seja o tempo a que se refiram.

As questões abordadas revelam virtudes teóricas das formas de elaborar e enunciar o saber historiográfico. Gumbrecht proclama o desafio de superar a forma clássica e ingênua de olhar para a história como se fosse uma velha senhora com vida própria, sempre a dar lições. Lidar com o passado parece-lhe uma atividade que envolve riscos. Risco de cristalizar o passado como intocável e de o mitificar como inconsistente. Um desafio tanto maior quanto nenhum de nós pode viver ou sobreviver sem haver-se com o passado.

O saudoso Manoel Luiz Salgado Guimarães recorre à linhagem das tradições portuguesas, de submeter toda documentação escrita aos procedimentos da crítica erudita para estabelecer-lhes a autenticidade e a fidedignidade, para ilustrar o diálogo profícuo entre a consciência histórica difusa e o pensamento histórico crítico dos profissionais da historiografia. Semelhante reflexão sistemática se encontra nos textos de Sérgio da Mata e de Valdei Lopes de Araujo, em que a dimensão da responsabilidade moral do historiador com relação a seu *modus operandi* e ao desdobramento de seu fazer é apresentada e discutida. Felipe Charbel Teixeira fornece um pormenorizado exemplo do que Manoel Salgado apresenta sob o conceito de erudição, para oferecer ao leitor uma vertente moral do argumento histórico, a prudência no preparo da narrativa e em sua exposição.

A experiência do aprender ganha contornos de triste eficácia quando sua origem está no trauma, na dor. Duas formas de lidar com experiências traumáticas como fonte da reflexão histórica e de seu uso na domesticação do tempo presente são apresentadas nas contribuições de Ethel Mizrahy Cuperschmid e de Rodrigo P. Sá Motta. O Holocausto dos judeus e a repressão autoritária põem dilemas tanto para os que sofreram com tais experiências quanto para os que se debruçam sobre elas na análise histórica.

Marcia de Almeida Gonçalves, Moema de Rezende Vergara, Fernando Nicolazzi e Rodrigo Turin dão ao leitor a oportunidade de manejar fontes diferenciadas da experiência do passado e de sua reflexão no presente como elemento de decifração do futuro possível — um eco claro do pensamento de Reinhart Koselleck. O binômio passado-futuro, operado no presente para emprestar significado à ideia de uma história (possível) do Brasil setecentista é outro eco, que se encontra na contribuição de João Paulo Pimenta.

O uso de Dilthey na produção biográfica, o padrão de conhecimento científico como lição paradigmática no tempo, a didática instrucional para "ler a história" de Bodin, a proposta de substituir poder por saber em Vico — reflexo moderno da república platônica dos sábios —, eis um espectro de opções analíticas cuidadosas que aproximam o leitor da hipótese perfeitamente verossímil de que, com a história e da história, sempre se pode aprender. Essa possibilidade requer, no entanto, que todos e cada um estejam aptos a apropriar-se reflexivamente do tempo vivido e encontrar-lhe a razão de ter sido e a razão de ser. A síntese que abre o volume, na introdução de Helena Miranda Mollo, entrega nas mãos do leitor preciosa cartografia do problema e firme roteiro para a leitura das páginas seguintes.

Nesse sentido, as contribuições do presente livro reforçam a convicção, justamente disseminada, de que o passado sempre pode tornar-se melhor, para retomar o mote que inspira uma das obras de Jörn Rüsen, *Kann Gestern besser werden?*. Para Rüsen, o contínuo passado-presente torna o estudo da história uma síntese do significado e da experiência: o historiador explica o passado, mas ao mesmo tempo melhora a relação normativa com ele. Nesse sentido, longe de ser um conjunto qualquer de valores ou um universo indeterminado de valores, o passado está sujeito à aspiração do historiador de o "melhorar": conhecê-lo mais, entendê-lo melhor, explicá-lo adequadamente ao tempo em que se está, sem o deturpar nem o instrumentalizar gratuitamente. Nesse sentido, a expectativa de Charlie Brown (é da série de Charles M. Schulz, *Peanuts*, que Rüsen toma emprestado o mote), aparentemente paradoxal, de que o ontem possa tornar-se melhor, e não só o hoje ou o amanhã, afinal bem faz sentido, especialmente para o historiador.

Introdução

Formas e dúvidas sobre como aprender com a história: um balanço

HELENA MIRANDA MOLLO

Assim ele vai, corre, procura. O quê? Certamente
esse homem, tal como o descrevi, esse solitário
dotado de uma imaginação ativa, sempre
viajando através do grande deserto de homens, *tem*
um objetivo mais elevado do que o de um simples
flâneur, *um objetivo mais geral, diverso do*
prazer efêmero da circunstância. Ele busca esse
algo, ao qual se permitirá chamar de modernidade.
Assim ele vai, corre, procura. O quê? Certamente
esse homem, tal como o descrevi, esse solitário
dotado de uma imaginação ativa,
pois não me ocorre melhor palavra para exprimir
a ideia em questão. Trata-se, para ele, de
tirar da moda o que esta pode conter de poético no
histórico, de extrair o eterno do transitório.
Baudellaire (1988:160)

A cidade como cenário, os costumes como foco e o presente como hábitat. Transitoriedade talvez seja um termo adequado para qualificar a obra do desenhista, gravador e aquarelista Constantine Guys, o pintor da vida moderna. Na descrição de desenhos e aquarelas do artista, além do deleite estético, encontra-se outro traço: a comunhão de um código que se refere ao tempo: "O prazer que obtemos com a representação do presente deve-se não apenas à beleza de que ele pode estar revestido, mas também à sua qualidade essencial de presente" (Baudellaire, 1988:160). A princípio, o presente poderia significar certo paroxismo da diferença e da ruptura, como experiência da modernidade no Oitocentos: a constante transformação que habita o hodierno e traz uma nova organização do passado. Uma das formas dessa experiência de tempo se revela na dualidade, como descreve Baudellaire:

> a dualidade se evidencia igualmente na obra mais frívola de um artista refinado pertencente a uma dessas épocas que qualificamos com excessiva vaidade de civilizadas; a porção eterna de beleza estará ao mesmo tempo velada e expressa, se não pela moda, ao menos pelo temperamento particular do autor. A dualidadade da arte é uma consequência fatal da dualidade do homem [Baudellaire, 1988:162-163].

Vê-se que a compreensão de Baudellaire a respeito do significado de moderno — e da experiência do ineditismo — é um código partilhado; o *Dicionário da língua brasileira*, de 1832 (Pinto, 1832), assim indica o sentido da palavra hodierno: "de hoje, deste dia, pouco usado"; esse é o chão em que pisa o *pintor da vida moderna*.

A modernidade de Constantine Guys situa-se em dois planos, ao menos. O singular do momento e uma perenidade do belo, pertencente a outra percepção do tempo e da arte. Não se pode, portanto, deixar de considerar um caminho bem mais sinuoso, em que a experiência moderna se planta e do qual a escrita da história não se pode desvincular.

Esse tal caminho sinuoso da modernidade é qualificado, por Reinhart Koselleck, atravéz de dois grandes movimentos: a temporalização da história e uma invulgar forma de aceleração. Tais movimentos serão aqui tratados como raiz da discussão a respeito da possibilidade de se aprender com a história. No contexto moderno, as novas modulações para a experiência do tempo e a dimensão que passado, presente e futuro assumem passam a significar a fundação de inúmeras vivências do mundo, e os paradigmas que aí se fundam mudam radicalmente o papel que a história irá avocar.

Quando se evocam os termos moderno e modernidade é inescapável o significado ligado à aceleração, à quebra, à diferença. Contudo, parece que o significado do termo moderno ilhou-se na experiência moderna, quando nem sempre pode-se fazer tal ligação tão apressada. A experiência moderna reside no novo, certamente, mas a definição de novo para o termo moderno não se aprisiona no período conhecido a partir do século XVI. Essas diferenças parecem, à primeira vista, não significar algo tão expressivo, mas, ao contrário, acabam provocando equívocos. O novo como significado de moderno é mobilizado em tempos recuados, sem sinonimizar a experiência moderna como aqui expressa pela proposição de R. Koselleck.

É importante que sejam levadas em conta essas diferenças fundamentais, para que as variações da experiência do tempo não acabem perdidas. Para se pensar, então, quais seriam as formas de aprendizado da história, a compreensão da temporalização da história como nova forma de vivência do mundo é fundamental.

Eventos como a Reforma, a descoberta da América e a invenção do telescópio, para Hannah Arendt, são emblemas do início de um período de abissais transformações definindo uma forma nova de estar no mundo. Antes de significarem uma quebra com o mundo antigo, julga-se, por esses eventos, uma nova forma de experiência do tempo, crucial para se compreender quais contornos a escrita da história assume. Para Koselleck, um evento como a Reforma pode ser visto como a expectativa de futuro é, àquele momento, experimentada. A afirmação de que a "história da Cristandade, até o século XVI, é uma história das expectativas, ou, melhor dizendo, de uma contínua expectativa do final dos tempos; por outro lado, é também a história dos repetidos adiamentos desse mesmo fim do mundo" (Koselleck, 2006:24). A transformação, nesse momento, trazia, segundo o autor, a previsão de que o Juízo Final estaria próximo, e não uma experiência do homem na construção do mundo, como se torna presente na Revolução Francesa (Koselleck, 2006:24 e segs.). Os séculos que separam esses eventos são o palco de intensas quebras na forma de estar no mundo. Entre os dois eventos, o sujeito que produz conhecimento, próximo, cronologicamente, da Reforma, será o artífice do "observador de segunda ordem".

Dos emblemas que Arendt propõe, o telescópio, um dos artefatos desse sujeito "produtor de conhecimento" — observador de primeira ordem —, é o que mais representa a nova experiência: o distanciamento que o homem promove em relação ao seu hábitat, para que, desse ponto distante, o observe, "ensejando o desenvolvimento de uma nova ciência que considera a natureza da Terra do ponto de vista do Universo" (Arendt, 2007:269). A autora de *A condição humana* destaca que os acontecimentos do "limiar da modernidade" não "são eventos modernos tal como o conhecemos, desde a Revolução Francesa" (Arendt, 2007:269). Moderno, então, segundo Arendt, parece identificar-se mais com o que tem lugar a partir do século XVIII, principalmente a partir de eventos como a Revolução Francesa, que forjariam o mundo que reconhecemos como nosso.

No primeiro momento da modernidade, aqui visto pela ótica de Arendt, a invenção do telescópio é o que mais acentua o caráter único do momento. Observação é a palavra-chave para esse novo estar no mundo; faz parte da escrita da "constituição moderna", como propõe Bruno Latour (1994). Lorraine Daston e Elizabeth Lunbeck assim destacam o contexto em que estão inseridas duas das mais importantes invenções científicas da modernidade:

> observação é a penetrante e fundamental prática de todas as ciências modernas, sejam elas naturais ou humanas, e está entre as mais refinadas e mais matizadas. A observação educa os sentidos, embasa o julgamento, escolhe os objetos da pesquisa científica e forja o "pensamento coletivo". Seus instrumentos incluem não apenas os sentidos, mas também ferramentas como o telescópio e o microscópio [Daston e Lunbeck, 2011].

A modernidade que Arendt anuncia é dividida em dois grandes momentos e remete a duas origens. Ao falar do primeiro momento e do impacto de eventos que proporcionaram a observação, caracteriza-os através da teorização de Alexandre Koyré, Revolução Científica. Desde seu primeiro momento, nas décadas de 1930 e 1940, o título dado às transformações da cultura científica na Europa dos séculos XVI e XVII tem sido amplamente discutido. O termo revolução é uma das raízes da crítica; a ruptura completa em relação ao passado, sentido ao qual se remete, não se aplica a esses dois séculos. Além disso, não se pode tratar, como assevera Steven Shapin (1999), a ciência como um conjunto definido de conceitos. H. U. Gumbrecht propõe para a caracterização desse conjunto de transformações a emergência de uma subjetividade ocidental, caracterizada pelo observador de primeira ordem e "na função de produção de conhecimento" (Gumbrecht, 1998:12).

A periodização da modernidade não é uma tarefa fácil, ela se apresenta muito mais matizada do que dois extensos períodos, e como aponta o autor de *Modernização dos sentidos*, a medievalidade contém elementos modernos. Exemplo disso, entre outros, é dado por Paolo Rossi, que, analisando a arte memorativa na Renascença, mapeia e discute a forte influência clássica nos tratados que circulam no século XVII. Tal influência não é sinônimo de resquício ou reverência ao passado, mas algo vivo, plenamente em vigor (Rossi, 2004).[1] O século XVII, porém, é o termo. Segundo Rossi, as artes da memorização têm seu termo e a lógica combinatória transforma-se radicalmente com as proposições de Leibniz.

Rossi, em livro clássico sobre Francis Bacon, contemporâneo de Galileu, lembra que o filósofo não foi responsável pela invenção de qualquer instrumento que impulsionou o conjunto de transformações desse período, mas foi o "construtor de uma imagem moderna da ciência" (Rossi, 2006:44). A característica mais marcante de Bacon é, segundo Rossi, o peso que passado e futuro possuem. O porvir passa a ter uma importância muito mais significativa: "não me interessa aquilo que já foi feito; interessa o que se pode fazer", teria dito Bacon (Rossi, 2006:44). No entanto, é, no mínimo, perigoso afirmar tão categoricamente que os dois séculos da primeira modernidade sejam uma "continuidade" do mundo antigo; novas formas de estar no mundo misturavam-se a matrizes antigas. Como ressalta o autor, há, em Bacon:

> o reconhecimento explícito de *dois diferentes tipos de filosofia e de duas lógicas diferentes*: uma é válida no campo dos discursos, das disputas, das controvérsias, da conversação, das atividades profissionais, da vida civil; a outra, a nova lógica, é, ao invés, indispensável no âmbito da conquista progressiva empreendida pelo homem, da realidade natural [Rossi, 2006:381].

---

[1] O título-chave universal, esclarece o autor em sua premissa, é a tradução de "*clavis universalis* [e] foi usado, entre 1500 e 1600, para indicar aquele método ou aquela ciência muito geral que propiciam ao ser humano a possibilidade de captar, além das aparências fenomênicas ou das 'sombras das ideias', a estrutura ou o enredo ideal que constitui a essência da realidade" (Rossi, 2004:21).

A República das Letras ilustra bastante bem esse período entre 1500 e 1650, em que uma específica forma de produção do conhecimento aliava a tradição antiga à moderna. O latim era tão utilizado quanto o vernáculo, e, nos gabinetes de curiosidades ou quartos de maravilhas, armas etruscas ladeavam conchas atestando não só os lugares recém-descobertos, mas apontando formas mais profundas do passado. É, contudo, interessante observar como a experiência do tempo vai se esboçando nessa primeira modernidade, chegando, como lembra Joan DeJean (2005), entre fins do século XVII e início do XVIII, à "invenção" do *fin de siècle* e a um desdobramento fundamental: a noção de limite, que parece ser uma das noções mais caras aos tempos modernos. É um tanto apressado falar que apenas nesse momento a noção de limite é criada na experiência de tempo. A querela entre antigos e modernos desdobra-se em outra, as possibilidades do uso do termo "moderno", que em contextos não modernos traz a noção de diferença temporal.

O uso do termo moderno e as fraturas do tempo

Na periodização da modernidade, o entorno do século XVI destacou-se como uma espécie de marco zero, fazendo com que essa nova experiência, tal como vem sendo analisada, se descolasse do vocábulo "moderno", já em uso na Idade Média. Assim, deve-se destacar o significado do termo. "Moderno", como alerta H. U. Gumbrecht, apresenta três possibilidades de significado, que, em uma brevíssima apresentação, são: presente, em oposição a anterior; novo, em oposição a antigo; e transitório, contrário de eterno (Gumbrecht, 1998:81).

A partir da rápida classificação, é interessante observar como, em um contexto não moderno, podem ser identificadas rupturas do presente em relação ao passado. Identificam-se, assim, modalidades diferentes de quebras, que vêm formar as definições dadas ao termo moderno. Um exemplo que pode ilustrar essa experiência de ruptura em um contexto não moderno é o do surgimento do romance. L. O. Aranye Fradenburg, ao analisar o romance medieval, afirma que há um valor atribuído ao momento em que ocorre o rompimento com o passado como uma espécie de cansaço da continuidade. Outra característica do romance medieval em que se pode ver uma ruptura com a tradição é a tradução para o vernáculo, vindo a confundir-se com sua essência. Para a autora:

> o romance não tematiza apenas a ruptura com o passado, que é ao mesmo tempo uma volta ao passado, mas também a cena da sua fruição. A literatura na língua vulgar, e o romance em particular, se associam à ideia do "passatempo"; uma poesia que pretende evocar maravilhas (coisas ou fatos surpreendentes) que nos livrem do "cansaço" [...]. Cansa-nos o que é aborrecido, pesado, penoso; o tempo se manifesta como um excesso [Fradenburg, 2009:297].

Como se disse, o caráter que o tempo assume não necessariamente é a negação do passado. Esse novo, na medievalidade, pode se inserir no contínuo, nas repetições periódicas. A escrita da história e o romance, segundo Fradenburg, "possuem uma relação complexa". Para a autora, o *novel*,[2] romance de tipo realista, trouxe um "modelo conceitual aplicável à análise da transição da pré-modernidade para a modernidade" (Fradenburg, 2009:284), o que influenciou, em estilo, a escrita da história.

O uso do termo "moderno", assim, estabelece a relação entre passado e presente. O reconhecimento do presente como um momento diferente do passado marca a experiência de tempo, desde, segundo Jauss (Jauss, 1996:47-100), muito remotamente, na história da literatura.[3] Importa, então, pensar o papel que o passado possui, em diferentes contextos, na elaboração do presente, e como a escrita da história registra essas diferentes organizações. Retomando a proposição de Koselleck (2006:28) a respeito da temporalização da história, Jean Bodin é tomado como marco impor-

[2] Para a autora de *Passar o tempo. A historicidade do romance medieval*, o *novel* aproxima-se do romance do tipo realista; o romance seria o romance fantástico, de amor e de aventura e o *roman* pertenceria à "família do romance" (Fradenburg, 2009:284).

[3] Para Jauss, apesar da criação do substantivo modernidade ser uma criação recente, a querela entre os antigos e os novos data, na história da literatura, desde a crítica alexandrina. O autor trata o embate entre novos e modernos em contextos diferentes, mas o reconhece como um problema constante. O autor assim vê o problema antigos/novos: "A série de *Querelles des anciens et des modernes*, todas oriundas da sempre renovada pergunta e resposta sobre o caráter modelar da Antiguidade e sobre o sentido de sua imitação e marcando o caminho da literatura europeia em direção a seus classicismos nacionais, não constituiria ela própria ainda uma 'herança da Antiguidade', caracterizada por um modelo clássico?" (Jauss, 1996:48).

tante, visto que separa a história sacra, a história humana e a história natural. Tal evento fez com que o problema do fim do mundo não pertencesse mais às adivinhações e passasse a ser um objeto da astronomia.

A temporalização da história acontece, também, em movimentos: a história não só acontece no tempo, mas também através dele. O tempo como uma "força da história" pressupõe o que Koselleck observa acontecer a partir do século XVIII: a história como singular coletivo. A história destaca-se da cronologia, e subverte a submissão. A história exemplar, então, começa a conhecer o colapso com essa mudança de papéis, e também com a estrutura secular que porta um significado histórico próprio. A aceleração contida em um porvir sempre novo provocou um fortalecimento do tempo histórico, fazendo com que esse passasse a chancelar as ações cotidianas. Tem-se então, para Koselleck, como um movimento da temporalização da história a pragmatização da história, visto que a percepção da diferença entre momentos no tempo mobilizou uma ideia de futuro imprevisível. Contudo — e por outro lado —, a construção da história universal permitiu que se pensasse a trajetória da humanidade no tempo por meio de um processo acumulativo. Assim, a ideia de sistema passa a integrar o olhar do passado na tentativa de realizar uma espécie de preparação do sempre novo futuro. Vê-se uma nova possibilidade de aprendizado para a história. Se no primeiro momento da modernidade o futuro pode ser conhecido pela experiência de um tempo estático, a partir do século XVIII a ideia de sistema passa a ser utilizada para uma possibilidade de aprendizado, em que o tempo é compreendido através de uma intensa aceleração, que produz um futuro a princípio não previsível. A diferença entre os dois momentos da modernidade foi a filosofia da história, que permitiu, pelo capital acumulado, pela história universal, de certa forma, domesticar a imprevisibilidade do futuro.

Instaura-se, porém, um revés do movimento de pragmatização da história, segundo H. U. Gumbrecht (1999:461 e segs.). A compreensão da história fora de um regime de leis produziu uma nova forma de tentar prever o futuro: o cálculo de riscos, mas, nesse momento, de fato, a visão do futuro definitivamente se embaça, e o século XX tornará essa visão cada vez mais turva.

Gumbrecht questiona, então, o papel da história na vida dos homens, depois do momento de não podermos mais aprender com ela. O presente se torna o ponto de inflexão, e a compreensão desse momento que se renova é a experiência do tempo e o valor que o passado possui para o presente. Assim, a "simultaneidade histórica", para o autor, torna-se uma forma de lidar com o passado, desmobilizando aquele aprendizado a partir da "prioridade temporal". A compreensão do passado, por intermédio da simultaneidade, para Gumbrecht, limita a noção de sequencialidade, de um mundo totalmente provocado. Depois de se aprender com a história, propõe Gumbrecht, procuramos por uma experiência direta com o passado, retirando o espelho que frequentemente foi posto entre ele e o presente.

Finalizo esta introdução convidando o leitor a refletir, com os capítulos que seguem, sobre a intrigante questão do espaço que a compreensão histórica ocupa atualmente. Os textos aqui reunidos resultam de uma provocação aos autores feita pela organização do Seminário Nacional de História da Historiografia, ocorrido em 2009. Destaco a presença do texto da conferência de encerramento do evento, proferida por Manoel Salgado Guimarães. Os organizadores deste livro e todos os membros do Núcleo de Estudos em História da Historiografia e Modernidade o dedicam à sua memória.

Referências

ARENDT, Hannah. *A condição humana*. Trad. de Roberto Raposo. Rio de Janeiro: Forense Universitária, 2007.

BAUDELLAIRE, Charles. *O pintor da vida moderna*. Apresentação de Teixeira Coelho. Trad. Suely Cassal. Rio de Janeiro: Paz e Terra, 1988.

DASTON, Lorraine; LUNBECK, Elizabeth. Introduction: Observation observed. In: ______. *Histories of scientific observation*. Chicago, London: The University of Chicago Press, 2011.

DEJEAN, Joan. *Antigos contra modernos*. As guerras culturais e a construção de um *fin de siècle*. Trad. Zaida Maldonado. Rio de Janeiro: Civilização Brasileira, 2005.

FRADENBURG, L. O. Aranye. Passar o tempo. A historicidade do romance medieval. In: MORETTI, Franco (Org). *O romance 1*. A cultura do romance. Trad. Denise Bottman. São Paulo: CosacNaify, 2009.

GUMBRECHT, Hans Ulrich. Cascatas de modernidade. In: ______. *Modernização dos sentidos*. Trad. Lawrence Flores Pereira. São Paulo: Ed. 34, 1998.

______. Depois de aprender com a História. In: ______. *Em 1926*: vivendo no limite do tempo. Trad. Luciano Trigo. Rio de Janeiro: Record, 1999.

______. A history of the concept "modern". In: ______. *Making Sense in Life and Literature*. Trad. Glen Burns. Theory and History of Literature, v. 79, p. 81.

JAUSS, Hans Robert. Tradição literária e consciência atual da modernidade. In: OLINTO, Heidrun Krieger. *Histórias de literatura*. As novas teorias alemãs. São Paulo: Ática, 1996.

KOSELLECK, Reinhart. O futuro passado dos tempos modernos. In: ______. *Futuro passado*. Trad. Wilma Patrícia Maas e Carlos Almeida Pereira. Rio de Janeiro: Contraponto; PUC-Rio, 2006.

LATOUR, Bruno. *Jamais fomos modernos*. Ensaio de antropologia simétrica. Trad. Carlos Irineu da Costa. Rio de Janeiro: Ed. 34, 1994.

PINTO, Luiz Maria da Silva. *Dicionário da língua brasileira*. Ouro Preto: Typographia da Silva, 1832.

ROSSI, Paolo. *A chave universal*. Artes da memorização e lógica combinatória desde Lúlio até Leibniz. Trad. Antonio Angonese. Bauru: Edusc, 2004.

______. *Francis Bacon*. Da magia à ciência. Trad. Aurora Fornoni Bernardini. Londrina: EdUEL; Curitiba: UFPR, 2006.

SHAPIN, Steven. *A revolução científica*. Trad. Ricardo Afonso Roque. Lisboa: Difel, 1999.

Parte I

Desafios teóricos do tempo presente

Depois de "Depois de aprender com a história", o que fazer com o passado agora?*

HANS ULRICH GUMBRECHT

Não é a primeira vez que venho ao estado de Minas Gerais, mas ontem foi a primeira vez que estive em Ouro Preto e hoje em Mariana. Imediatamente me apaixonei, são lugares incríveis, é claro. Obviamente, lugares fantásticos para falar em história. Ontem, na viagem do aeroporto de Confins até Ouro Preto, já com o condutor da universidade, e logo depois no passeio feito com Valdei, aprendi histórias sobre a região. Aprendi muito da história de Minas Gerais, de Ouro Preto e de Mariana, mas, na verdade, estou me perguntando se todo esse novo conhecimento ensinou algo para minha vida em Stanford ou na Europa, se posso tirar algum tipo de lição para minha vida prática.

Gostei muito de saber mais sobre a história desta região, gostaria de saber tudo, se fosse possível, da história de Ouro Preto. Estou hospedado em uma pousada maravilhosa ao lado da Igreja do Rosário, mas não acredito que com isso aprenderia algo para minha vida cotidiana. Vou

---

* Transcrição realizada por Camila Braga.

me lembrar, vou gostar, mas não se trata de ensinar no sentido que a historiografia reivindicou ao longo dos séculos. Todos estão em estado de choque agora, mas imaginem se vocês fossem à Califórnia, ficariam na pequena cidade de Palo Alto, a cidade da Universidade de Stanford, que tem 60 mil habitantes, assim como Ouro Preto. Talvez vocês quisessem saber da história de Palo Alto, que foi uma fundação de um governador da Califórnia e era uma estação ferroviária. Seria interessante, mas vocês certamente não tirariam disso alguma lição que pudesse ser útil para suas vidas aqui. Quero dizer que minha situação de ontem, de querer saber muito sobre a história de Ouro Preto, de querer realizar, se fosse possível, nesses três dias em que ficarei aqui, uma imersão completa na história do lugar é um desafio para a historiografia hoje. Talvez possamos dizer que o interesse popular pelo passado tem alcançado certo apogeu, e, ao mesmo tempo, a legitimação da disciplina história, que passava por afirmar um ensinamento político, existencial e filosófico com a história, mais ou menos desapareceu.

Isso não tem acarretado nenhum problema para nosso interesse cotidiano pela história, mas cria um problema de legitimação para a historiografia. Vivemos uma situação ambivalente: um crescente fascínio pela história e pelo passado, de um lado, e um ceticismo enorme quanto à possibilidade de a história ou a historiografia ensinarem.

Enfrentarei essa situação hoje desenvolvendo oito pontos. O primeiro é uma breve revisão de quais são os sintomas, em nossa vida prática, desse ceticismo quanto à possibilidade de a história ensinar. Na historiografia, continuamos falando sobre a possibilidade de aprender, mas isso porque a disciplina não pode se legitimar sem pretender ensinar algo, mas na vida cotidiana poucas pessoas ainda recorrem ao conhecimento histórico para questões práticas. Em segundo lugar, quero descrever que essa situação é, na verdade, o final de um processo de progressiva perda da capacidade orientadora da história. Na Idade Média, todos acreditavam que o passado era cheio de ensinamentos e que só se podia aprender. Então isso vai se esvaziando cada vez mais até a segunda metade do século XX, quando chega aquele momento de ceticismo absoluto, que é o nosso ainda hoje.

Na terceira parte, farei uma reflexão terminológica. Talvez o conceito de história esteja tão intimamente ligado à convicção de que podemos aprender com a história que não possamos mais chamar de histórica o tipo de relação que estabelecemos hoje com o passado: o fascínio pelo passado sem estarmos convencidos de que ele pode nos dar lições para nossa vida prática. A história continua fascinando, a historiografia continua produzindo salários para as pessoas, mas, ao mesmo tempo, perdemos aquela convicção de que ela pode nos preparar para o futuro. Por isso estou perguntando se podemos continuar chamando isso que fazemos hoje de história.

Na quarta reflexão quero me perguntar o porquê de, apesar da perda da convicção de poder aprender com a história, continuamos fascinados com ela? Continuamos interessados pelo passado, talvez mais do que nunca, mas já na ausência da convicção de poder tirar lições de seu conhecimento. Como podemos explicar isso? De onde vem esse fascínio? Então essas quatro reflexões, todas sobre o que fazer com aquela ausência de convicção de podermos aprender com a história, formam a primeira parte da conferência; as reflexões 5, 6, 7 e 8 são reflexões mais precisas sobre o processo de perda da convicção.

Em primeiro lugar, queria poder explicar que o modo com que temos aprendido nos cursos de introdução à história, de aprender com a história, de querer descobrir e identificar regras ou "leis" de transformação do passado tem uma origem específica, e essa origem é a emergência do cronótopo tempo histórico — a construção histórica específica, que chamamos de historicismo, no final do século XVIII. A quinta parte será uma reconstrução daquele momento, a emergência daquele cronótopo que chamo de historicista. Na sexta parte descreverei detalhadamente esse cronótopo. Na sétima parte — como na tragédia, justo antes do final, chega a catástrofe — tratarei do colapso do cronótopo historicista entre os anos 1960 e 1970. E como o colapso do cronótopo historicista já inicia o desaparecimento daquela convicção de que a história ensina.

Continuo insistindo que na disciplina acadêmica de história fala-se muito pouco disso. Nos atos políticos, pois os políticos, no final das contas, estão financiando a pesquisa, sobretudo em um país com um sistema universitário público/estatal como o Brasil, pretende-se que todas as decisões estão sendo tomadas a partir de um ensinamento histórico. Mas vou tentar lhes dar provas de que na realidade não é assim. Vou tentar argumentar que desde os anos 1960 e 1970 já não se pratica mais a aprendizagem com a história, mas continuamos falando como se isso fosse ainda realidade. E, finalmente, na oitava e última parte, falarei um pouco sobre o que fazer a partir dessa situação. Se é verdade que não podemos aprender com a história, então o que fazer com a disciplina, o que fazer com o nosso tempo, e o que fazer com o problema da legitimação? Então esse é o programa com oito partes, espero ver rostos mais convencidos no final desta conferência.

Quais são as razões que me fazem pensar que já perdemos, na prática diária, não no discurso de autolegitimação teórica, a convicção de que podemos aprender com a história? Desde muitas décadas ninguém realmente leva a sério personagens da história como modelo de atuação. Vou dar um exemplo literário: muitos entre vocês terão lido o romance maravilhoso do grande realista francês Stendhal, de 1831, referindo-se à revolução burguesa na França de 1830. Há um jovem protagonista, Julian Sorel. Toda a ambição da vida desse personagem é ser igual a Napoleão, ele quer ser uma cópia de Napoleão. Eu acho que isso para nós, na prática, já não existe. Podemos admirar o papa Joseph Ratzinger, talvez possamos admirar o presidente Lula — para termos dois protagonistas bem diferentes —, podemos ainda admirar Tiradentes. Mas a forma de expressarmos isso seria ser um fã ou um admirador de Lula, não querer copiar um personagem e tomá-lo como um paradigma histórico para atuação em nosso próprio tempo. Nesse sentido, se digo, admiro tal protagonista, não quero dizer que o esteja tomando como orientação. Posso dizer que gosto muito dele, mas não quero copiá-lo, não quero que ele seja um modelo para minha atuação.

Em segundo lugar, sobretudo, acho interessante que antigamente o modelo historicista de identificar regularidade de transformação histórica existia como base de previsões. Identificando regularidades da transformação histórica costumava-se projetar cenários no futuro e então ter uma orientação para a ação. O marxismo utilizou-se abundantemente desse recurso. Talvez tenha sido o experimento mais caro da história da humanidade, pois claramente não funcionou. Não estou falando da política socialista, mas da crença de que podemos identificar leis e regularidades na transformação histórica. Hoje acho que nenhum político sério faz isto: analisar a história, fazer a projeção e logo atuar assim. Por exemplo, existem todas aquelas previsões ecológicas, sabe-se que o ex-vice-presidente dos Estados Unidos, Al Gore, recebeu o prêmio Nobel por uma previsão sobre o futuro ecológico do planeta. Mas hoje, no momento em que as previsões são publicadas, publicam-se também contraprevisões. E, no final das contas, é impossível orientar a política segundo uma só previsão. Falemos da crise econômica de 2009. Nesse momento, é claro, há um retorno dos marxistas dizendo que já sabiam que o capitalismo é horrível. Mas prever que a crise teria aquele efeito, naquele momento, ninguém previu. Alguns tiveram uma política econômica privada mais precavida, mas previsões não existiam. E aconteceu o mesmo com as previsões sobre quando a crise passaria, seria quase impossível identificar se já havíamos passado pelo pior momento. Vemos retrospectiva e empiricamente que já está melhorando, mas fazer previsões parece absurdamente impossível. Continuamos fazendo, mas já não acreditamos nelas, elas já não têm valor orientador. Seja nos exemplos históricos, ou nas previsões, não há a crença no valor educativo, na capacidade de a história ou a historiografia oferecer orientação para a ação.

Um filósofo alemão de quem gosto muito, Niklas Luhmann, que inventou certa filosofia de sistemas, tem uma boa fórmula. Ele nos diz que no passado faziam-se previsões apenas com a análise do passado. Hoje, em vez disso, compramos seguros para nos protegermos de um futuro indesejado. Não temos ideia de como será o futuro, não fazemos previsões, mas compramos seguros caso o futuro seja indesejável, negativo para nós, para nos proteger. Mas se proteger com o seguro é bem diferente de fazer previsões. Ao mesmo tempo, neste momento de grande ceticismo quanto à aprendizagem prática com a história, os museus estão mais cheios do que nunca. Livros e programas de televisão sobre história são cada vez mais populares. A qualidade e a vontade de preservação das cidades históricas (Ouro Preto e Mariana são exemplos disso) aumentaram. O século XX foi um século perigoso para a manutenção daquela tradição, daqueles edifícios. Mas hoje todos têm consciência de que eles são importantes. Existe uma vontade pública muito grande de manter, para preservar aqueles monumentos. Nesse sentido, nosso fascínio com o passado está maior, mas, ao mesmo tempo, perdemos a convicção de que possamos tirar lições de seu conhecimento. Eu diria que a experiência que as pessoas têm ao passar por Ouro Preto e Mariana, o interesse que elas demonstram e que se reverte em investimentos públicos não estão concentrados em uma expectativa de encontrar orientação naquela história. Talvez sejam razões estéticas, antropológicas, mas não um interesse pragmático.

Em segundo lugar, eu queria mostrar brevemente que essa perda da convicção de poder aprender com o passado é o ponto final do esvaziamento dessa capacidade que começa na Idade Média. Nos séculos XII e XIII, todos os intelectuais e eruditos estavam convencidos de que qualquer coisa do passado guardava um ensinamento. Até no que para nós seria "louco", ou irregular, porque achava-se que vivíamos numa cosmologia de justiça divina. No final, as boas obras receberiam crédito e as obras negativas, punição. Por isso, quantitativamente, os gêneros literários mais populares da Idade Média são as vidas de santos e os exemplos históricos. A coleção de exemplos é o gênero mais central na literatura e até na produção intelectual oral da Idade Média, pois todos achavam que qualquer coisa que soubéssemos do passado teria valor de aprendizagem. Pode-se, esquematicamente, falar que o Renascimento já significou uma perda de exatamente 50%, porque o Renascimento se concebia como um renascimento da Antiguidade Clássica, somente o saber histórico da Antiguidade Clássica tinha valor de orientação. Algo similar ocorre na teologia protestante, sobretudo de Lutero, com a figura da graça. Existem pessoas escolhidas por Deus, que têm a graça de Deus, e outras, não. Então nem toda pessoa podia ser exemplo, uma pessoa que tinha protestantemente recebido a graça de Deus não podia ser um exemplo normal. Já na Idade Média qualquer vida estava exposta às mesmas leis, às mesmas regularidades.

Houve um novo esvaziamento com o "historicismo", já no século XVIII. O primeiro intelectual a falar de filosofia da história é Voltaire. Para ele, na profundidade do passado pode-se encontrar, identificar leis e regularidades de transformação com as quais podemos nos orientar, mas isso é muito mais difícil do que ter um exemplo. Na Idade Média precisava-se apenas do exemplo de uma pessoa para orientar, de um acontecimento para repetir. Agora já era preciso fazer um esforço enorme para identificar leis e regularidades na história. Nesse sentido, é interessante como a teoria histórica do marxismo sempre se chama de científica, uma aproximação científica. Científica quer dizer importante para todos, mas não acessível a todos. Precisa-se de um treinamento, uma educação específica, é preciso estudar de forma especializada a história, faz-se necessária uma disciplina acadêmica da história para identificar aquelas leis e regularidades. O preço — a dificuldade — de tirar lições da história a partir do século XVIII é muito mais alto. São poucas as pessoas privilegiadas, poucas as pessoas que têm uma formação específica e que conseguem aprender com a história.

O momento no qual essa convicção de poder aprender com a história desaparece completamente, na prática diária, não na teoria, é nos anos 1960 e 1970. Os que têm minha idade certamente se lembrarão de uma briga muito intensa entre pós-modernidade e modernidade. Eu me lembro que numa das primeiras vezes em que dei aula na Pontifícia Universidade Católica do Rio de Janeiro (PUC-Rio) concedi uma entrevista ao *Jornal do Brasil* sobre o conceito de pós-modernidade. O *Jornal do Brasil* publicou o seguinte título: "Professor alemão diz que Brasil já é país pós-moderno". Duas semanas depois, dei uma entrevista ao jornal *El Clarín*, após o mesmo seminário, em Buenos Aires. *El Clarín* publicou o título: "Professor alemão disse: Argentina nunca será um país pós-moderno". Aprendi muitas coisas sobre os dois países. Aquele momento de polêmica entre modernidade e pós-modernidade foi quando desapareceu a convicção de que podemos aprender com o passado. Não no sentido de dizer que foram os malvados pós-modernistas que abandonaram a história, mas a discussão foi muito intensa, foi um momento em que, na prática, abandonou-se aquela crença. Então, acho que existe uma história do esvaziamento, da progressiva eliminação da convicção de que podemos aprender da história.

Talvez possamos dizer que o que fiz nas duas primeiras partes é uma distinção entre tipos de dependência do passado. Antes, acreditávamos que nossa práxis dependia da aprendizagem do passado. Embora essa dependência já tenha desaparecido, hoje continua um fascínio pelo passado, como se não pudéssemos nos desinteressar dele. Eu até diria que o fascínio pelo passado, não necessariamente pela história, talvez seja um efeito meta-histórico. Pode ser interessante aqui lembrarmos a definição antropológica de ser-humano: são todos aqueles que se ocupam dos corpos dos mortos. Então começar a se ocupar dos corpos dos mortos quer dizer que o passado tem uma importância. Quando eu falo fascínio, quero dizer uma ligação que não tem razão ou motivo prático. Quando digo que fico fascinado por uma coisa, é porque não consigo me afastar dela, mesmo sem saber por quê. Nesse sentido, acho que naquele momento há um desaparecimento da legitimação da história, do passado como aprendizagem, mas continuamos antropologicamente fascinados pelo passado. O turismo de Ouro Preto é fascinação pelo passado, nada ensina para minha vida prática, mas fico completamente fascinado.

Não há cultura que não tenha algum tipo de fascínio pelo passado, mas isso não é idêntico à dependência da história ou do passado. Existem diferentes formas de dependência do passado, o que chamamos de História com H maiúsculo não é a única dependência do passado, mas quais são as outras formas de dependência do passado? Sua conta bancária, por exemplo, é uma dependência do passado, se tem acumulado capital ou se tem dívidas, é absolutamente consequência do passado, mas também é uma dependência do passado. Eu gostaria de dizer a cada vez que começaremos do ponto zero, mas não é possível, o banco vai dizer que não, você tem uma dependência do passado, uma dívida. O mesmo vale para o sistema jurídico, existe uma dependência do passado que não é história, o que chamamos de jurisprudência, ou seja, uma vez que o juiz profere um julgamento de certo tipo constitui uma jurisprudência. Nos Estados Unidos e na Inglaterra não há código civil, se um juiz faz um julgamento de certo tipo, então esse ato constitui direito. Então o sistema judiciário tem uma dependência do passado. E, finalmente, de uma forma problemática, há uma dependência genética do passado, pois nem todo mundo tem o rosto que desejaria ter, apesar da grande qualidade da cirurgia plástica praticada no Brasil. Mas a genética é uma dependência do passado que claramente não é história. Isso quer dizer que existem múltiplas dependências do passado e o que chamamos de história não é a única dependência. Ao contrário, talvez pudéssemos dizer que entre as múltiplas dependências do passado, a que chamamos de história é aquela em que já não acreditamos. Continuamos acreditando nas contas bancárias, infelizmente. Continuamos acreditando cada vez mais no direito, mas a história é duvidosa. Finalmente, se podemos dizer que a jurisprudência é dependência do passado no sistema jurídico, que a conta bancária é dependência do passado no sistema econômico, como podemos caracterizar a história? Poderíamos dizer que a história é aquela dependência do passado que achamos que podemos aprender. A história seria aquela dependência do passado na qual se acreditava poder aprender, mas se aceitamos aquela definição, então devemos dizer que a história já não existe, porque já não acreditamos tanto na capacidade de a história dar lições. Então é um problema difícil para mim, eu não tenho uma boa resposta, como a história, como dependência específica do passado, é diferente de outros tipos de dependência do passado? Talvez seja isso, porque, como nossa possibilidade de inovar, de encontrar coisas novas, de mudar o mundo, dependa do passado. Talvez possamos dizer que a dependência específica do passado, que chamamos de história, é aquela que se pergunta como nossa capacidade de inovar depende do passado. Não tenho certeza, mas acho uma pergunta interessante, qual é a dimensão específica da dependência do passado que chamamos de história?

Finalmente, a quarta reflexão da primeira parte desta conferência: como se explica o crescente fascínio pelo passado, mesmo com a descrença no valor pedagógico da história? O fascínio pelo passado seria a base das diferentes, das múltiplas dependências da história, seria uma base conceitual. Então como se pode explicar que sempre existe um fascínio com o passado até nos momentos em que não estamos convencidos de que podemos aprender com ele? Como é possível que continuemos com o desejo de ver Ouro Preto sem ficar convencido de que se pode aprender. E, com essa quarta reflexão, queria me basear em um conceito tradicional da fenomenologia, o de mundo da vida. Não estou falando de mundo cotidiano, mas de mundo da vida, e é bom se marcar esse conceito no singular. Sempre aconselho às pessoas usarem mundo da vida no singular. Mundo da vida é um conceito que indica as possibilidades meta-históricas e transculturais da consciência humana. Todos os homens participam do mundo da vida, os mundos cotidianos, portanto, seriam construções historicamente específicas, baseadas nas estruturas do mundo da vida. O mundo da vida é uma base trans-histórica para cada construção histórica específica de uma cultura, seja a cultura do Barroco português, das colônias portuguesas, a cultura norte-americana dos anos 1920, são sempre concretizações específicas do mundo da vida. Ele seria a base das possibilidades generalizadas da consciência humana. Então, a dificuldade de como podemos ver quais são as fronteiras do mundo da vida, como dizer que isso é possível para os homens e outra coisa não é. É interessante, quase um paradoxo, que a consciência humana seja capaz de imaginar funções para ela própria, que não possui. E aquelas conexões são precisamente os predicados que no passado estavam associados à figura de Deus.

É típico da consciência humana que o saber que tem sempre é limitado, mas é capaz de imaginar um Deus onisciente. É típico da consciência humana, inevitavelmente, só poder estar em um lugar, estou hoje aqui em Mariana, não posso estar em Palo Alto na Califórnia, não posso estar em Berlim, não posso assistir a um jogo do Barcelona, só posso estar aqui. E por isso imaginamos Deus onipresente. É típico da consciência da existência humana que o poder seja limitado, então imagina-se um Deus onipotente. Assim, o que é interessante, e aqui está minha resposta, é que aquela capacidade da consciência humana de imaginar funções impossíveis para si própria produz um enorme fascínio. Queremos ter o que não se pode ter, temos um fascínio da onisciência precisamente porque não somos capazes dessa onisciência, temos fascínio dessa onipresença porque não somos capazes dela. Da mesma forma, o fascínio com o passado é antropológico e meta-histórico, é o produto do desejo de podermos reviver momentos que são de nosso passado, na realidade é impossível para nossa consciência reviver completamente o momento do passado. Na verdade, não podemos reviver o passado, mas quanto menos é possível para a consciência humana reviver o passado, maior é o fascínio pelo passado. Assim, o fascínio antropológico pelo passado que continua existindo na ausência da aprendizagem com a história é o resultado de nosso desejo de ir além das fronteiras da consciência humana, de ir além do mundo da vida, de fazer algo impossível. Então, o fascínio do passado seria o desejo de reviver o passado, desejo de imersão total num passado impossível para nós. Posso ficar todas as tardes, todos os dias em Ouro Preto tentando reviver aquele momento do século XVIII, mas é impossível. Ao mesmo tempo, quanto mais sei que é impossível, mais fico fascinado.

A quinta reflexão é sobre as origens da convicção de que analisando os feitos do passado podemos identificar regras de transformação histórica que nos ajudem a prognosticar o futuro. Minha aposta é a de que essa convicção é produto do que tenho chamado cronótopo historicista, que se articulou na passagem do século XVIII ao XIX. Para aqueles que leram Foucault, é exatamente o momento que ele descreve como o da emergência da "crise da representação", ou da historicização absoluta do mundo. Escolherei uma terminologia diferente para escrever a mesma coisa; direi que o cronótopo, a imagem historicista do mundo, é um produto da emergência de um observador de segunda ordem. Agora, o que é um observador de segunda ordem? É aquele que se auto-observa no ato de observação; um observador que está se observando no ato de observação; uma existência autorreflexiva. Não podemos dizer que a consciência humana é basicamente autorreflexiva? A resposta é sim; então como posso dizer que a auto-observação começa em finais do século XVIII, se a auto-observação é uma possibilidade generalizada da consciência humana? Quero dizer que para certo grupo de homens, e acho que um grupo que chamamos de eruditos e intelectuais, a auto-observação se transforma em algo habitual, inevitável, a partir do último quartel do século XVIII. A partir desse momento qualquer erudito ou intelectual já não consegue observar o mundo sem se observar.

Essa inovação representada pela auto-observação generalizada para os intelectuais tem duas consequências: a primeira é que um observador autorreflexivo descobre que existem duas maneiras de apropriação do mundo. Uma maneira é a apropriação do mundo por conceitos, a interpretação do mundo, é o que chamamos experiência, a outra é pelos sentidos, sentidos físicos, é o que chamamos de percepção, percepção física. Então, a primeira consequência da emergência do observador de segunda ordem é a pergunta: é possível compatibilizar a compreensão do mundo pelos conceitos, de um lado, e a compreensão do mundo pelos sentidos, de outro? Essa é, até certo ponto, também a pergunta sobre as diferenças entre as ciências naturais e as ciências sociais ou humanidades. É um problema que existe desde o começo do século XIX, acredito, e que não tem solução. O segundo problema pode ser assim formulado: um observador de segunda ordem, um observador autorreflexivo, se dá conta de que qualquer experiência, qualquer objeto que ele produza sobre um mundo fora dele depende de sua perspectiva, de seu ponto de vista. A consequência disso é terrível, é como se existisse uma infinidade de pontos de vista. Como existe uma infinidade de perspectivas, existe potencialmente uma infinidade de representações, uma infinidade de interpretações para qualquer objeto de referência. Uma afirmação simples como "Eu gosto de você" pode ter infinitas representações, uma infinidade de experiências; e isso criou o que chamamos de literatura romântica. Se cada objeto de referência pode ter uma infinidade de representações, talvez não exista objeto de referência; talvez não exista identidade referencial, apenas algo oco. Ao olhar para um rosto posso ter uma infinidade de representações, talvez o rosto não exista, exista apenas minha percepção, minha experiência, a de outra pessoa e outra, mas não exista uma identidade estável daquele rosto.

O historicismo, a historicização total do mundo é precisamente a solução desse problema. Na *Enciclopédia* de Diderot e D'Alembert, que começou a ser escrita nos anos 1750, cada objeto tem ainda uma descrição, cada objeto tem ainda uma definição. Ao contrário, desde o começo do século XIX, se nos perguntamos o que é o Brasil, em vez de dar uma definição, temos que contar a história do Brasil. Se me perguntam quem é você? Posso mostrar o passaporte, mas há no passaporte uma mini-história que fala da data, do local de nascimento etc.? E se entramos em uma conversa, certamente terei de contar minha história. Mas desde o século XIX, quando perguntamos o que é um cachorro, a resposta erudita correta é a história evolucionária dos caninos. Tanto a filosofia da história, que começa efetivamente no século XIX com Hegel, quanto o evolucionismo darwiniano são fenômenos da historicização do mundo. Mas por que estou dizendo que a historicização do mundo é uma resolução, uma solução do perspectivismo, da pluralidade indefinida? Porque, como padrão exclusivo, uma narrativa permite integrar várias representações. Então, uma narrativa, ao contrário de uma descrição, pode integrar representações diferentes de um fenômeno de referência idêntico. Assim, o historicismo, a historicização do mundo, a mudança de uma representação do mundo tipo espelho, um a um, a uma representação do mundo, narrativa ou histórica, parece ser uma solução ao problema do perspectivismo.

A sexta reflexão é uma descrição breve do cronótopo historicista. Com essa descrição, na verdade, estou recapitulando a obra da vida inteira de um grande historiador, e, considero, o historiador alemão mais importante do século XX: Reinhart Koselleck. Acho que muitos alunos do Valdei Araujo presentes aqui no auditório já ouviram o nome de Koselleck. O "cronótopo historicista" é aquele cuja topologia e cujas metáforas sempre estão pressupondo que o homem, a autorreferência humana, está se movendo na história. O homem "passeia" na história. Talvez isso possa parecer natural, mas não era assim na Idade Média. Para aqueles que leram *La chanson de Roland*, por exemplo, é interessante notar que, no momento da morte, Roland não se move até ela, é a morte que se vai aproximando dele. Na Idade Média, o passado está se distanciando e o futuro se aproximando, no cronótopo historicista são os homens que se movem. Segunda característica: no "cronótopo historicista" os homens continuamente deixam para trás o passado. O que quer dizer que para aprender com o passado é preciso datar as experiências com relação ao presente e ao futuro. E quanto maior a distância cronológica, mais necessária a datação. O cronótopo historicista diz que podemos aprender com a Idade Média, mas o esforço da adaptação deve ser muito maior do que se quiséssemos aprender com o século XIX.

A terceira condição aberta pelo cronótopo historicista nos leva a acreditar que sempre, a cada momento, estamos entrando num futuro aberto. Nossa concepção atual de futuro já não é um "futuro aberto", eu acho. Com o historicismo entramos num futuro aberto que se apresenta como um horizonte de diferentes possibilidades. Temos então a liberdade de escolher entre aquelas possibilidades, entre aquelas oportunidades. Entre aquele passado do "cronótopo historicista" que deixamos para trás e o futuro em que estamos entrando a cada momento, o presente do cronótopo historicista é um presente mínimo. É um presente como mera transição, apenas um tempo de transição. Já Baudelaire, em seu texto "O pintor da vida moderna", de 1859, define o presente como um momento imperceptivelmente breve. Esse presente do "cronótopo historicista" é o lugar natural — o hábitat — da autorreferência cartesiana. Uma autorreferência humana puramente espiritual. Se pensamos cartesianamente sobre nós, somos pura consciência; então relacionamos isso com o presente de transição, teremos então uma nova forma de aprender com a história. Baseando-se nas experiências do passado e adaptando-as às experiências do presente, podemos imaginar poder escolher sobre essa base entre as possibilidades de futuro. É essa a forma historicista de aprender com a história.

Da mesma maneira, o sujeito cartesiano, a nossa mente, a nossa experiência, a nossa consciência vai escolhendo entre as possibilidades de futuro. Essa escolha baseada no passado, entre as possibilidades do futuro, é exatamente o que Max Weber, fundador da sociologia moderna, descreve como ação. Já dizia que, na aprendizagem da história, qualquer ação deve se basear necessariamente na experiência da história adaptada. Quer dizer que, tomando Weber e Karl Marx a sério, uma ação responsável não é possível sem o trabalho histórico. Eu acredito pouco nisso hoje. Finalmente, podemos dizer que Koselleck também participa daquele cronótopo historicista, a impressão de que o ritmo da história vai se acelerando. O que quer dizer que o ritmo da história vai se acelerando? Quer dizer que o momento da decadência, de perda da experiência do passado acontece cada vez mais rápido. Falava-se assim quando eu era muito jovem, nos anos 1950 e 1960, a cada cinco anos temos que renovar o saber inteiro, a música de cinco anos atrás já não é uma música nossa etc. Acredito que essa percepção tenha mudado profundamente.

Agora gostaria de explicar por que acredito que o cronótopo historicista, que foi a base, o contexto canonizado de nossa convicção de poder aprender com a história, já entrou em colapso, já não existe. Primeiro, gostaria de falar brevemente que estou me referindo aos anos 1970, e que faço referência a dois intelectuais, entre outros. Um deles é Jean-François Lyotard, filósofo francês que escreveu um texto muito programático, "A condição pós-moderna". Ele certamente escreveu textos filosóficos muito mais importantes, mas como contexto sintomatológico, como texto típico daquele momento, acho esse muito importante. O outro é um colega meu em Stanford, Hayden White, que acaba de se aposentar. Refiro-me a um texto seu, do livro *Meta-história*, publicado pela primeira vez em 1973.

Então, por que acho que são interessantes esses textos: o texto do Lyotard, "A condição pós-moderna", é sobretudo uma polêmica contra o que ele chama de metanarrativas. As metanarrativas são narrativas históricas que pretendem ser únicas, que pretendem integrar toda a realidade histórica. Seria como querer subsumir o passado do Brasil em uma única "História do Brasil", e sabemos que não faltaram tentativas desse porte. Para Lyotard existem histórias locais, múltiplas histórias locais e regionais; e tanto Lyotard quanto White observarão que para cada história existe uma infinidade de representações. Isto quer dizer que, de repente, o historicismo já não é mais a solução, já não consegue mais absorver a infinidade das representações. Nos anos 1970, se descobre que essa solução já não funciona. Que também existe uma infinidade de narrativas possíveis para cada objeto. Não, história do Brasil não é uma só. Existe uma infinidade de histórias possíveis sobre o Brasil.

Desde os anos 1970, sem que admitíssemos, sobretudo os historiadores (eu trabalho literatura, mas minha preocupação, sem dúvida, é a história), nosso cronótopo foi profundamente modificado, já não estamos em um cronótopo historicista. Nosso futuro não continua sendo um futuro aberto de possibilidades. O futuro de hoje é cada vez mais ameaçador, um risco que assumimos com seguros. Um exemplo disso foi o enorme sucesso do texto de Al Gore, que dizia que tínhamos no máximo cinco anos antes de liberarmos as partes mais agressivas da ameaça ecológica. Que se não conseguíssemos baixar, reduzir drasticamente certos índices de poluição, em cinco anos já não haveria solução. Este não é um discurso de um futuro aberto de possibilidades. O discurso econômico de hoje é um discurso, nesse momento, preocupado com a sobrevivência.

Agora já existe certo otimismo mundial de que sobreviveremos a essa crise. Devo admitir que durante muito tempo, há 40 anos talvez, que começo a ler o jornal pela parte esportiva. Mas durante vários meses do ano passado eu comecei com a parte C do *New York Times*, só para saber se a economia mundial iria sobreviver. Este não é um mundo de futuro aberto de possibilidades. Já antes da crise era assim. Todo mundo esperava que a entrada no terceiro milênio fosse uma grande data, uma data histórica, que haveria festas enormes, que se venderia muito. Mas sabemos hoje que o ano 2000 foi um fracasso econômico total. Tanto que se redefiniu e se disse que não, que realmente o ano da transição teria de ser 2001. Não se repetiu aquele otimismo que tomou conta das pessoas em 1900. Não somos nós mais que vamos em direção ao futuro, é ele que de modo ambíguo vem a nosso encontro.

Do mesmo modo, o passado para nós já não é uma realidade que estamos deixando para trás. Tenho a impressão de que ficamos cada vez mais inundados de passado. E acho que muitas vezes temos um excesso de produção de lembranças históricas. Temos tanto um excesso de lembranças históricas que às vezes me pergunto se existe a cultura de nosso momento, uma cultura do tempo presente. A chamada arquitetura pós-

-moderna é cheia de lembranças, cheia de citações, cheia de referências. Mas se me pergunto se existe um momento como foi representado pela arquitetura do Niemeyer, do Lucio Costa, de Brasília, o retrato de uma época de otimismo, esse tipo de representação estética de uma época parece não existir em nosso tempo. Ficamos talvez obcecados demais com a lembrança histórica. Tudo se tornou importante, a roupa da avó, a gravata do avô, as lembranças da família. Às vezes fico me perguntando se realmente são importantes, mas parece que nos tornamos incapazes de decidir. Eu tenho quatro crianças que atualmente ficam perguntando se vou escrever a história da família. Na verdade, acho que tenho coisas mais importantes para escrever do que a história de minha família.

Entre um futuro fechado de um lado, e um passado que, de repente, nos está inundando, o presente já não é um presente de transição. Eu acho que estamos morando em um presente cada vez mais repleto de simultaneidades. O fenômeno mais ridículo, engraçado e irônico são as bandas de "rock" de minha juventude. Pensar que o grupo Rolling Stones ainda existe. Mick Jagger está condenado pela vida inteira a ser jovem. De minha parte, estou condenado a usar calça jeans. Todo mundo tem de permanecer jovem! E quando digo que tenho 61 anos, todos dizem "não, não, mas você não aparenta ter 61 anos!" Envelhecer tornou-se algo impossível, da mesma forma, é impossível esquecer as coisas.

Qual seria a música de hoje? Qual a música de 2009? Eu me lembro bem do ano de 1963, você podia dizer exatamente que a música era a música dos Beatles. Não existiam ainda na Alemanha os *old records*, os discos antigos não existiam. Um amigo meu, cujo pai era cirurgião, trouxe a música dos Beatles da Inglaterra, fizemos uma festa. Sabíamos que aquela música era de nosso momento. Eu acho que hoje não existe a música de nosso momento porque já não se consegue esquecer.

Já que não está mais disponível o presente breve de transição, e se tinha dito antes que o presente breve é o presente do sujeito cartesiano, então nossa autorreferência já não pode ser a autorreferência cartesiana, a da consciência pura. Isso talvez explique por que nas ciências humanas fala-se tanto de corpo. Porque ao contrário da autorreferência puramente espiritual, intelectual do modelo cartesiano, em um presente cada vez mais amplo, um presente de simultaneidades, retorna a preocupação com uma autorreferência que inclua o corpo, sem que saibamos como.

A oitava parte é uma brevíssima reflexão: o que fazer nessa situação? Talvez fique um pouco tentado com a hipótese de que a aprendizagem da história já não funcione. Se isso estiver certo, se isso for realidade, o que fazer? Eu diria, em primeiro lugar, que, e graças a Deus para a disciplina da história, embora ela tenha perdido potencialmente sua legitimação, a história como objeto parece ser mais popular do que nunca. Já não há legitimação em termos tradicionais, mas o interesse pelo que se produz é crescente. Um tipo revigorado de fascínio pelo passado que parece exigir formas de imersão na história. Acho que é uma tarefa perfeitamente legítima e um desafio para a escrita da história. Há um livro de que Valdei gosta, e que escrevi 10 anos atrás, sobre um ano completamente inútil, 1926. Tentei escolher o ano menos importante do século XX, porque achei que ninguém jamais teria dito que esse ano teria importância. Então escrevi um livro para ter uma imersão total nesse mundo.

Pode-se dizer que a história talvez tenha perdido a legitimação, mas tem mais fascínio do que nunca. Estou trabalhando num livro, que está quase acabado, sobre o que gosto de chamar de clima histórico. Existe um conceito que aprecio muito, que é o de clima, não no sentido meteorológico, mas clima histórico, clima dos anos 1920 em Nova York, por exemplo, clima do samba dos anos 1940 no Rio de Janeiro. Em alemão fala-se *Stimmung*. A palavra *Stimmung* é interessante porque a raiz dessa palavra, desse conceito, é *Stimme*, que em alemão significa voz. Então é uma tradução impossível, porque o conceito não existe em português, seria mais ou menos como clima (ou atmosfera) histórico, clima cultural. Uma tradução impossível, porque o conceito não existe, seria "vozcidade", a "vozcidade" de um momento histórico, a "vozcidade" de uma cultura.

Por que tenho um interesse em traduzir por "vozcidade"? Há dois campos metafóricos para descrever climas históricos, um deles é a música. A música representa o momento, a música barroca, a música de Bach, a música de Mozart, o rock. Falei dos anos 1960, e logo lembramos do rock. Depois da música, o outro campo metafórico está relacionado com a meteorologia. Falamos de tempo histórico como quem fala de clima, um ambiente. Acredito seriamente, e não metaforicamente, que essa dimensão do clima histórico, da *Stimmung* histórica, volta a introduzir na história o corpo. O tempo que faz, o clima de hoje, relativamente frio, relativamente úmido, tem um impacto de gelo sobre nosso corpo, a meteorologia afeta nosso corpo. A música, a voz, a minha voz afeta seus corpos, apesar de tudo, apesar de toda a conceitualidade dessa conferência. Mas tenho uma presença física aqui, que não afeta apenas seus ouvidos — ouvir é uma atividade do corpo inteiro.

Quer dizer que clima, nesse sentido, seria um impacto de uma situação histórica sobre os corpos. Um impacto mais ligeiro. Acho fascinante, nesse sentido, que o teatro clássico francês só tem um metro, o alexandrino, 12 sílabas, um metro muito pesado. Não sabemos muito bem por quê, mas os corpos são afetados. Sempre que vou à Comédie-Française para assistir a uma tragédia, de Racine ou Corneille, fico impressionado, vou passeando quase no ritmo alexandrino. Isso é um clima histórico. E a coisa interessante no clima histórico é que, em primeiro lugar, eu dizia, não metaforicamente, mas diretamente, imediatamente um clima histórico deveria incluir aquele impacto, aquele toque ligeiro, ligeiríssimo, de um contorno histórico sobre o corpo. E isso, ao mesmo tempo, simultaneamente.

Todo mundo sabe, o clima tem um efeito sobre o temperamento, sobre a moralidade existencial. Tenho uma citação maravilhosa de minha compatriota Toni Morrison, a escritora prêmio Nobel afro-americana. Ela fala que o clima, nesse sentido, tem um afeto corporal real, mas, ao mesmo tempo, e paradoxalmente, é como se tivesse a possibilidade de tocar de dentro, no interior. Tem um efeito corporal que, ao mesmo tempo, sem que saibamos como e por quê, tem um efeito imediato também sobre a moralidade, sobre o temperamento, sobre a psicologia, sobre o pensar, sobre tudo. Eu não quero dizer que aquela pesquisa, aquele desenvolvimento potencial de uma teoria do momento, do clima histórico, é a solução. Mas, para meu trabalho hoje, e talvez para vocês, pudesse ser uma coisa interessante, que nos ajudaria a passar o tempo, até que já voltemos a ter uma grande legitimação política para a práxis da história.

Muito obrigado.

História e erudição

MANOEL LUIZ SALGADO GUIMARÃES

O problema

Ao introduzir o debate em torno dos regimes de historicidade com sua obra publicada no ano de 2003, o historiador François Hartog indicava uma profunda alteração com relação à percepção do transcurso do tempo para as sociedades contemporâneas. Tais mutações deixam-se perceber não apenas por uma experiência acelerada do tempo, potencializada pela cultura eletrônica que invadiu nosso cotidiano, como também por uma ressignificação do passado através de uma pluralidade de formas narrativas demandadas socialmente: da política do patrimônio como parte integrante das agendas políticas contemporâneas ao interesse por parte da cultura midiática pelo passado, vivenciamos novas demandas e perguntas ao passado que tem ocupado parte da produção historiográfica recente. O passado tem sido interrogado também a partir das novas exigências decorrentes de profundas transformações sociais, como o fim de regimes ditatoriais e do *apartheid* da África do Sul, para só ficarmos com alguns desses exemplos. Essas novas exigências e demandas têm também estimulado uma importante reflexão acerca dos temas tradicionalmente caros à pesquisa e à investigação histórica: o problema da memória e dos usos políticos do passado tomou enorme força quando nos debruçamos sobre a produção historiográfica recente em língua francesa, alemã ou inglesa para além do espaço que vem ganhando também entre nós. Como afirma Beatriz Sarlo em recente estudo acerca da cultura da memória, o passado é, antes de tudo, uma captura do presente, e não uma torrente de lembranças que, oriundas de outro tempo, derramam-se sobre o presente das sociedades. Nesse movimento, a discussão em torno dos suportes da memória adquiriu igualmente enorme centralidade, alargando por essa via os horizontes da interrogação historiográfica. Quer pensemos na história oral, na importância dos estudos acerca da cultura visual e, *last but not least*, nos recentes estudos sobre o papel do arquivo na constituição de uma memória e suas consequências para o trabalho do historiador, constata-se uma importante e significativa mutação na abordagem dessas questões.

O arquivo, condição indispensável para o trabalho do historiador, veio a ser problematizado e pensado a partir de sua historicidade, reconhecendo-se seu lugar como artefato e construção histórica, cuja arqueologia é parte do entendimento dos processos que configuram formas e possibilidades de escrita da história. De suporte de uma verdade reificada ou prova inconteste de eventos do passado, os arquivos passaram a ser questionados em sua historicidade e em sua forma de reunir e coletar indícios do passado. São inúmeros os trabalhos que na esteira dessas transformações podem aqui ser indicados, começando pela reflexão proposta por Jacques Derrida em seu *Mal de arquivo*, resultado de uma conferência proferida em colóquio internacional em Londres em 1994, cujo título "Memória: a questão dos arquivos" sinaliza a atualidade da questão proposta, apontando para a marca distintiva de nosso tempo "a impaciência absoluta de um desejo de memória". Não cabe nos limites desta apresentação uma longa e pormenorizada discussão dessa bibliografia acerca do problema, limitando-nos a indicar um trabalho que por sua amplitude oferece um mapa dessas questões em diferentes contextos culturais e sociais: o livro organizado por Antoinette Burton intitulado *Archives stories: facts, fictions, and the writing of history*, publicado em 2005 pela Duke University Press.

Mas a questão do arquivo e do documento não é exatamente nova para os historiadores de ofício. A afirmação da disciplina ao longo do século XIX fez do trabalho com as fontes a pedra angular na configuração da fisionomia própria do ofício de historiador. Somente a partir dele [do trabalho em arquivo] poder-se-ia invocar autoridade para uma ciência em vias de afirmação e disputando um campo de saber que fazia do passado objeto de especialistas adequadamente preparados, e por isso dispondo sobre ele de um monopólio de fala.

Já se tornou consensual entre os estudiosos da história da história que o mesmo século XIX assistiu a novas e variadas formas de narrar o passado. O nascimento da ciência da história, com suas exigências de objetividade e de um conhecimento submetido às regras da ciência, acabou por tornar-se a forma hegemônica de produzir inteligibilidade acerca do passado. Isso, contudo, não eclipsou outras maneiras de produzir sentido por meio de diferenciadas formas narrativas, quer fossem realizadas pela escrita, como o romance histórico, quer pelas diversificadas formas visuais de representar o passado a que se assiste àquela altura com a invenção dos museus de história nacional, com a preocupação relativa ao patrimônio histórico e a importância que adquire a pintura histórica, não apenas como forma de representação visual do passado, mas também como cânone artístico. Nesse sentido, falarmos em uma cultura histórica própria ao Oitocentos implica considerar esses diferentes aspectos que a representação do passado pode assumir naquela conjuntura histórica, percebendo a interconexão entre essas diversas formas. Se na presente apresentação centramos nosso foco nas formas escritas dessas representações, não significa que a vejamos como desarticulada dessas outras formas, ao contrário, queremos assumir a profunda relação entre esses distintos modos de representação, ainda que reconhecendo a especificidade de cada um deles.

Interessa-nos, mais do que explorar as diferentes formas da representação escrita do passado brasileiro pela cultura histórica oitocentista, lançar interrogações acerca da emergência do próprio conceito de história para os letrados brasileiros da primeira metade do século XIX, procurando ver as apropriações realizadas no sentido de constituir uma tradição capaz de fundamentar um projeto de escrita de uma história nacional. Tradição entendida não como herança passivamente recebida em decorrência de uma precedência temporal, mas como escolha realizada em determinado presente do que se pretende como tradição e igualmente como autoridade no passado. A pergunta a nos guiar visa compreender as relações estabelecidas com uma longa tradição na cultura ocidental relativa ao trabalho com os textos escritos. Os estudos de Anthony Grafton são a esse respeito uma referência incontornável. Se bem se alinham a uma história de especialistas em lidar com textos e documentos antigos, os letrados portugueses na virada do século XVIII para o século XIX, e posteriormente os homens de letras no Brasil do século XIX, veem-se diante de novos desafios próprios a uma nova forma de conceber a escrita histórica. Essa genealogia, que estabelece filiações e heranças, é também parte da história que escreverão tendo como protagonistas as respectivas nações.

Tradição e inovação na cultura histórica oitocentista em Portugal e no Brasil

> Que bem vezes me obrigao a deixar lacunas, ou notar a duvida com um ponto de interrogação. Em datas não falo que por officio as acho erradas bestialmente. Os Indices que remeto que sirvão de Certidão de que me não tenho dado à preguiça: as Copias só no Porto se podem acabar de tirar dos Borroens, e conferir, e por isso ainda não remeto. Não eh pouco o que ainda existe, mas mayor tem sido a minha magoa de ver frustadas as Providencias de nossa ley para conservação dos Cartorios pela falta de observancia, e em algumas partes conhecendo ter sido a falta de discrição das mesmas providências da ley a causa da ruína de muitos papéis que fexados largos annos a tres chaves só deixarão após de si a memória de terem existido, ou comidos dos ratos, ou reduzidos a huma pasta informe e fetida, Em me recolhendo ao Porto farey hua breve Memoria a este respeito para que aprezente a quem pode, e deve dar remedio, ao menos para o futuro, a esta degradação de Monumentos, que nunca por face alguma se podem reputar indiferente. Fico certo a dar-lhe gosto como de Vossa Senhoria Affectuozo e Venerador. — João P. Ribeiro. — Ponte de Lima 14 de Outubro de 1790.

A carta em questão é de autoria de João Pedro Ribeiro, letrado português com doutorado em Cânones pela Universidade de Coimbra, sócio da Academia Real de Ciências de Lisboa, a serviço de quem efetuara viagens pelo interior do reino com vistas a fazer minucioso levantamento dos acervos documentais existentes em Portugal. Foi o ocupante da primeira cadeira de diplomática em Portugal, criada no ano de 1796, inicialmente na Universidade de Coimbra e logo transferida para a Torre do Tombo em Lisboa. Esta mudança era justificada pela necessidade de aproximar os acervos documentais a partir dos quais a formação adequada em diplomática poderia ser realizada. A formalização desse conhecimento veio a se dar em Portugal somente um século depois de publicada a obra clássica a esse respeito de autoria de Mabillon (*De re diplomatica libri*, 1681), que, aliás, integrava o acervo da biblioteca de João Pedro Ribeiro.

A consulta ao catálogo de sua biblioteca nos oferece um acervo característico de um letrado formado na tradição do antiquarianismo: parte significativa dos títulos é em língua latina e compreende uma quantidade expressiva de coleções de documentos antigos, tratados de diplomática e catálogos de coleções de antiguidades, assim como textos voltados para a crítica dos documentos contra as falsificações. Igualmente estão contemplados temas da história de Portugal, assim como coleções das leis da monarquia e um grande número de obras relativas ao direito canônico e às chamadas "antiguidades" eclesiásticas. Completam sua coleção os dicionários de línguas orientais. No acervo, há indícios de sua relação com letrados brasileiros especialmente pela presença de trabalhos dos dois fundadores do Instituto Histórico e Geográfico Brasileiro (IHGB), Januário da Cunha Barbosa e Raimundo da Cunha Matos. Uma primeira apreciação de sua biblioteca, portanto, não deixa dúvidas quanto à importância da tradição antiquária para seu trabalho com os documentos. Ao lado de textos referenciais, os catálogos de objetos e coleções de antiguidades misturam-se segundo uma ordem própria àquela cultura dos eruditos humanistas. João Pedro Ribeiro parecia ainda encarnar "a *bella diplomatica*" (a guerra diplomática), nas palavras de Anthony Grafton em seu estudo acerca das *Origens trágicas da erudição*. Retoma na verdade a expressão de época, já usada por Blandine Barret-Kriegel em seu estudo acerca de Mabillon. Tratava-se de um combate renhido levado a cabo por eruditos católicos no século XVII, com vistas a estabelecer de forma sistemática e metódica quais documentos poderiam ser considerados genuínos e verdadeiros e quais as instituições católicas possuiriam alicerces históricos. Guerra entre eruditos a serviço de Estados em processo de afirmação na Europa, a disputa por documentos do passado era parte de um desenho político em elaboração e para o qual a justificativa para as pretensões políticas dos monarcas deveria assentar-se em documentação comprobatória. Para tanto, a mobilização de um saber fundado nas premissas do antiquarianismo tornava-se fundamental, ainda que as submetessem agora a novas exigências e demandas de ordem política. Com essa finalidade, Mabillon realizara uma série de viagens por países europeus, num primeiro momento a serviço de sua ordem religiosa, ainda que com apoio expresso de Colbert e, em seguida, quando de sua viagem à Itália (entre 1685 e 1686), com a chancela oficial de Luís XIV para visitar as bibliotecas italianas procurando livros e documentos que pudessem integrar o acervo da Biblioteca Real do monarca francês. Desse modo, as práticas próprias aos procedimentos da erudição corporificadas, entre outras, pelo saber da diplomática pareciam operar a fusão entre o saber antiquário e o saber do historiador. Ambos sob o signo de novas realidades políticas em gestação. A escrita da história apontava na direção de um novo caminho em que a autoridade dos escritores antigos não era mais o fundamento a constituir legitimidade e autoridade para narrar o passado. Este, cada vez mais, deve ser abordado a partir dos documentos submetidos à crítica capaz de livrá-los da suspeição e da dúvida e tornando possível inscrever definitivamente a história como disciplina do conhecimento e não apenas uma propedêutica para outros estudos.

Um olhar sobre a vasta correspondência de João Pedro Ribeiro com letrados portugueses confirma o lugar dessa temática para suas preocupações, uma vez que busca de forma sistemática fundamentos na documentação histórica para afirmar um direito da Igreja e, consequentemente, para produzir argumentos que sustentassem seu poder institucional. O trabalho dos eruditos humanistas, referência para João Pedro Ribeiro em seu labor com os documentos dos cartórios portugueses, assegurou lugar central para um conjunto de disciplinas, como a paleografia. Esse estatuto, contudo, veio a ser questionado no século XVIII com a história filosófica e no século seguinte com a afirmação da história disciplinar e científica, que relegou esses procedimentos ao lugar de "ciências auxiliares da história", estabelecendo dessa forma hierarquias muito claras, assim como negando a esses saberes sua autonomia própria e sua forma específica de tornar o passado objeto de um interesse peculiar.

A nomeação de João Pedro Ribeiro para ocupar a cadeira de diplomática coroava, na verdade, uma trajetória iniciada em 1784, quando fora designado para inventariar os títulos pertencentes ao patrimônio da Universidade de Coimbra, seguindo-se em 1789 sua indicação para auxiliar o dr. João Antonio Salter de Mendonça no exame de cartórios. Tornou-se referência para os assuntos ligados à documentação do Estado português, o que lhe permitiu ser nomeado em 1807, com ordenado de 200$000 réis, cronista do *Ultramar* e cinco anos antes o responsável pela realização de inventário circunstanciado de todos os documentos do Real Arquivo da Torre do Tombo por nomeação do visconde de Balsemão.

O texto da carta endereçada ao abade Correia da Serra, com a qual iniciamos essas considerações, descreve seu trabalho nos arquivos do reino, identificando a documentação existente e procedendo à sua cópia a cargo de copistas contratados, dos quais, aliás, reclama, uma vez que o trabalho feito o obriga a sucessivos cotejamentos com a documentação original em virtude da má qualidade do que havia sido realizado por profissionais sem a adequada qualificação, na avaliação de João Pedro Ribeiro. O trabalho que o obrigava a sucessivos deslocamentos pelas regiões de Portugal resultava de um vasto e ambicioso projeto erudito posto em marcha pela Academia Real das Ciências de Lisboa com apoio expresso do Estado monárquico. As linhas mestras desse projeto podem ser acompanhadas na carta endereçada por Joaquim José Ferreira Gordo, igualmente membro da academia, ao abade Correia da Serra e datada de julho de 1789, no mesmo ano em que havia sido escolhido seu sócio correspondente. Ali são apresentadas as sugestões que deveriam direcionar o trabalho dos homens de letras a serviço das demandas do Estado por um levantamento circunstanciado da documentação existente não apenas em Portugal, mas também nos territórios ultramarinos, que pudessem dar "alguma luz à história civil da nação, assim antiga como moderna". Para tanto, Ferreira Gordo tem o cuidado de solicitar ao abade Correia da Serra que todo o material, assim como a correspondência produzida em virtude desse trabalho a ser realizado pelos indicados pela academia, traga sempre a observação *Do Real Serviço*, não deixando, portanto, dúvidas quanto à sua natureza. Pela descrição detalhada de Ferreira Gordo, toda e qualquer instituição — inclusive aquelas da Igreja Católica, como os conventos — que guardasse um depósito de documentos deveria ser objeto de um inventário circunstanciado dos responsáveis indicados pela Academia de Ciências. No entanto, o projeto em pauta não se limitava ao inventário e à localização da documentação e sua cópia segundo os procedimentos corretos. Mais do que a organização de uma coleção, o que estava em questão era a organização de um catálogo circunstanciado, que permitiria não apenas a localização e identificação da documentação por cada um dos três indicados para o trabalho, mas igualmente o cruzamento com o conjunto dos acervos assim visitados. Um primeiro índice cronológico seria feito por cada um dos responsáveis pelo levantamento e cópia da documentação, que em seguida reunidos produziriam um índice cronológico geral de toda a documentação assim reunida e organizada, a qual, nas palavras de Ferreira Gordo, seria digna "de entrar na Coleção das Leis e Memórias Históricas". A extensão do projeto almejada por Ferreira Gordo indica as novas necessidades de um Estado monárquico de controlar seus domínios pelos mecanismos da palavra. Um saber especializado tornava-se central para o controle político dos territórios da monarquia, redesenhando dessa forma a equação saber/poder. A essa viagem pelos cartórios e depósitos de documentos dispersos pelo território com o objetivo de organizar o grande arquivo da monarquia, somou-se outro projeto de viagens: as filosóficas, com finalidade, contudo, diversa. Essas visavam submeter os territórios do reino a uma etnografia capaz de esquadrinhar o espaço geográfico e social segundo as novas demandas do poder real. Podemos supor que, embora com finalidades distintas, articulam-se às novas configurações do poder monárquico português. Realizado o levantamento e a organização da documentação, cópias seriam enviadas aos territórios portugueses da Ásia, da África e da América, para que a partir das ordens emanadas da Secretaria de Estado se procedesse a igual trabalho nesses territórios, para "poder formar um justo conceito da maneira, porque os Senhores Reis desse reino estabeleceram aquelas ricas e vastas colônias, e se ajuntar uma boa coleção de memórias que possam servir a quem se achar com talento para escrever a história da América Portuguesa e reformar e adiantar a da Ásia e da África". Da coleção ao catálogo, o que estava em marcha era um projeto erudito de submeter a documentação do reino português a um novo olhar, a uma nova economia do saber acerca do passado. Localizar, identificar, reunir e catalogar, mas igualmente deliberar acerca da "autenticidade dos exemplares achados", o que necessariamente implicava um saber especializado, uma perícia específica, própria da tradição erudita da diplomática. Reinvenção de uma tradição e formulação de novas autoridades para a escrita do passado estão em jogo na cultura das Luzes portuguesa, sob os olhos atentos de uma monarquia que se quer ilustrada.

Voltemos à carta de João Pedro Ribeiro ao abade Correia da Serra enviada da cidade de Ponte de Lima. O documento expressa de maneira clara a preocupação com uma das premissas que viria a se tornar condição para a escrita da história no século XIX: a existência de documentação indispensável para o labor historiográfico. Ao "eu vi" que fundamentara a escrita histórica em suas formas clássicas, corresponde agora o "eu li" da consulta aos arquivos e acervos, que para isso deveriam estar disponíveis, mas, sobretudo, em condições de legibilidade. Expliquemos melhor seu significado: tratava-se de submeter a documentação escrita aos procedimentos da crítica erudita visando estabelecer a autenticidade e a fidedignidade dos documentos em questão. Somente quando vencida essa etapa poder-se-ia estabelecer os fatos do passado como verdadeiros e, por isso mesmo, base confiável para uma escrita da história. Herdeira da crítica filológica e impulsionada no cenário da cultura humanista pós-reforma, a crítica aos documentos estimulou outros procedimentos necessários à sua realização, como o estudo das línguas antigas e da paleografia, como mencionado. Somente após serem submetidos a crítica rigorosa, poderiam os documentos servir à finalidade de uma escrita da história, o que não esteve em momento algum nos planos de João Pedro Ribeiro. Segundo ele, uma verdadeira história de Portugal demandaria esse conjunto de conhecimentos iniciais e indispensáveis, que apenas começavam a tomar corpo nos meios letrados portugueses. Sua realização, contudo, pressupunha outros procedimentos. Nesse aspecto João Pedro Ribeiro irá travar uma luta sistemática, conseguindo obter a obrigação da formação em diplomática e conhecimentos de paleografia para o trabalho na Torre do Tombo. Em representação ao príncipe regente datada de 20 de fevereiro de 1812, no entanto, adverte para o fato de que estariam sendo nomeados escriturários para o Real Arquivo da Torre do Tombo sem a frequência às aulas de diplomática, conforme estabelecido pelo Alvará Régio de 21 de fevereiro de 1801. Já em carta com data de 25 de agosto de 1790 advertia para os riscos de um desconhecimento da paleografia quando se tratava do trabalho com acervos documentais da Idade Média portuguesa. Em sua visita ao Mosteiro de Vairão deparou-se com um conjunto de pergaminhos classificados como "inúteis", o que o fez dedicar-se à identificação desse material datado dos séculos XI, XII e XIII. Sua avaliação é conclusiva: o desconhecimento das técnicas de leitura levara à desconsideração de documentação importante para o conhecimento daquele período do passado português, e com isso à perda de fontes escritas essenciais para a escrita da "história civil portuguesa". Em carta seguinte ao abade Correia da Serra reitera a necessidade de amanuenses qualificados para o trabalho com os documentos e sugere que a Academia de Ciências de Lisboa estabeleça "uma ou mais Escolas Paleográficas" para a "propaganda e perícia das letras antigas".

Vemos, assim, que os protocolos de uma história erudita desenvolvidos na Europa dos séculos XVI e XVII adentram o cenário letrado português no ambiente da cultura das Luzes. Estranho paradoxo, contudo, posto que esses mesmos protocolos e procedimentos foram alvo de uma acirrada crítica dos filósofos iluministas ao que consideravam falta de objetividade e finalidade da cultura antiquária para o conhecimento do passado, a mesma, aliás, que formalizara os procedimentos da erudição. Blandine Barret-Kriegel e Chantal Grell, em seus estudos acerca da erudição humanista, apresentam os argumentos que levaram "a uma derrota da erudição" em nome de uma filosofia da história própria da cultura das Luzes. Contudo, a inexistência dessa tradição em Portugal — o antiquarianismo —, de certa forma denunciada por João Pedro Ribeiro, impediria o verdadeiro conhecimento do passado, e a essa tarefa lançou-se de maneira decidida. Sua correspondência com os membros da academia Real de Ciências de Lisboa, ao mesmo tempo que dava conta de suas viagens pelas províncias do reino a serviço da mesma academia, indicava os procedimentos que lhe pareciam adequados para sanar a ausência de uma tradição erudita relativa ao tratamento da documentação espalhada pelo território português. Sua vasta correspondência com o abade Correia da Serra, um dos fundadores, com o duque de Lafões, da Academia Real de Ciências de Lisboa, permite acompanhar as preocupações de alguém que reconhece a necessidade da escrita da história fundada em novos procedimentos, em grande medida herdados da tradição erudita, mas a serem empreendidos agora pela cultura letrada das Luzes em Portugal.

Importante, contudo, salientar, como já fizemos referência, que João Pedro Ribeiro não se considerava um historiador e tampouco teve a pretensão de nomear sua vasta produção escrita como uma obra de história. Antes prefere chamá-las em alguns casos de memórias, como é o caso das *Memórias autênticas para a História do Real Arquivo*, publicadas na Impressão Régia de Lisboa no ano de 1819, quando procura apresentar um catálogo circunstanciado da documentação existente naquela instituição relacionando-o à atuação de determinados reis. Por que exatamente não se trata de uma história a produção de João Pedro Ribeiro? Efetivamente, ao consultá-la não nos deparamos com nenhum relato histórico que busque apresentar os eventos passados a partir de uma narrativa coerente e organizada. Segundo Grafton, em seu estudo acerca da erudição e dos protocolos que viriam a conformar uma escrita científica da história, "quando escreveram [antiquários] sobre problemas históricos, em sua maioria, produziram não narrativas anotadas, mas argumentos não anotados, nos quais as fontes a serem discutidas e as teses alternativas a serem refutadas eram citadas e analisadas no próprio texto. E até a presença ocasional de notas de rodapé ou de comentários não derivou de uma separação clara entre texto e instrumental". Portanto, João Pedro Ribeiro ao produzir seus textos não produzira aquilo que Michel de Certeau denominou "narrativa duplicada", própria dos historiadores de ofício, obrigados a produzir um texto original a partir do recurso a outro conjunto de textos para os quais estavam reservadas as notas de pé de página.

Mas como trabalhava, produzindo seus textos, esse professor de Coimbra que pede sucessivas licenças de sua cátedra na faculdade de Cânones para se dedicar integralmente ao labor nos arquivos, o que o obriga a frequentes deslocamentos pelo território português? Em carta ao mesmo abade Correia da Serra, lembrava que em fevereiro de 1792 esgotava-se sua licença de dois anos na Universidade de Coimbra e solicitava que ele encaminhasse ao reitor da universidade novo pedido de licença para prosseguir no trabalho de visita aos arquivos. O texto que elabora como fundamento de sua prática como primeiro lente de diplomática intitulado *Observações históricas e críticas para servirem de memórias ao sistema da diplomática portuguesa* é peça importante para a compreensão de seu entendimento acerca do trabalho com os documentos. Com a data de 1798 e chancela da Academia Real das Ciências de Lisboa estampando a licença real, as interconexões entre o mundo letrado e o mundo da política ficam patentes. O texto organiza-se a partir de duas grandes unidades: na primeira, João Pedro Ribeiro faz um balanço da situação dos cartórios espalhados pelo reino tendo em vista "a necessidade de acautelar pelos meios oportunos a sua total ruína", dividindo-os em cartórios das Câmaras e cartórios dos Mosteiros, preservando em certa medida a tradicional divisão entre história civil e eclesiástica. Na segunda, apresenta os meios necessários para a preservação da documentação tendo em vista seus aspectos físicos e sua organização para consulta. Nesse sentido, João Pedro Ribeiro parte de uma curiosa distinção entre o que considera o interesse puramente literário pelos documentos guardados nos arquivos e o interesse da história — visivelmente mais importante —, pois, segundo ele, é "donde a história tem tirado a maior parte das suas luzes". Submetidos agora a uma exigência particular — a história com a finalidade de lançar as luzes sobre os tempos do presente —, os documentos devem ser organizados segundo uma ordem que melhor atenda a essa demanda, e essa não seria, segundo seu juízo, uma ordenação puramente cronológica, mas deveria considerar os documentos antigos segundo sua natureza e a ordem geográfica. Portanto, para João Pedro Ribeiro não se tratava apenas de preservá-los do ponto de vista físico, mas também torná-los sob controle de um novo olhar marcado por preocupações com o tempo e o espaço das Luzes.

Uma segunda ordem de questões preocupa João Pedro Ribeiro no texto em questão: a crítica capaz de assegurar a autenticidade dos documentos livrando-os dos riscos sempre presentes da falsificação. Esse procedimento apresentava-se como indispensável para o estabelecimento dos fatos, requisito necessário para a elaboração de uma narrativa histórica segundo os cânones modernos. O problema da falsificação estava longe de ser uma novidade para esses letrados iluministas formados a partir da tradição antiquária. Uma longa história de falsários e suas falsificações enchia as páginas da literatura erudita desde pelo menos os praticantes da *ars historica* de fundo humanista. Lorenzo Valla e sua contundente crítica a respeito da Doação de Constantino é a esse respeito apenas o exemplo mais representativo e aquele que mais notoriedade ganhou. A novidade estava em que para os eruditos católicos como João Pedro Ribeiro o documento falso não poderia assegurar a verdade de uma narrativa que se pretendesse crítica a respeito do passado. Nem tampouco poderia fundamentar a partir de bases históricas seguras as demandas do presente, sobretudo aquelas de um poder que busca novas formas para sua legitimação e sua afirmação num mundo marcado por profundas transformações.

Como parte ainda do trabalho necessário ao estabelecimento dos fatos em bases seguras, o tema da cronologia se torna especialmente importante para as pesquisas de João Pedro Ribeiro. Estabelecer a data certa dos eventos passados torna-se uma preocupação desse erudito que podemos acompanhar em parte da correspondência trocada com outro religioso, o beneditino Bento de Santa Gertrudes. Sinal da erudição antiquária, os dois religiosos investem muito tempo e conhecimento para dirimirem dúvidas, a partir de uma argumentação em que a retórica é parte importante, a respeito da datação de eventos passados, assim como das diferentes formas de datar os documentos próprias de outro tempo. Um saber específico é acionado como condição para o desvendamento dessas datas (a cronologia), que deve considerar um profundo conhecimento não apenas das maneiras como os antigos marcavam com calendários próprios o tempo, como também das formas particulares de grafar através de uma escrita esses sinais indicativos da passagem do tempo.

Mas como proceder nesse trabalho de erudito para assegurar não apenas a fidedignidade do documento, mas também sua correta datação? Em primeiro lugar, João Pedro Ribeiro, assim como seus correspondentes, recorre à autoridade no assunto, no caso os tratados de diplomática e mais especificamente o trabalho de Mabillon. Em segundo lugar, a visão dos arquivos visitados e o manuseio da documentação conferem aquilo que João Pedro Ribeiro chama de "tino diplomático". Em carta de Lisboa, datada de 10 de janeiro de 1802, endereçada a Bento de Santa Gertrudes, assim se expressava o primeiro lente de diplomática: "Corra V. Revdmª como eu, além desse, 20 ou 30 cartórios, e quando ao primeiro aspecto lhe agradar este ou aquele documento, e entejar outro, examine este de espaço, e não lhe faltará porque lhe pegue; reconhecerá com Vanes que há tino diplomático que se não adquire lendo obras impressas, mas maneando centos e centos de documentos". Ainda que preocupado com a verdade, que como afirma na mesma carta é seu ofício averiguá-la, parece haver espaço para uma experiência adquirida pela prática nos arquivos, uma sensibilidade que se desenvolve em contato direto com o manuseio dos documentos, recusando uma abordagem de natureza puramente filosófica mais ao sabor da cultura das Luzes.

Ao assumir um lugar institucional, o de primeiro lente de diplomática em Portugal, João Pedro Ribeiro definia um campo de atuação que o consagraria como especialista maior. Não era, sem dúvida, o primeiro a se dedicar a essa temática no ambiente letrado português. Poucos anos antes de publicar seu texto de orientação dos estudos de diplomática em Portugal, veio à luz uma *Dissertação ou tratado sobre algumas regras mais necessárias da hermenêutica e da diplomática para o estudo da história eclesiástica*, publicada na cidade do Porto e de autoria de frei José Pedro da Transfiguração (1792). O texto era de conhecimento de João Pedro Ribeiro, já que a seção de manuscritos da Biblioteca da Universidade de Coimbra guarda um exemplar que pelas evidências pertenceu ao primeiro lente de diplomática. No texto explicativo que oferece aos leitores, frei José Pedro esclarece que o motivo que o movera a escrever sobre o assunto eram as exigências "de sua profissão", já que considerava tanto a hermenêutica quanto a diplomática "dois indispensáveis olhos da história eclesiástica". Seu tratado, na verdade, tem como foco a apresentação de um conjunto de regras necessárias à autenticação e validação dos escritos religiosos. Diz ele: "Quando um escritor diz que viu ou ouviu o fato que nos conta, é necessário averiguar se ele tem bondade e justiça, que são os caracteres de um escritor incapaz de enganar". Aqui o critério de credibilidade para um texto está no *êthos* de seu escritor reafirmando o princípio da retórica aristotélica, segundo o qual a determinadas características daquele que formula um discurso deve necessariamente corresponder a forma desse discurso. Mais adiante continua o clérigo: "É digno de fé o escritor a quem a Igreja dá autoridade; se essa lha derroga, não merece". Aqui a validação do texto deriva de uma autoridade que lhe é externa, numa direção flagrantemente oposta aos princípios da moderna diplomática, segundo os quais o exame dos próprios suportes do texto deviam também ser considerados para o trabalho de sua validade e, por conseguinte, para sua autoridade. Uma terceira possibilidade para a validação dos textos seria o que o autor denomina "autoridade dos antigos". Segundo ele, "os autores antigos, como têm mais condição do que nós para averiguar a verdade dos fatos que nos contam, porque mais vizinhos de sua origem, também têm mais razão para conhecer o caráter dos escritores que os precederam, a fim de fazerem juízo sobre suas obras: logo se as condenaram de espúrias, foi porque as acharam por algum lado indignas de se atribuir aos autores, de quem se anunciam". É clara ainda para ele a autoridade dos antigos sobre os modernos, numa óbvia inversão do que a própria obra de Mabillon já prenunciava, uma vez que submetia à crítica dos modernos os vestígios textuais do passado. Assim antigos e modernos estariam equiparados, uma vez que o procedimento da crítica é superior à afirmação de uma autoridade fundada apenas na Antiguidade. O testemunho contemporâneo ao evento narrado, o relato fundado na observação de quem viu ou soube por quem o presenciara continuam a desempenhar papel importante no saber da diplomática formulado por Mabillon. Contudo, tornava-se igualmente importante o exame desse testemunho, de sua autoridade e seu valor público como condição de validação do documento produzido e da verdade dos fatos narrados. Só então poderia ser tomado como expressão da verdade narrada. Vê-se, portanto, que com esse saber erudito estava em questão a produção moderna dos arquivos de fontes. Para João Pedro Ribeiro tratava-se de pensar os recursos dessa disciplina — a diplomática — para o conhecimento da história de Portugal, entendida como uma história civil. Alarga, portanto, em muito os horizontes do uso da hermenêutica e da diplomática nos termos que o tratado de frei José Pedro da Transfiguração propunha, além de solapar as bases que fundamentavam seus procedimentos para o uso das regras da diplomática. Para João Pedro Ribeiro, a crítica do especialista deveria ter como foco os manuscritos depositados nos cartórios submetidos ao olhar formado a partir de regras claras e bem definidas indispensáveis ao estabelecimento da verdade dos fatos, base segura para uma narrativa acerca do passado.

Sua prática, assim como sua reflexão em torno do trabalho com documentos, viria a se tornar referência central para a geração dos primeiros denominados historiadores — portanto praticantes de um ofício específico, ainda que não necessariamente totalmente desvinculado do mundo das letras em sentido lato — de além e aquém-mar; tanto para Herculano em Portugal, que frequentara entre os anos 1830 e 1831 a aula de diplomática na Torre do Tombo, quanto para Varnhagen, que tivera sua formação intelectual nos meios letrados em Portugal.

Historiografia, normatividade, orientação: sobre o substrato moral do conhecimento histórico

SÉRGIO DA MATA

Duas coisas enchem o espírito com renovada e crescente admiração e respeito, quão mais constante e detidamente com elas se ocupa o pensamento: o céu estrelado sobre mim e a lei moral em mim.

Immanuel Kant

Nos últimos tempos, as ciências humanas redescobriram a problemática dos valores e da moral. Uma demanda geral por orientação está, inegavelmente, na origem de tal movimento. Sempre que nos confrontamos com transformações sociopolíticas de grandes dimensões ou nos defrontamos com visões do mundo distintas e mais seguras de si que as nossas, a discussão sobre os valores e a moral se recoloca como uma prioridade. Da redemocratização da América Latina à queda do "socialismo real", do advento das novas formas de fundamentalismo religioso à crise do sistema financeiro, tem-se mostrado recorrente o desejo de estabelecer padrões éticos e valorativos comuns, dotados de um mínimo de estabilidade.

Os historiadores se ocupam apenas esporádica e tangencialmente com essa problemática.[1] Outras disciplinas, como a filosofia moral, a ciência

[1] Exceção digna de nota são as belas e profundas reflexões do medievalista russo Gourévitch (1994). Um dos poucos historiadores da nova geração a tratar com propriedade do "retorno" dos valores foi Nolte (2006).

política, a teologia e a sociologia, estariam mais bem-aparelhadas para tratar de tais questões. Por outro lado, e mais importante, a historiografia estaria, por assim dizer, condenada a um absenteísmo normativo desde inícios do século XVIII, quando se deu a superação do *topos historia magistra vitae* (Koselleck, 2006:41-60; Nadel, 1964:445-470).

Tem-se perguntado, ao longo desse simpósio, a respeito do aparente paradoxo que seria a "persistência" deste *topos*, ou antes: daquilo que, no fundo, ele representa. Eu diria de outra forma. Certo gosto pela identificação de rupturas epocais não nos terá levado a subestimar algo que, no conhecimento (como na vida), é uma constante? A facilidade com que a visão grandiosa de transições multisseculares e rupturas definitivas rapidamente se transforma em senso comum deveria nos fazer pensar. Um autor francês, Marc Augé, chamou a isso "a linguagem do fim" (Augé, 1997). A realidade, porém, nunca se cansa de nos dar exemplos, às vezes exemplos impressionantes, de quão precipitados eram muitos desses "fins" anunciados. A "linguagem do fim" configura, na verdade, uma forma de profecia retrospectiva. Ou, se quiserem: de teleologia invertida. Ela parece querer compensar, hoje, a perda de plausibilidade das filosofias da história.

No que diz respeito ao tema de nossa discussão, quem ousaria dizer que os historiadores tenham deixado de conferir a seu trabalho, ainda que de forma velada ou inconsciente, determinada dimensão moral, que a historiografia tenha abdicado de toda e qualquer pretensão normativa?

Devemos a Agnes Heller uma das poucas iniciativas de reflexão a esse respeito. Heller aponta as dificuldades com que tem o historiador de lidar a partir do momento em que decide fazer juízos morais em seu trabalho de reconstrução do passado. Confrontado com a exuberante diversidade de épocas e costumes, nenhum ponto de equilíbrio arquimediano poderia ser encontrado. Poderíamos, no máximo, nos pronunciar a respeito da legalidade, mas nunca da moralidade de uma ação ou de um indivíduo. Tendo se transformado tanto ao longo do tempo, nossos padrões não se prestariam a medir a virtude ou o vício de nossos antepassados. Qualquer iniciativa nesse sentido resultaria anacrônica ou farisaica. É significativo que Heller, uma ex-marxista, recorra, em dado momento, a uma imagem que se diria digna de Herder:

> O mito de Jesus Cristo não é história, e, por esse motivo, é exemplar. Somente alguém que atraiu sobre si todos os pecados e sofrimentos do gênero humano tem o direito de julgar os vivos e os mortos. Ninguém mais o tem [Heller, 1993:149].

A partir de proposições como essa, aonde chegaríamos, no plano moral? Dando-se conta disso, a autora se lembra de estabelecer uma importante exceção. Seria infame, afirma, "se nos recusássemos a julgar Hitler moralmente". Os "monstros históricos", esses que o século XX produziu em tão grande quantidade, constituiriam os casos-limite a partir do qual o juízo moral, mais que possível, se tornaria um imperativo.

O relativismo não muito consequente de Heller tem, como se vê, seus limites. Em que pese à historicidade e à diversidade cultural de nossos referenciais valorativos e morais, de vivermos numa época de grandes pluralizações, consensos mínimos ainda podem ser obtidos. Da mesma forma que no caso-limite do monstro histórico, a autora considera legítima a parcialidade em favor dos que são submetidos a extremos de sofrimento. Mesmo sem poder reivindicar o status de moralmente "melhores" pelo fato de serem oprimidos, eles ao menos mereceriam nossa simpatia (Heller, 1993:150).

Tal como é realizada por Heller e por um ou outro historiador, a análise se concentra na moralidade do sujeito do conhecimento e não na moralidade enquanto uma possível *dimensão* do saber histórico. Tudo se resumiria àquela virtude kantiana, de foro absolutamente pessoal e legitimamente exercida apenas fora dos limites da ciência (uma vez que em ciência tratar-se-ia apenas do que "é", nunca do que "deve ser" (Weber, 2001:361-398).

A moral como um problema do historiador, não da historiografia. Pode-se ler aí um claro indício da intensa privatização característica das sociedades modernas, aspecto a ser discutido mais adiante. O que vale ressaltar é o caráter singular desse deslocamento da potência moral de que dispõe o gênero comunicativo "história" para o sujeito cognoscente. Da Antiguidade Clássica à era moderna, como sabem todos, o elemento normativo era considerado um dos principais aspectos definidores — se não legitimadores — do conhecimento histórico. Na China, essa relação era ainda mais explícita, posto que ali a historiografia estava, mais do que qualquer outra coisa, a serviço da moralidade pública e da manutenção das autoevidências do mundo da vida (Huang, 2001:407-430).

Uma abordagem fenomenológica dessa questão pode ser útil aqui, no sentido de verificarmos a que ponto a historiografia encerra em si alguma disposição moral intrínseca, e que estaria, portanto, subsumida na tradição historiográfica ocidental mesmo após o (anúncio do) fim do *topos historia magistra vitae*. Eu contesto que a superação desse *topos*, se é que chegou a ocorrer inteiramente, equivaleria à perda de dimensão normativa do conhecimento histórico. Nesse sentido, talvez seja mais correto falar num *topos* do fim do *topos* da possibilidade de aprender com a história. Ou de uma utopia (retrospectiva) do fim desse *topos*.

Não reivindicamos qualquer originalidade ao adotar uma perspectiva fenomenológica. Vários autores fizeram-no antes. Nossa eventual contribuição se limitará à indagação sobre (e à busca por) essa disposição moralizante própria às histórias.[2]

Ao fim de nossas considerações, trataremos de uma modalidade recente e, ao que tudo indica, original, de imbricação entre conhecimento histórico e agir moral. Seu lugar social específico, entretanto, já não é o da narrativa histórica (embora se articule diretamente com ela), mas o rito. Uma modalidade de rito que tem se difundido naquelas sociedades dispostas a revisitar os fantasmas de seu passado, e que, em maior ou menor grau, constituíram uma *Vergangenheitspolitik*, uma "política de relação com o passado", coerente com os valores básicos que devem nortear uma sociedade democrática. Veremos como esses rituais apontam para a existência de núcleos duros da realidade, núcleos impermeáveis a toda forma de relativização, tal como sugerira Heller.

O mundo da vida e as formas sociais da comunicação moral

Queremos descrever as formas elementares de comunicação moral, a fim de saber se elas podem ser igualmente identificadas nas formas elemen-

[2] Nas sensatas palavras de um pensador hoje esquecido: "Não debato estas questões bastante graves por acreditar na minha capacidade de as resolver ou por ser capaz de dizer algo inteiramente novo a seu respeito, mas sobretudo porque penso que não se devem evitar" (Popper, 1996:160).

tares do conhecimento histórico. Para tanto, num primeiro momento, voltaremos nossa atenção para a constituição cotidiana da moral.

É digno de nota que autores como a própria Heller, Jörn Rüsen, Paul Ricoeur, Hans Ulrich Gumbrecht e David Carr, tendo adotado em maior ou menor medida um *approach* fenomenológico, limitaram-se, contudo, aos problemas do conhecimento e da narrativa. Uma articulação com o problema da moral não chegou a ser ensaiada. Tentaremos dar um modesto passo nessa direção, inspirados nos estudos sociofenomenológicos de Thomas Luckmann.

O que vem a ser moral? Ela pode ser inicialmente definida como um conjunto articulado de noções a respeito do que é certo e do que é errado, noções que servem de guias para a ação e se situam para além da satisfação de demandas ou desejos "imediatistas" do sujeito. Isso parece trivial, e de fato é, mas o que convém sublinhar, a partir dessa definição, é que quem fala em moral, fala em "programas para a ação", portanto de normatividade e orientação.

Tais noções podem e geralmente têm seu ponto de partida no indivíduo. Entretanto, sua marca distintiva é que elas se tornam, aos poucos, patrimônio comum de um grupo ou de uma coletividade. Ou seja, essas noções são intersubjetivamente construídas pela interação comunicativa, e transmitidas seja por meio das relações interpessoais diretas, seja por meio de complexos processos sociais. Tão logo elas constituam um todo minimamente coerente e se criem mecanismos de sanção em face do "desvio", então se pode dizer que a ordem moral de uma sociedade está estabelecida.

Assim como as tradições, o conhecimento e a religião, a moral é socialmente transmitida por determinados processos comunicativos. Eles se dão primordialmente, mas não exclusivamente, por intermédio da linguagem: recursos miméticos ou gestuais coexistem com os meios propriamente linguísticos (desde um olhar de desaprovação quando um celular toca durante uma conferência e gêneros comunicativos cuja função é essencialmente moralizadora, como as máximas e os provérbios, até a complexa casuística do Levítico).

Luckmann acredita existir um substrato moral último em todos os homens, e que residiria no conceito de "reciprocidade de perspectivas" elaborado por Theodor Litt. Isso lhe permite pensar a diversidade e historicidade das morais a partir de uma constante antropológica e esquivar-se, assim, das contradições em que se enredara Heller. Não nos deteremos nesse ponto; seria exorbitar nosso conhecimento desse exotérico mundo das constantes antropológicas.

Voltemos, antes, nosso olhar para as transmutações históricas da moral. Não o faremos, contudo, idiograficamente, mas sim por meio de construtos típico-ideais. Como a moral é social e culturalmente construída, supõe-se que em diferentes tipos de sociedade o lugar e a abrangência das formas de comunicação moral variem enormemente. Nas estruturas sociais mais simples e menos diferenciadas, típicas das chamadas "sociedades arcaicas", a religião, a lei e a moral ocupavam um mesmo e único lugar social. O desenvolvimento histórico produz, aos poucos, uma progressiva diferenciação e autonomização dos subsistemas que compõem a sociedade, de modo que cada uma dessas funções passa a gozar de um aparato institucional próprio. Por muito tempo, porém, religião e moral permanecem ainda intimamente articuladas.

Nos últimos séculos, assistiu-se a uma contínua perda de influência social das grandes instituições religiosas. Como demonstraram inúmeros observadores (os melhores, pelo menos), isso não significou um desencantamento do mundo, mas apenas a quebra do monopólio das instituições religiosas tradicionais na constituição da visão do mundo moderna. Com isso, seria esperado também um refluxo, uma "crise" sem precedentes da moral? É claro que não foi esse o caso. Mas há, e isso é inegável, uma progressiva individualização tanto da religião quanto da moral. A religião, observa Luckmann (2002:24), "transformou-se em fé privada, e a moralidade em consciência subjetiva".

Diferentemente do que poderia supor uma ciência social "moralista", a moral não "acaba" porque é, a todo momento, construída e reconstruída no mundo da vida. Ela está presente num sem-número de formas de interação interpessoal direta. É sobre essas formas mais simples de comunicação moral, e que Luckmann denomina "moralidade prática do mundo da vida", que, eventualmente, podem se constituir as grandes instituições reguladoras da moral.

Essas grandes instituições, como disse, eram as grandes instituições religiosas. Com a quebra de seu monopólio e a emergência de um amplo e diversificado mercado de bens religiosos, algo de análogo se dá com a moral. O que não quer dizer que as instituições nada mais tenham o que dizer aqui, e que o indivíduo tenha se tornado o alfa e o ômega da moralidade nas sociedades contemporâneas. Sabemos, por experiência própria, que determinadas instituições intermediárias assumem para si esse papel: família, movimento ecológico, associações, grupos de nietzschianos anônimos, torcidas organizadas etc. Cada uma delas constitui seu próprio universo de disposições morais. Weber definiu bem esse quadro quando falou em "politeísmo dos valores".

O mais importante a observar, para nossa finalidade nesta exposição, é que nada disso elimina, embora às vezes se sobreponha, as formas de comunicação moral que se dão no mundo da vida, as quais permanecem atuantes.

> Quando nós nos queixamos de outras pessoas ou as acusamos de terem feito más ações de um ou outro tipo, quando nos desculpamos por nossas próprias ações e erros, quando nos indignamos e convidamos outros a partilhar nossa indignação, quando louvamos ou condenamos, quando pronunciamos máximas e citamos provérbios, quando damos ou pedimos conselhos, e quando nós difundimos boatos, rezamos e prestamos juramento, nós nos engajamos numa comunicação moral explícita ou implícita [Luckmann, 2002:25-26].

Não há, nem pode haver, sociedade humana sem alguma forma de moral. Tudo indica, todavia, que nas sociedades modernas a existência de um único padrão moral dominante se torna cada vez mais improvável. Vivemos num mundo marcado por uma ampla gama de morais distintas e, às vezes, conflitantes (as reações fundamentalistas tendem a ser passageiras ou, quando muito, se estabilizar apenas no interior de pequenos e aguerridos grupos). Ainda que consensos mínimos possam ser obtidos à custa do sistema político-jurídico, trata-se aí, como observa Hans Joas (2008:1-21), mais de adequação a normas que de internalização de valores.

As formas de comunicação moral podem ser positivas ou negativas, diretas ou indiretas. O que predomina nas sociedades modernas, constata Luckmann, é a moralização negativa. Em suas formas diretas, ela se dá por meio de fofocas, queixas, manifestações conjuntas de indignação e "sermões". As formas indiretas se manifestam por meio da mídia impressa, do rádio e da televisão, e seguem, basicamente, a mesma lógica da moralização de tipo direto (pense-se no conhecido bordão do jornalista Boris Casoy). A família, por certo, permanece uma importante instituição moralizadora, no entanto a transmissão e a internalização de padrões autoritários tendem a perder força na medida em que a autonomia individual se transforma num valor central na modernidade (Troeltsch, 2003:124-166). Outras formas institucionalizadas de comunicação moral podem ser encontradas nos profissionais do aconselhamento como psicoterapeutas e psicólogos, ou ainda nos movimentos sociais.

Na prática, o que esse quadro demonstra é a gradativa substituição dos antigos e abrangentes padrões morais por um conjunto difuso de moralidades-para-o-uso. Tão logo o indivíduo se afasta de seus círculos mais íntimos, ele se vê confrontado com uma diversidade de pequenos mundos da vida nos quais seus padrões morais não são mais reconhecidos, ou só o são parcialmente (Luckmann, 1978:275-290). A vida só é vivida de maneira não problemática no interior do que Luckmann chama de "comunidades de sentido" (*Gesinnungsgemeinschaften*). Um sinal da complexidade desse quadro é o fato de que nem mesmo as famílias podem ser consideradas, hoje, comunidades morais inteiramente homogêneas, uma vez que a diversidade de padrões comportamentais, "ideológicos" e de projetos de vida existentes na sociedade como um todo se reproduz, ainda que não tão dramaticamente, em seu interior.

Tudo isso parece indicar que nos encontramos numa "era da contingência" (Joas, 2004:392-399). Mas não podemos mais proceder como os antigos gregos e romanos, que, ao passarem por situações históricas de crise generalizada das autoevidências que sustentavam seus mundos da vida, decidiram divinizar a própria contingência (*Fortuna*, *Tyche*). Era uma forma extrema, paradoxal e, de certa forma, desesperada, de buscar algo de estável em meio a rápidas e profundas transformações. Soluções desse tipo não estão mais à nossa disposição. Uma nova ordem moral unificadora, como a que seria encontrada pelos antigos no cristianismo, tornou-se improvável após o advento do pluralismo moderno.[3]

Há dois aspectos na análise de Luckmann que eu gostaria de sublinhar.

---

[3] As condições estruturais que permitem o advento do pluralismo moderno são analisadas por Berger e Luckmann (2004).

O primeiro é que, num sentido mais amplo, *toda* ação comunicativa pode ser considerada comunicação moral. Toda ação "em que seres humanos tomem parte, todo diálogo, desperta em seus participantes determinados compromissos". Noções básicas, portanto, de como se deve ou não se deve agir. Programas para a ação. Quando esse agir passar a implicar alguma forma de valoração, constituída a partir das categorias fundamentais de "bem" e "mal", a respeito de atos, pessoas, uma coletividade, então se pode falar em comunicação moral *stricto sensu* (Luckmann, 1998:33).

O segundo aspecto diz respeito ao fato de que em nossas sociedades tende a prevalecer a comunicação moral indireta. A razão para isso é simples. Numa situação de politeísmo dos valores, os eventuais custos de uma intervenção moral direta aumentam para o indivíduo (Luckmann, 2002:28-29). Embora eu possa dispor de certo conhecimento, ainda que fragmentário, a respeito de meus interlocutores, nunca estou inteiramente seguro de que os que me rodeiam no dia a dia partilham precisamente das opções ou ideias que, em meu íntimo, reprovo. Ao criticar aberta ou descuidadamente uma dada opção religiosa ou sexual, por exemplo, posso estar me indispondo com meu superior imediato ou com um colega de trabalho. Se há uma virtude que podemos chamar de moderna, é a discrição.

Resta saber, agora, que aporte tais constatações podem trazer a nosso problema específico, o da relação entre historiografia e moralidade.

Filosofia das histórias e normatividade

Que uma sociedade pode passar sem historiografia, mas não sem histórias, mostra-o o caso da Índia antiga. Mitos, fábulas e sagas são formas de aglutinação de histórias que existem, possivelmente, desde os primórdios da humanidade. O próprio conhecimento histórico representaria uma modalidade tardia (diferenciada, por certo) daquilo que, em épocas passadas, os homens obtinham por meio do mito e seus congêneres. A despeito de todas as sentenças de morte (a mais famosa foi proferida por Walter Benjamin), contar histórias era e continua sendo uma forma de compreender as coisas e sua origem, de construirmos uma identidade, de dar sentido à existência e, evidentemente, de estabelecer juízos morais.

Wilhelm Schapp, fundador da filosofia das histórias, nos auxiliará em nosso esforço de reflexão sobre a moralização através de narrativas. Segundo orientando de Husserl, ele trabalhou, num livro publicado em 1953, numa lacuna que a fenomenologia sabidamente deixou inexplorada em sua primeira fase, a saber, o problema da história. Trilhando um caminho distinto do de Heidegger, Schapp nos mostra que estamos permanentemente enredados em histórias e, sobretudo, que somos *nossas* histórias.[4] Seu objetivo não é descrever um caminho a partir do qual se chegaria, gradativamente, àquela "metáfora absoluta" que, segundo Hans Blumenberg, é o coletivo singular "a" História. Schapp persegue, antes, o ser do homem. Esse ser, ele o encontra nas histórias.

Trabalhando num nível muito elementar desse fenômeno (ainda que não caracterize sua análise como eidética), radicalizando a noção de contexto/conexão (*Zusammenhang*) ao expandir o horizonte de reflexão tanto para o que antecede uma história ("pré-história") quanto para o que a sucede ("pós-história"), um nível em que sequer faz sentido distinguir entre histórias reais e histórias imaginadas, ou mesmo se nelas estamos incluídos na condição de atores principais ou de meros figurantes, Schapp (2007:118) demonstra que é por meio de histórias que temos acesso à alma de outrem e à nossa própria:

> O essencial, o que conhecemos dos homens, parecem ser suas histórias e as histórias que os cercam. Através dessas histórias, entramos em contato com uma personalidade. O homem não é o homem de carne e osso. Em seu lugar, impõe-se sua história, como o que ele tem de mais seu.

Schapp (2007:138) emprega uma imagem interessante: para ele, é significativo que algumas histórias "aderem à pele e não desaparecem". Mais que qualquer outra coisa, tais histórias falam-nos do ser daquele que as viveu (como a suposta fuga de Leonel Brizola, vestido de mulher, para o Uruguai; ou o ex-governador de Minas Gerais que teria chamado professoras em greve de "mal-amadas"). Eis por que não se pode, num sentido estrito, falar em histórias passadas: da mesma forma que é impossível de-

[4] Essa identidade entre o ser do homem e a narrativa foi explorada numa perspectiva semelhante por Carr (1998:112-130).

limitar com certeza onde terminam as histórias, nós as carregamos conosco — indefinidamente. Enquanto continuarem a exercer influência sobre nós, elas nos mantêm cativos. "Enquanto existirem histórias, existe o presente" (Schapp, 2007:158). Histórias implicam *presença* duradoura de determinado presente.

Nenhum de nós se torna o que é por meio de uma única história — deixemos essa ilusão para os biógrafos —, mas sim por meio de um feixe de histórias, um *complexo*, como prefere dizer Schapp.

Que tem a filosofia das histórias a nos dizer sobre nosso próprio campo de estudos, a historiografia? Eis o que me parece decisivo: o fundamento último da ciência histórica são as histórias e o ato de narrá-las. O desenvolvimento da ciência histórica deve, portanto, ser compreendido a partir de seus antecedentes na ação cotidiana do contar histórias (Snell, 2005). Em última análise, a historiografia nada mais é do que um mito desencantado, um mito destituído de seus elementos "maravilhosos".

Ao afirmá-lo, não estamos subscrevendo a tese da passagem definitiva do *mythos* ao *logos*. A historiografia não expulsou completamente o mito, da mesma forma que "a" História não fagocitou as histórias. Continuamos a contar e a viver histórias da mesma forma que nossos antepassados, e, não obstante sejamos modernos, toda a nossa existência se define a partir das histórias que nos são contadas ou que nós mesmos vivenciamos.[5]

Se essas observações estiverem corretas, é para determinadas modalidades de gênero comunicativo cotidiano que se deve voltar nossa atenção se quisermos identificar o substrato moralizante presente na historiografia. De fato, a sociofenomenologia do agir moral poderá ser articulada com a filosofia das histórias caso haja tipos específicos de histórias em que a comunicação moral esteja particularmente evidenciada. Luckmann chamava nossa atenção para as máximas e provérbios, aos quais certamente poderíamos acrescentar as fábulas. Diversos estudos têm demonstrado que outros gêneros (o conto maravilhoso, a saga, a parábola) também dispõem de um elevado potencial normatizador (Sohlms, 1999; Stehr, 1998).

Schapp observa que o que é distintivo da parábola é que, embora se situe num complexo de histórias mais amplo (a parábola do filho pródigo

[5] Ver os ensaios de Marquard (2007:66-71, 2000:120-123).

dentro do contexto dos Evangelhos, por exemplo), ela parece dispor de uma capacidade de "irradiar" para além dele. O que a define seria o fato de que nela se pode distinguir "o profundo em oposição ao cotidiano" (Schapp, 2007:201). Essa capacidade de projetar-se para contextos que não o original, para mundos da vida simultâneos (*Mitwelten*) e posteriores (*Nachwelten*) é característica das significações sociais que denominamos "moral". O essencial na parábola, como na fábula, é um dado juízo, uma dada sentença moral.

Se excetuarmos determinados rincões da historiografia marxista, a historiografia acadêmica normalmente tenta se esquivar de comunicar uma dada moral — ao menos explicitamente. Com isso, a historiografia só fez se adequar a uma tendência típica das sociedades pluralistas modernas, privilegiar a comunicação moral indireta, quase subliminar. Mesmo se nos limitarmos à tradição historicista, veremos o que há de apressado na tese de que quaisquer implicações prático-normativas estejam ali ausentes (Lübbe, 1977:204-214). Biografias partem sempre de algum tipo implícito de moralização, seja pela via negativa ("monstros históricos"), seja pela positiva. Pois o que são biografias senão "modelos"? Se a biografia é um exemplo relativamente óbvio, nem por isso é o único: haverá algum estudo sobre a escravidão moderna que possa ser considerado uma "defesa" da escravidão? O simples ato de escrever a respeito já implica uma forma de denúncia. Com isso, não queremos afirmar que *toda* historiografia comunique uma moral, e menos ainda que o faça sempre com a mesma "intensidade". Nem toda narrativa dispõe do mesmo potencial moralizante da fábula ou da parábola. O mesmo se pode dizer das historiografias que praticamos.

Moralização da história para além da historiografia

As formas sociais de comunicação moral têm a seu dispor um amplo estoque de possibilidades narrativas e extranarrativas, diretas e indiretas. Uma dessas modalidades chama nossa atenção por ser historicamente recente, por pressupor o tipo de conhecimento que produzimos e, finalmente, por assumir uma dimensão pública e, às vezes, espetacular. Estamos nos referindo ao que Hermann Lübbe chamou, num ensaio brilhante, de "novos ritos políticos de penitência" (2003). Sua própria existência indica que determinado tipo de evento histórico tornou-se, por assim dizer, à prova de relativização, passando a gozar de uma verdadeira blindagem moral.[6]

Em que consiste o rito? Num pedido público de perdão, feito, via de regra, por um chefe de Estado. Tal gesto não é um mero pedido de desculpas. Ele é, na verdade, uma forma de penitência, e que, dado o caráter simbólico da função exercida por um presidente ou primeiro-ministro, expressa a penitência de uma sociedade inteira. O que esse rito demonstra: um esforço de recuperar, de assumir, de se confrontar com o próprio passado. Onde quer que haja um desejo sincero de reparar grandes injustiças históricas, não pode haver silêncio. Pois, como bem observa Jan Patocka (1988:322), indiferença e história não combinam: "Se algo no processo histórico nos é indiferente, então [tal coisa] está morta para a história".

Aparentemente, tudo começa com o famoso gesto de Willy Brandt ao visitar, em 1970, o monumento erguido em memória das vítimas do nazismo no gueto de Varsóvia. Ao cair de joelhos, Brandt fez com que uma história se lhe aderisse à pele. Nenhuma retratação formal, nenhum esforço diplomático ou declaração bem-intencionada em relação à Polônia teria tido a mesma força.

A partir de fins do século passado, iniciativas similares começaram a se multiplicar. Basta mencionar o pedido de desculpas de Bill Clinton, em visita ao continente africano, em março de 1998, por terem os Estados Unidos se beneficiado do tráfico de escravos. Clinton prometeu na mesma ocasião uma ajuda financeira no valor de 60 milhões de dólares a Uganda, Mali, Malaui, Moçambique e Etiópia. Em outubro do mesmo ano, o premiê japonês pediu desculpas formais à Coreia pelos excessos cometidos durante a colonização japonesa. Em março de 2000, até o papa pediu perdão pelos sofrimentos impostos pela Igreja a judeus, pelas violências cometidas nas Cruzadas e pela perseguição a homens como Giordano Bruno e Galileu. Em fevereiro de 2008, foi a vez de o primeiro-ministro australiano pedir perdão aos aborígenes de seu país pelos séculos de segregação e aculturação forçada.

[6] Tomo esse conceito da dissertação de mestrado de Giulle Vieira da Mata (2008:185-203).

O que todos esses casos têm em comum é, diz Lübbe, sua evidente conotação religiosa (ou civil-religiosa).[7] O que se busca apaziguar não são ânimos — para tanto, o mero pedido de desculpas bastaria —, mas consciências. É precisamente essa conotação religiosa subjacente que empresta a alta dignidade moral ao rito político de penitência.

Qual a razão de ser desse rito? Não há dúvida de que eventuais dividendos quanto à "credibilidade" não devem ser menosprezados. Mas isso, apenas, não explica tudo, visto que muitos outros chefes de Estado relutam em adotar o mesmo procedimento. A lógica do "ganho político" deveria tê-los guiado na mesma direção, o que não aconteceu.

Para Lübbe, o ritual político de penitência expressa um consenso social quanto à impossibilidade de esquecer determinadas coisas (nas palavras de um representante africano a Clinton: "o tráfico pode ser perdoado, mas não esquecido"), assim como um anseio de justiça cujo óbvio pressuposto é pôr a descoberto todo o passado, mostrando-o "como de fato foi". Grandes crimes políticos, como o Holocausto ou os Gulags, têm um conteúdo "resistente à relativização" (*relativierungsresistente Gehalt*).

Num sentido mais amplo, essa modalidade de rito político-religioso se insere num contexto do que nosso autor acredita ser um processo de crescente moralização nas sociedades contemporâneas. "Quanto mais livres vivemos, mais necessária se torna a moral" (Lübbe 2003:45). É evidente que a internacionalização crescente da pesquisa histórica e do jornalismo tornam cada vez mais difícil a tarefa de quem se disponha a manter no esquecimento grandes crimes políticos contra a humanidade. As pernas das mentiras históricas, diz Lübbe, tornam-se cada vez mais curtas.

Mas as motivações fundamentais são de natureza moral, e, aos poucos, se estendem às relações entre os Estados nacionais. Percebemos isso com maior clareza quando nos damos conta de que, diferentemente de outras formas de desvio ou infração juridicamente tipificadas, os crimes contra a humanidade não prescrevem. Esta imprescritibilidade é o sinal mais evidente de sua singularidade (Lübbe, 2003:86-87).

O advento da penitência política deve ser saudado como um inegável sinal de esclarecimento político-moral. Todavia, o mesmo contexto

[7] O termo "religião" é empregado aqui sem qualquer conotação convencional e filia-se, antes, à análise sociológica já clássica de Bellah (1968:3-23). A especificidade do caso alemão foi discutida por Lübbe (1983:79-107).

que o torna possível também dá ensejo a deformações. Moralização em excesso, como determinados medicamentos, produz mais danos que benefícios. Com a hipertrofia moral vem a tentação do anátema — daquilo que acredito ser outro tipo de rito, e que nós, brasileiros, conhecemos tão bem: o linchamento moral. O risco é o de, em razão de precipitação, falta de responsabilidade intelectual ou simples má-fé, desqualificar toda uma vida. Com isso não tenho necessariamente o senador José Sarney em mente, mas o historiador alemão Ernst Nolte, que, involuntariamente, deflagrou a famosa "Querela dos Historiadores" (*Historikerstreit*) em 1986 (Nolte, 1989:10-15). O anátema lançado por Jürgen Habermas sobre Nolte e a posterior marginalização desse historiador parecem demonstrar que a Alemanha se tornou refém daquilo que Arnold Gehlen (1984) chamou de hipermoral.

A outra distorção pode se manifestar como decorrência do próprio ritual de penitência política. Ela ocorre quando, da parte daquele que deveria concedê-lo, o perdão esteja condicionado ao pagamento de reparações gigantescas. Que "delitos" de natureza moral possam e devam ser traduzidos em cifras, mostra-o o cotidiano da prática jurídica. Essa lógica é deformada tão logo os interesses materiais assumam o primeiro plano ou sejam hipertrofiados. Tal é o caso da demanda feita por representantes de diversos países da África negra em 1999, um ano após a visita de Bill Clinton. Ao fim de um encontro da African World Reparation and Repatriation Truth Commission realizado em Acra, capital de Gana, uma comissão requereu do governo norte-americano e de governos europeus a astronômica cifra de 777 trilhões de dólares como compensação pelos séculos de escravidão (Lübbe, 2003:52).

Eis o paradoxo produzido pela trivialização da moral diagnosticada por Lübbe: de um lado, uma historicização compulsória do passado, um passado que deve necessariamente incluir os grandes crimes infligidos seja à própria nação, seja a outra nação qualquer; do outro, uma potencial confusão entre a pesquisa histórica acadêmica e a sedução do "politicamente correto". A deformação da moral em moralismo se revela, ainda, por meio dos processos de linchamento moral, de farisaísmos de toda ordem e pelo surgimento de verdadeiros sátrapas morais.

É verdade que tais dilemas, ao menos em sua origem, se apresentavam de forma quase paradigmática na Alemanha. De toda forma, num país que deu ao mundo um pensador como Kant e que viveu o século XX de maneira tão trágica, a reflexão sobre (e os excessos em) moral são, até certo ponto, compreensíveis. A Alemanha é o país clássico não da filosofia, mas da hipermoralidade. Evocando o tema de nosso simpósio, eu diria que esta é uma experiência histórica com a qual temos algo a aprender. Num país, o nosso, que entra no século XXI sem que se estabeleça um consenso mínimo a respeito da necessidade de punição dos crimes do regime militar, em que um jornal de grande circulação caracteriza esse período de nossa história recente como "ditabranda", há razões para crer que nossa política da memória se situe no extremo oposto da alemã. Em condições assim, a relativização histórica de um grande crime político é ainda concebível.

Se o diagnóstico de Lübbe e as análises de Luckmann e Schapp estiverem corretos em seus aspectos principais, resta-nos pôr em xeque a ideia de que a comunicação moral contradiz a natureza de nosso trabalho ou que ela está para além das possibilidades da historiografia sob um regime moderno de historicidade. O que nos levaria não a um estranhamento quanto à "persistência" do *topos*, mas ao abandono da utopia de seu fim.

Referências

AUGÉ, Marc. *Por uma antropologia dos mundos contemporâneos*. Rio de Janeiro: Bertrand Brasil, 1997.

BELLAH, Robert. Civil religion in America. In: MCLOUGHLIN, W. G.; BELLAH, R. (Ed.). *Religion in America*. Boston: Beacon Press, 1968.

BERGER, Peter; LUCKMANN, Thomas. *Modernidade, pluralismo e crises de sentido*. Petrópolis: Vozes, 2004.

CARR, David. Phenomenology and historical knowledge. In: ORTH, Ernst W.; CHEUNG, Chan-Fai. *Phenomenology of interculturality and life-world*. München: Karl Alber, 1998.

GEHLEN, Arnold. *Moral e hipermoral*. Rio de Janeiro: Tempo Brasileiro, 1984.

GOURÉVITCH, Aaron. La double responsabilité de l'historien. *Diogène*, n. 168, p. 67-86, oct./déc. 1994.

HELLER, Agnes. *Uma teoria da história*. Rio de Janeiro: Civilização Brasileira, 1993.

HUANG, Chun-Chieh. The Ch'in unification in Chinese historiography. *Journal of Humanities East/West*, v. 24, p. 407-430, 2001.

JOAS, Hans. Morality in an age of contingency. *Acta Sociologica*, v. 47, n. 4, p. 392-399, 2004.

______. The cultural values of Europe: an introduction. In: JOAS, Hans; WIEGANDT, Klaus (Eds.). *The cultural values of Europe*. Liverpool: Liverpool University Press, 2008.

KOSELLECK, Reinhart. *Futuro passado*. Rio de Janeiro: Contraponto; PUC-Rio, 2006.

LÜBBE, Hermann. *Geschichtsbegriff und Geschichtsinteresse*. Basel: Schwabe & Co., 1977.

______. Estado y religión civil: un aspecto de la legitimidad política. In: ______. *Filosofía práctica y teoría de la historia*. Barcelona: Alfa, 1983.

______. *Ich entchuldige mich*: das neue politische Bussritual. Berlin: Berliner Taschenbuch, 2003.

LUCKMANN, Benita. The small life-worlds of modern man. In: LUCKMANN, Thomas (Org.). *Phenomenology and sociology*. Middlesex: Penguin, 1978.

LUCKMANN, Thomas. Gesellschaftliche Bedingungen geistiger Orientierung. In: LUCKMANN, Thomas (Hg.). *Moral im Altag*. Gütersloh: Bertesmann, 1998.

______. Moral communication in modern societies. *Human Studies*, v. 25, p. 19-32, 2002.

MARQUARD, Odo. *Adiós a los princípios*. Valencia: Alfons el Magnanim, 2000.

______. *Skepsis in der Moderne*. Stuttgart: Reclam, 2007.

MATA, Giulle Vieira da. *Os irmãos Piriá*: a gramática moral de uma lenda contemporânea. Dissertação de (mestrado em antropologia social) — Universidade Federal de Minas Gerais, 2008.

NADEL, George. Philosophy of history before historicism. In: BUNGE, Mario (Ed.). *The critical approach to science and philosophy*. Glencoe: Free Press, 1964.

NOLTE, Ernst. O passado que não quer passar. Um discurso que pôde ser escrito, mas não proferido. *Novos Estudos*, v. 25, p. 10-15, 1989.

NOLTE, Paul. Die Rückkehr der Werte in der riskanten Moderne. In: ______. *Riskante Moderne*. München: C. H. Beck, 2006.

PATOCKA, Jan. *Ketzerische Essais zur Philosophie der Geschichte*. Stuttgart: Klett-Cotta, 1988.

POPPER, Karl. A responsabilidade moral do cientista. In: ______. *O mito do contexto*. Lisboa: Edições 70, 1996.

SCHAPP, Wilhelm. *Envolvido em histórias*: sobre o ser do homem e da coisa. Porto Alegre: Sérgio Antonio Fabris, 2007.

SNELL, Bruno. As origens da consciência histórica. In: ______. *A cultura grega e as origens do pensamento europeu*. São Paulo: Perspectiva, 2005.
SOHLMS, Wilhelm. *Die Moral von Grimms Märchen*. Darmstadt: Primus, 1999.
STEHR, Johannes. *Sagenhafter Alltag*: über die Private Aneignung herrschender Moral. Frankfurt am Main: Campus, 1998.
TROELTSCH, Ernst. Das Wesen des modernen Geistes. In: VOIGT, Friedemann (Hg.). *Ernst Troeltsch Lesebuch*. Tübingen: Mohr Siebeck, 2003.
WEBER, Max. O sentido da "neutralidade axiológica" nas ciências sociais e econômicas. In: ______. *Metodologia das ciências sociais*. São Paulo: Cortez; Campinas: Unicamp, 2001.

Narrativa do Holocausto em quadrinhos: desafios e conquistas

ETHEL MIZRAHY CUPERSCHMID

De uma folha em branco, Art Spiegelman fez surgir um universo, recontou a narrativa do pai e suas aventuras fantásticas e deu vida a personagens que não mais existem, com sua arte os tornou tão reais quanto o meio escolhido o permite — histórias em quadrinhos.

Os dois volumes da história de seu pai conjugam sensibilidade literária e criatividade — "A história de um sobrevivente", volume I, e "Foi aí que começaram meus problemas", volume II. São obras de alto nível, com feição autoral. A obra *Maus* possui dados artísticos, mas também sociais. Em seu conjunto é um instrumento de difusão em uma área de grande interesse, as obras autobiográficas.

E não se trata de uma autobiografia qualquer. Trata-se de uma narrativa de um sobrevivente dos campos de concentração nazistas. Evento catastrófico do século XX, "A solução final" é, por definição, indizível, já que se trata de um trauma massivo, individual e coletivo. Esse trauma, entretanto, é dito, expresso, comunicado de alguma forma, mas nenhuma língua possui palavras para descrever o horror vivenciado. Refere-se a uma perda catastrófica e destinos desastrosos: mortes, humilhações, torturas, destruições e aniquilação. Sua narração é uma necessidade de dominar um trauma. Esse passado traumático deve ser incorporado em uma memória voltada agora também para o futuro. A passagem do "literal" para o "figurativo" é terapêutica. O testemunho, nesse sentido, é uma fuga para o futuro.

É como afirma o sobrevivente Primo Levi: "nossa língua não tem palavras para expressar essa ofensa, a aniquilação de um homem". A intensidade do horror e do sofrimento não oferece garantia para a perpetuação de sua lembrança. Segundo Shoshana Felman (2000:102), "a construção da memória, individual ou social, não depende nem da importância dos fatos nem do sofrimento das vítimas, mas sim de uma vontade ética que se inscreve numa luta política e histórica precisa".

Paradoxalmente, não contar perpetua a tirania do que passou; e sua distorção gradual, à distância do tempo, acaba pondo em xeque as certezas da memória, precárias como são.

O sobrevivente que conta o que passou sabe da natureza única e intransferível dessa experiência. É um fardo solitário. E ao narrar percebe que o que vem à tona, de forma filtrada, são fragmentos, cacos de memória, lembranças que não se cristalizam em compreensão ou representação de certa realidade.

O testemunhar é o transgredir os limites do isolamento e falar intercedendo pelos outros e para os outros que não existem mais... O testemunho não é nunca completo e, mesmo assim, ele se tornou uma modalidade crucial de nossa relação com os acontecimentos de nosso tempo, com os traumas de nossa história contemporânea.

Um testemunho de vida pode ser um ponto de fusão entre o texto e a vida, ele pode nos penetrar como uma verdadeira vida. *Maus* trata da narrativa de Vladek, que endereça sua biografia ao filho — Art Spiegelman — e a uma comunidade que o escutará. Então, testemunhar é o ato de engajar-se no processo de reencontrar seu nome próprio, sua assinatura.

A obra *Maus* estimula o espírito crítico, pois capacita os leitores a uma transformação frente àquelas informações, ou seja, estimula o ensino e a aprendizagem sobre os fatos narrados. Afinal, percebe-se que a vida é aprendizagem que nunca pode terminar. Aprendemos até com o inusitado de uma obra que narra os horrores de Auschwitz na forma de *graphic novel*.

Os teóricos gostam de complicar e chamam esse gênero de histórias em quadrinhos de *graphic novels*. Na verdade, Art Spiegelman conta história com outra linguagem. Ele trabalhou a linguagem com grande poder de síntese e utilizou-se de ritmo e inteligência narrativa. Muitas vezes não é preciso dizer nada — à medida que o leitor conhece os personagens, aprende a fazer a leitura de seu corpo e expressões. Segundo Jeanne Ewert (2004:182), tanto as expressões corporais quanto a linguagem corporal dão informação detalhada que seria impossível incluir nos espaços limitados dos balões de diálogo. Em outros momentos, poucas palavras ajudam a contextualizar grandes mudanças na condução da narrativa.

A narrativa da *graphic novel* condensa a informação que de outro modo teria de aparecer de forma verbal. *Maus* é repleto de subnarrativas pictóricas que enriquecem a história contada. Por exemplo, o biscoito que a criança ganha do avô, quando estava dentro de um gueto, transforma-se num presente de luxo e ilustra a fome extrema da vizinhança e o grau de sacrifício representado por um pequeno pedaço de comida.

Assim, elementos pictóricos e gráficos, mais do que ilustrar a narrativa, servem a importantes e distintas funções narrativas. Por outro lado, a ilustração limita o número de palavras nos balões de diálogo. Se a história é complexa, as HQ podem ser inapropriadas para narrá-la e sua linguagem sofre cortes. Mas não foi isso que ocorreu em *Maus*. Art Spiegelman conseguiu condensar desenhos, falas e situações sem sacrificar o significado da história oral de seu pai.

A forma quadrinizada é amplamente utilizada como forma de trazer à memória popular a valorização do ser humano. Segundo Sônia M. B. Luyten (1989:9), o temário dessas histórias envolve situações do dia a dia do povo comum, do porquê dos acontecimentos sociais, políticos e econômicos, além de ensinar a agir em determinadas situações.

A partir de uma folha de papel em branco, o autor representa uma realidade, reproduz, modifica ou reelabora, de acordo com sua visão e interpretação, a história de seus pais e o relacionamento deles, enquanto grava ou toma notas da narrativa paterna. Entre vários enfoques, a história de Art Spiegelman retrata códigos vigentes tanto durante a II Guerra Mundial quanto na década de 1980, ocasião na qual ouviu, tomou notas e gravou a narrativa de seu pai, Vladek. Em sua trama, o relato desse sobrevivente contém questionamentos do presente e de outras épocas, evidencia imposições morais, políticas, sociais e culturais. Essa eletrizante narrativa esboça a cultura judaico-polonesa quando do momento específico da guerra, a situação dos prisioneiros nos campos de concentração alemães e o momento no qual a história estava em processo de narração.

Como afirma Roberto Elísio dos Santos (2002:12), "da folha limpa a ser preenchida por traços e palavras podem saltar questionamentos, ser reforçados preconceitos, transmitidas ideias, veiculados sentimentos e, principalmente, também ser oferecido entretenimento".

Histórias em quadrinhos são produto cultural voltado ao lazer, à arte e também à ficção. Esse texto, como qualquer outro, só deve ser compreendido à luz das condições históricas e das imbricações com a cultura em que foi concebida.

É fundamental salientar que a relação do público com a história em quadrinhos sofre variações de uma sociedade para outra. Se nos Estados Unidos os quadrinhos são encarados como produto comercial, na Europa eles são considerados a "nona arte".

Para a maioria do público leitor, as histórias em quadrinhos são sinônimo de distração e produto de consumo efêmero e descartável. Em geral, no meio acadêmico, a HQ é tratada como subliteratura ou apenas como histórias infantis. Mas isso tem mudado.

Como produto cultural, as HQ não possuem a áurea da obra de arte e podem ser partilhadas em lugares não convencionais. Mas *Maus*, como *graphic novel,* é muito mais que tudo isso. É uma obra aberta, multifacetada, interdisciplinar: biografia, arte, meio de ensino e fonte de aprendizado.

Além disso, nesse caso, o autor da obra tornou-se uma personalidade pública, como ele mesmo ilustra no decorrer de sua obra. Nela, o autor ilustra as diversas entrevistas e propostas recebidas, como a de transformar *Maus* em um filme.

Maus é uma história protagonizada por animais falantes, ou melhor, de animais com comportamento humano. Os leitores, em geral, já estão acostumados com os elementos que compõem a semântica desse produto industrial de massa.

A história em quadrinhos pode ser definida como uma forma de comunicação visual impressa. Essa narrativa articula elementos verbais — que são os textos, que podem ou não estar presentes — e visuais — como artes, imagens e desenhos em uma sequência, narrando uma história.

Em *Maus*, não se trata de uma obra pensada em termos de periodicidade constante. É, entretanto, um produto que procura atender às exigências do público leitor e, ao mesmo tempo, inova quanto às tendências do mercado editorial.

Art Spiegelman foi ao mesmo tempo o autor do argumento, fez o roteiro, desenhou, elaborou a arte-final, fez o letramento e editou sua história em quadrinhos. Isso lhe tomou tempo de 1978 a 1991.

A obra *Maus* foi definida como "romance gráfico". Os críticos não conseguiram encontrar uma definição para sua obra, e assim ela ficou oscilando num limiar entre ficção e biografia. Até a intervenção do autor, que garantiu ser uma obra biográfica, não ficcional. Art Spiegelman a vê como um testemunho, pois remete a algo que de fato ocorreu. Não é invenção, mas narração.

O limite entre ficção e "realidade" não pode ser delimitado. O testemunho quer resgatar o que existe de mais terrível no "real" para apresentá-lo. Mesmo que para isso ele precise da literatura e da arte.

Para escrever e desenhar *Maus*, Art Spiegelman pesquisou e documentou. Produziu fitas, notas, esboços, fotos, mapas, esquemas e outros materiais de suporte. Segundo Marcio Seligmann-Silva (2003:397), a literatura de testemunho é mais que um gênero e possui um compromisso com o "real".

Segundo Scott McCloud, "o prêmio Pulitzer, concedido a Art Spiegelman por *Maus,* e a posterior mostra no Museu de Arte Moderna foram vitórias simbólicas da causa das histórias em quadrinhos como literatura e como arte" (2006:12). A obra *Maus* é um memorial em quadrinhos das relações do autor com seu pai e das experiências do mesmo durante a II Guerra Mundial. É uma obra que elevou o padrão para quaisquer esforços subsequentes, tanto na seriedade de seu propósito quanto na determinação inflexível de sua execução (McCloud, 2006:33).

Maus, mistura de obra de arte e relatos pessoais, é uma história contada num estilo compatível com a arte narrativa em geral. Em toda narrativa Art Spiegelman ilustra a convivência difícil que tinha com seu pai. Como o próprio autor expressa, ele e o pai não eram muito íntimos (p. 13)[1], mas ao mesmo tempo, na obra, percebe-se o processo de envelhecimento do pai desencadeado pelo suicídio da mãe, Anja, e tam-

[1] As citações assinaladas do livro *Maus* são da edição da Companhia das Letras, 2005.

bém seus problemas de saúde, relacionados ou não com o que passou durante a guerra.

A obra foi pensada e sua construção é narrada no decorrer da própria história: "Ainda quero fazer o livro sobre você... aquele do qual já te falei... sobre sua vida na Polônia e na guerra" (p. 14).

Vladek, pai de Art Spiegelman, conta o que passou durante os anos da II Guerra Mundial. O autor conta a tarefa de coletar essa narrativa e os meandros do relacionamento dele com seu pai. A obra oscila entre o presente da coleta de dados e o passado. Em alguns quadrinhos há o recurso de desenhar parte da cena no passado e parte no presente.

Art Spiegelman consegue utilizar elementos transacionais que movem a narrativa de uma cena para a próxima, elementos visuais que condensam ou elidem informação que poderiam, de outra forma, aparecer na narrativa verbal/textual, todos contribuem para um método de narrativa complexa e requerem comparativamente uma pequena área da página.

Essas rupturas temporais surgem constantemente, seja através do desenho ou de comentários ou perguntas de Art Spiegelman ou de explicações pormenorizadas de Vladek ou da retomada de suas reclamações e problemas atuais.

Esse recurso serve para tornar a narrativa ainda mais "aberta", pois há um espaço para o questionamento, para dúvidas e para um balanço do aprendizado do sobrevivente e das possibilidades de passar esse conhecimento para as novas gerações.

Art Spiegelman preocupa-se em fazer seu livro de uma maneira fidedigna. Ele acredita que poderia escrever melhor se tivesse a vivência dos campos de concentração e ao mesmo tempo sente culpa por não ter passado o mesmo que seus pais:

> Sei que é maluquice, mas até que eu gostaria de ter estado em Auschwitz com meus pais para poder saber mesmo tudo o que sofreram! ...Acho que é algum tipo de culpa por não ter passado pelo que eles passaram no campo de concentração [p. 176].

A questão que surge então é como a segunda geração depois do Holocausto e as gerações subsequentes trabalharão essas vivências e experiências que não foram as delas. O único acesso dessas novas gerações ao Holocausto é por meio de objetos, das pilhas de objetos deixados para trás.

O contar sua história de vida é ponderado pelo próprio entrevistado, com erros de linguagem tal qual um imigrante que ainda não sabe falar a língua nacional, mesmo depois de décadas: "Precisar muitos livros, minha vida. Ninguém quer ouvir esses histórias". O sotaque ídiche enriquece as ilustrações e evidencia também várias contradições da narrativa. Como Vladek deu aulas de inglês ao Kapo polonês se ele possui esse falar truncado de imigrante?

Ao mesmo tempo que narra sua história também tenta influenciar na recepção da mesma, externa seu desejo de acrescentar ou não determinadas informações: "Mas isso que acabei de contar, sobre uma Lucia e tal, eu não quer que você escreva na sua livro" (p. 25). Quem está no controle da narrativa, afinal, é Art Spiegelman, que publica o caso amoroso do pai.

Em outras ocasiões é Art Spiegelman que tenta disciplinar a narrativa do pai: "Espere! Por favor, pai. Se você não contar em ordem cronológica, eu nunca vou conseguir me achar. Fale mais de 1941 e 42" (p. 84).

O próprio Vladek comenta ao ver os desenhos da obra de seu filho: "Nunca leio quadrinhos e até eu estou interessado" (p. 135).

As manias do pai como contar pílulas, economizar café ou palitos de fósforo são mostradas e relativizadas: nem todos sobreviventes têm esse mesmo tipo de compulsão.

Os preconceitos são amplamente ilustrados. Tanto os dos nazistas quanto os dos poloneses e judeus. Art Spiegelman não deixa de mostrar atitudes racistas do pai e seus preconceitos: "Eu não sabia, claro, que ele ser comunista, sempre fiquei bem longe de todas essas comunistas" (p. 29) Também mostra o preconceito de Vladek com os negros quando sua nora parou o carro para dar carona: "Carona? E, oi, é homem de cor, um *shvartser*! Rápido, pé na tábua!" (p. 258).

E, além disso, narra problemas de relacionamento familiar, questões geracionais, comportamentais e de visão do mundo. Art Spiegelman não aceitava o suicídio de sua mãe e Vladek não aceitava o fato de seu filho ser um artista: "Devia gastar tempo com desenhos que dar algum dinheiro..." (p. 14).

Art Spiegelman não perdoou seu pai por ter destruído os diários de sua mãe. Então era como se o diário de Anja fosse seu corpo. O diário também é apresentado como relato fidedigno dos acontecimentos, como memória viva que se perdeu.

> — Os diários não sobreviver. O que você viu ela escreveu depois: seu história desde o começo.
> — Caramba! Onde estão? Preciso deles para este livro! [p. 86]

E em outra ocasião:

> — Pena que não recolhi a história de mamãe. Ela era mais sensível... O livro ficaria mais equilibrado [p. 133].

E a desculpa de Vladek sobre os diários de sua esposa:

> — Depois que Anja morre tive que fazer ordem em tudo... esses papéis tinha memória demais. Queimei [p. 161].

A história é a coleta de material para a escrita de uma obra e a fonte principal é o pai do autor, um judeu polonês sobrevivente das atrocidades nazistas. Segundo Seligmann-Silva (2006:379), o sobrevivente é aquele que passou por um evento e viu a morte de perto. Ele desperta uma modalidade de recepção em seus leitores que mobiliza a empatia na mesma medida em que desarma a incredulidade.

Vladek sente necessidade de testemunhar, de tentar dar forma ao que ele viveu e conheceu, mesmo que o fantasma da mentira ronde suas palavras. Art Spiegelman ilustra bem essa fronteira entre o crível e o incrível.

O autor ilustra seus personagens como animais — antropomorfismo. Cada etnia é representada por uma espécie diferente. Os judeus são ratos (*Maus,* em alemão), os alemães são gatos, os poloneses são porcos, os americanos são cães, os franceses são sapos, os suecos são renas e os ciganos são mariposas. Essa originalidade torna a leitura da obra ainda mais fluente.

O antropomorfismo é uma técnica comum em desenhos animados, em tirinhas de quadrinhos. Os alemães são retratados como gatos em desenhos que enfatizam sua ferocidade. Os judeus são ratos, mas diversas vezes utilizam máscara de porco, para simbolizar que estão disfarçados de cidadãos poloneses. A máscara foi uma simples e elegante solução visual para um conflito de caracterização e evitou a explicação textual, afinal, como explicar a etnicidade de forma representativa? Como um personagem "passava" para outro grupo étnico?

Conforme o livro progride e a metáfora vai ficando cada vez mais complexa, Spiegelman permite que os símbolos e sentidos enterrados sejam exumados diante de nossos olhos. Subitamente, os ratos que protagonizam o livro se tornam seres humanos com máscaras de rato, o passado penetra fisicamente o presente e Spiegelman incorre em várias contorções autorreferentes (McCloud, 2006:33).

No nível prático Art Spiegelman organiza a narrativa visual para condensar topograficamente, geopoliticamente e cronologicamente a informação crítica do fundo histórico de sua obra. Ao mesmo tempo são utilizados mapas da Polônia ocupada, mapas da localização dos campos de concentração, esquemas de *Bunkers* e de processos artesanais. A síntese também acontece quando Art Spiegelman utiliza-se da suástica para representar a estrada onde Vladek e Anja fugitivos caminhavam. O recurso da redução icônica está presente quando são desenhados trens chegando a Auschwitz e muita fumaça sai das chaminés do campo.

Na maioria das vezes, a transmissibilidade vai na contramão da verdade e *Maus* complica essa equação. Seu paradigma é realista, portanto os quadrinhos não têm cor. *Maus* encontra-se na fronteira entre o autêntico e o inautêntico.

Maus problematiza a ilusão da imediação que cerca o testemunho. Art Spiegelman sente-se inadequado para pegar essa história, pois essa narrativa é pior que seus piores pesadelos. Sua insegurança aparece diversas vezes no decorrer da história:

> Só estou pensando no meu livro... é pretensioso da minha parte. Quer dizer, não consigo nem entender a minha relação com meu pai... como vou entender Auschwitz? ...ou o Holocausto? [p. 174].

Art Spiegelman utiliza-se da ironia ao realçar a fala do pai no final da narrativa, quando diz:s "Mais, não precisa contar. Nós foi muito feliz, e vive feliz, feliz para sempre". Ora, quem acompanhou toda a história sabe que depois de Auschwitz os sobreviventes Vladek e Anja sentiram culpa, depressão, tiveram complicações de saúde e relacionamentos familiares problemáticos.

Cultura de massa tem o poder de transmitir. A transmissão da história de Vladek é o impacto atrás do livro de história em quadrinhos. O fazer dessa obra passou por diversos momentos de dúvidas e hesitações e o autor compartilhou isso com os leitores:

> É muito estranho tentar reconstruir uma realidade pior do que meus sonhos mais pavorosos. Ainda por cima em quadrinhos! Acho que estou dando um passo maior do que as pernas. Talvez seja melhor deixar pra lá [p. 176].

E ainda:

> Tanta coisa eu nunca vou conseguir entender nem visualizar. É que a realidade é complexa demais para ser contada em quadrinhos... precisa deixar as coisas de fora, simplificar [p. 176].

Diversas vezes a narrativa de Vladek é interrompida pelo autor com perguntas e inquietações. Quando Art Spiegelman vai a seu psicanalista, também sobrevivente, surge um diálogo interessante sobre culpa e sorte: "É, a vida sempre toma o partido da vida, e as vítimas levam a culpa. Mas não foram os melhores que sobreviveram ou morreram. Foi aleatório!" (p. 207). E ainda: "As vítimas não podem contar seu lado da história, então talvez seja melhor acabar com tanta história".

São perguntas que as novas gerações ainda fazem. Com Art Spiegelman não poderia deixar de ser diferente:

> — Não entendo... por que eles nem tentavam resistir?
> — Não era tão fácil. Todos tinha tanta fome... e muito medo, muito cansaço. Nem vendo acreditavam naquilo [p. 233].

Vladek ora é mostrado como herói, inteligente e perspicaz, ora como racista e preconceituoso e mesquinho. "Só para acender forno, eu usa. Custa dinheiro! Fósforos de papel pode pegar de graça no hotel Pines" (p. 180). "Não consigo esquecer... desde Hitler, não gosto de jogar nada fora" (p. 238).

O Holocausto se reflete na vida de Vladek, não nas histórias contadas, mas nos momentos presentes da narrativa quando ele fica contando pílulas ou guardando papel e barbante. Aqui, contar as pílulas é uma metáfora de contar os mortos, recontar e ficar no presente. Trata-se da incompletude do sobrevivente. No diálogo abaixo, Art Spiegelman dialoga com sua madrasta:

> — Achava que ele era assim por causa da guerra...
> — Nah! Eu passei pelos campos... Todos os nossos amigos passaram pelos campos. E nenhum é como ele.
> — É uma coisa que me preocupa no livro que estou escrevendo sobre ele... De certo modo, ele parece a caricatura racista do judeu avarento [p. 133].

O corpo de Vladek está marcado pelo Holocausto, a tatuagem é a mais literal das cicatrizes. Tudo que ele toca e todos os objetos que ele usa tornam-se metonimicamente, um pedaço do Holocausto.

Uso de mapas, plantas e desenhos explicativos reforça a transmissão desse conhecimento, como o esquema de conserto de botas de couro ou as plantas dos *Bunkers* e esconderijos pelos quais Vladek e Anja estiveram.

A história de Vladek em Auschwitz é contada ora na primeira pessoa do singular, ora na primeira pessoa do plural de maneira simples e direta. Suas emoções são apresentadas com simplicidade: "Pegaram nossos documentos, a roupa e o cabelo... Nós estava com frio e medo" (p. 185); "Em todo parte, cheiro horrível. E daqui só tem uma saída para nós... por aquelas chaminés" (p. 185) e "Estava cansado, com frio, chorei" (p. 188).

De maneira geral, Vladek narra as primeiras manifestações de perseguições aos judeus, leis internacionais precárias, toques de recolher, guetos, cartões de racionamento, conselhos judaicos, documentos, mercado negro, fome, perseguição, transportes, o dia a dia de um judeu na Polônia sob domínio nazista, as marchas da morte, os trabalhos forçados, as seleções, o medo, as surras e brutalizações, as pessoas que o ajudaram, entre outros assuntos...

O que Vladek não viu ele ouviu de alguém: "Isso eu não vi com meus olhos, mas me contaram no dia seguinte" (p. 109) e "Vocês ouviram falar do gás, mas eu vou falar do que eu vi mesmo. Fui testemunha ocular" (p. 229), e o quadrinho é ilustrado com uma planta da câmara de gás.

Art Spiegelman pesquisa sobre os campos de concentração e faz perguntas a seu pai: "Li sobre a orquestra que tocava quando vocês saíam do campo...". Vladek não consegue se lembrar de orquestra, mas apenas dos prisioneiros marchando. Dessa forma, o autor desenha a orquestra ao fundo e prisioneiros em marcha no primeiro plano dos quadrinhos (p. 214).

As resistências do sobrevivente ao narrar sua história foram amplamente mostradas no decorrer de *Maus*: "Tudo coisas do guerra tentei tirar do cabeça para sempre... até você reconstruir isso tudo com suas perguntas" (p. 258). Assim, "as dificuldades e bloqueios que eventualmente surgiram [...] raramente resultavam de brancos da memória ou de esquecimentos, mas de uma reflexão sobre a própria utilidade de falar e transmitir seu passado" (Pollak, 1989).

A vida de Vladek, como a de vários sobreviventes de Auschwitz, foi marcada por traumas e rupturas. Resta o vazio e a possibilidade de falar sobre o que falta, o que não existe mais. "Só meu irmão pequeno, Pinek, sai vivo de guerra. Do resto da família não sobra nada. Nem foto" (p. 276).

Uma característica marcante é o humor inteligente:

> — Sabe... aposto que os diários de Anja estavam escritos dos dois lados da folha...
>
> — Hã? Não lembro. Por que diz isso?
>
> — Bem... Se tivesse alguma página em branco, Vladek nunca teria queimado [p. 249].

O primeiro volume de *Maus* saiu nos Estados Unidos em 1986. No início do segundo volume Art Spiegelman afirma: "Nunca quis resumir o livro a uma mensagem. Não quero convencer ninguém de coisa nenhuma..." (p. 202).

No Brasil, a primeira edição de *Maus* — a história de um sobrevivente — foi publicada pela editora Brasiliense em 1987. O segundo volume foi publicado pela mesma editora em 1995. Já a edição completa em dois volumes em português saiu publicada pela Companhia das Letras em 2005.

O segundo volume é dedicado ao irmão morto e aos filhos do autor. Na página de rosto há uma citação de um jornal alemão de meados da década de 1930 que faz alusão à imagem idealizada do Mickey Mouse e incitação para que os alemães usem a suástica.

> Mickey Mouse é o ideal mais mesquinho já revelado ao mundo. Qualquer rapaz independente, qualquer jovem digno e dotado de sentimentos saudáveis sabe que o rato, essa criatura imunda, esse verme, o maior transmissor de bactérias do reino animal, não pode ser transformado em ideal... Abaixo a degradação do povo propagada pelos judeus! Abaixo o Mickey Mouse! Use a suástica!

Para uma geração formada sob o signo da imagem, é uma ideia interessante investir nas *graphic novels* como forma de aproximar os jovens da leitura. Para quem pensa que se trata apenas de um livro com gravuras, a obra de Art Spiegelman tem boas adaptações que deixam muitos exemplos de sabedoria no uso da linguagem.

De acordo com Sônia M. B. Luyten (1989:8), quando bem utilizados, os quadrinhos podem servir de reforço à leitura e constituem uma linguagem altamente dinâmica: "É uma forma de arte adequada à nossa era: fluida, embora intensa e transitória, a fim de dar espaço permanente às formas de renovação".

Obras como *Maus* podem servir à difusão de ideias e à valorização da consciência crítica. O maior desafio da historiografia sobre as atrocidades nazistas é conseguir articular três níveis de registro do passado: o da memória individual, o da memória coletiva e o da historiografia. A memória nunca é puramente "individual" e sempre está inserida num contexto coletivo. No caso do sobrevivente, essa memória é tragicamente fragmentada e não traduzível.

Segundo Seligmann-Silva (2003:17), "a historiografia pode auxiliar no trabalho de memória, na medida em que lhe fornece uma moldura. Por outro lado, a memória simultaneamente serve de tela para a pintura do passado e tende a transbordar a moldura da história".

Existem características histórico-culturais do judaísmo que os sobreviventes souberam cultivar: o apego à memória como apelo no presente, à tradição como transmissão, à escrita como mediação da palavra divina entre os indivíduos e entre as gerações. O testemunho é a apresentação de um desaparecimento e sua leitura, a busca de traços que indiquem a falta originária.

Muito mais que resumos ou introduções, os bons quadrinhos educam o leitor para o valor da palavra e ensinam que a imagem não é apenas derivação ilustrativa, mas criação que se soma à trama das palavras.

Referências

CALDEIRA NETO, Odilon. Memória e HQ: a representação do antissemitismo nas histórias em quadrinhos. *História, Imagem e Narrativas*, n. 8, abr. 2009.

DOHERTY, Thomas. Art Spiegelman's *Maus*: graphic art and the Holocaust. *American Literature*, Duke University Press, v. 68, n. 1, Mar. 1996.

EWERT, Jeanne. Art Spiegelman's *Maus* and the graphic narrative. In: RYAN, Marie-Laure (Org.). *Narrative across media*: the languages of storytelling. Lincoln; London: University of Nebraska Press, 2004. p 178-215.

FELMAN, Shoshana. Educação e crise ou as vicissitudes do ensinar. In: NESTROVISKI, Arthur; SELIGMANN-SILVA, Márcio (Org.). *Catástrofe e representação*: ensaios. São Paulo: Escrita, 2000. p. 13-71.

HARTMAN, Geoffrey (Org.). *Holocaust remembrance*. The Shapes of memory. Oxford, UK; Cambridge, Mass.: Blackwell, 1994.

LANDSBERG, Alison. America, the Holocaust, and the mass culture memory: toward a radical politics of empathy. *New German Critique*, n. 71, p. 63-86, Spring/Summer 1997.

LUYTEN, Sônia M. Bibe. *História em quadrinhos*: leitura crítica. 3. ed. São Paulo: Paulinas, 1989.

MCCLOUD, Scott. *Reinventando os quadrinhos*: como a imaginação e a tecnologia vêm revolucionando essa forma de arte. São Paulo: M. Books do Brasil, 2006.

NESTROVISKI, Arthur; SELIGMANN-SILVA, Márcio (Org.). *Catástrofe e representação*: ensaios. São Paulo: Escrita, 2000.

POLLAK, Michael. Memória, esquecimento, silêncio. *Estudos Históricos*, Rio de Janeiro, v. 2, n. 3, p. 3-15, 1989.

RYAN, Marie-Laure (Org.) *Narrative across media*: the languages of storytelling. Lincoln; London: University of Nebraska Press, 2004.

SANTOS, Roberto Elísio dos. *Para reler quadrinhos Disney*: linguagem, evolução e análise de HQs. São Paulo: Paulinas, 2002.

SELIGMANN-SILVA, Márcio (Org.). *História, memória, literatura*: o testemunho na Era das Catástrofes. Campinas: Unicamp, 2003.

SPIEGELMAN, Art. *Maus*: meu pai sangra história: a história de um sobrevivente. São Paulo: Brasiliense, 1987.

______. *Maus*: a história de um sobrevivente II: e foi aí que começaram os meus problemas. São Paulo: Brasiliense, 1995.

______. *Maus*: história completa. São Paulo: Companhia das Letras, 2005.

Pesquisar experiências autoritário-repressivas recentes: dilemas e riscos

RODRIGO PATTO SÁ MOTTA

Sem dúvida, o genocídio de judeus durante a II Guerra Mundial constitui um marco da história do século XX e, exatamente por isso, fornece argumentos para intermináveis batalhas de representações, no campo da memória, do cinema, da literatura e da historiografia. O evento ocupa lugar de destaque no imaginário contemporâneo sobre a barbárie do século, levando a afirmações peremptórias — e apressadas, a meu juízo — sobre o fracasso da modernidade. A centralidade do evento explica por que invariavelmente ele tem servido de "ancoragem factual" a autores que criticam o relativismo e o ceticismo correntes nas ciências humanas em anos recentes. Ele seria uma espécie de grau zero de "facticidade", ou seja, um acontecimento cuja realidade não pode ser negada, sob pena de incorrer-se em suspeitas simpatias com o nazismo. Nas batalhas de memória recentes, sua presença também se faz intensa, a ponto de ter inspirado as primeiras "leis memoriais", que, na Europa, atualmente, tanta celeuma provocam entre pesquisadores, políticos e líderes sociais, tema a que voltaremos mais adiante.

Embora lecione disciplinas para graduação que tratam do Holocausto, ele não é meu objeto de pesquisa, por isso sinto-me pouco à vontade para abordá-lo com mais ênfase. A proposta é interpretar o tema deste seminário e desta mesa a partir de minha experiência de pesquisa e reflexões recentes, na expectativa de que esta seja a melhor opção para trazer uma contribuição útil ao debate. Para tanto, se faz necessária breve apresentação do perfil de tais investigações, assim como dos acervos e fontes documentais em que elas têm se baseado.

Minhas principais investigações e publicações referem-se a discursos e práticas repressivas no Brasil desde os anos 1930, com ênfase para os golpes de 1937 e 1964, e subsequentes períodos autoritários. Correlatamente, tenho estudado representações políticas (ideários, imaginários, mitologias) pertencentes ao universo da direita, que forneceram inspiração a tais ações autoritário-repressivas. As culturas políticas integrantes do campo direitista são variadas e às vezes conflitantes, desde o conservadorismo ultramontano ao liberalismo e ao fascismo. Em que pese às suas divergências e hostilidades mútuas, às vezes elas formam alianças heterogêneas fundamentadas na percepção do perigo representado por inimigos comuns. Na verdade, há aqui pontos de contato entre questões referidas ao Holocausto e temas que formam a pauta de minhas investigações. Por exemplo, o discurso antissemita foi influente entre os grupos de direita brasileiros dos anos 1930 e 1940, ao lado de argumentos de presença mais duradoura nesse universo como anticomunismo, defesa da ordem, da moral e religião cristãs e da propriedade.

Em resumo, nos últimos anos tenho me dedicado principalmente a compreender as representações e as práticas da direita brasileira do século XX, partindo do pressuposto de que sua importância contrastava com a pouca atenção recebida dos pesquisadores, e que seu estudo é fundamental para o correto entendimento da tradição autoritária do Estado brasileiro. Uma variada gama de fontes tem servido de suporte ao estudo de tais objetos, desde livros a periódicos e iconografia. Mas merecem ênfase os acervos documentais provenientes das agências repressivas do Estado, que constituem manancial inestimável para os investigadores. Embora fonte excelente para estudar outros temas, inclusive as organizações de esquerda, tais arquivos oferecem material rico para compreender as representações da direita e, sobretudo, as práticas político-repressivas estatais. Movido por essa convicção envolvi-me no trabalho de organização de arquivos de agências repressivas, principalmente o material documental proveniente do Dops de Minas Gerais, por meio de convênio celebrado entre o Arquivo Público Mineiro e o Departamento de História da UFMG. No momento, estou pesquisando documentação dos arquivos do extinto SNI (Serviço Nacional de Informações), assim como de algumas ASI (Assessoria de Segurança e Informações) universitárias, com o objetivo de compreender e explicar a política universitária do regime militar.

Partindo desse universo, que compreende certos temas (a direita, o anticomunismo, a repressão político-autoritária) e fontes (arquivos policiais, sobretudo) peculiares, referidos a um período recente ("história do tempo presente", para usar o termo em voga), busquei inspiração para as reflexões que se seguem. É preciso esclarecer que o enfoque escolhido é menos historiográfico, no sentido de análise do conhecimento produzido pelos historiadores — mesmo porque a historiografia sobre as questões em pauta é ainda incipiente —, e mais centrado em reflexões sobre as polêmicas envolvendo a memória e a história, e também sobre os dilemas de natureza jurídica, ética e política com que se defronta o pesquisador. Serão apresentados, ainda, comentários sobre os pontos de encontro e desencontro entre o trabalho do historiador e o fazer de outros profissionais interessados nos objetos em foco.

Em resumo, a preocupação do texto é menos analisar o que já foi feito pelos historiadores e mais tratar do que há a se fazer, e os desafios implicados em tal aventura. Vale ressalvar, em alguns casos o objetivo é apenas apontar os dilemas que se apresentam ao pesquisador, sem a pretensão de dar-lhes solução. Com essas reflexões, espera-se, poderão surgir contribuições úteis a outros investigadores, assim como estímulo para jovens em busca de temas a pesquisar.

Dado o caráter reflexivo do texto, a estratégia escolhida para estruturá-lo foi um arranjo em torno de questionamentos, que vão funcionar como perguntas organizadoras:

Em primeiro lugar, o texto procurará responder à pergunta: quais os dilemas e riscos implicados na pesquisa de experiências autoritário-repressivas recentes?

Que contribuições o historiador tem a oferecer nesse campo?

Como enfrentar as questões suscitadas pelo aumento no interesse público pela história (de tais temas em particular) e, sobretudo, como lidar com a mídia?

Finalmente, para concluir o texto: o que podemos aprender aqui, o que a história dos temas referidos pode nos ensinar?

Dilemas, riscos, polêmicas

As pesquisas que têm o formato descrito anteriormente, naturalmente implicando um perfil de historiador, provocam polêmicas das mais variadas naturezas, inclusive dentro da própria corporação. Como se sabe, historiadores mais aferrados à tradição da disciplina entendem que o tempo muito próximo do presente não pertence ao campo da história e deveria ser abordado por outras áreas do saber. Na verdade, há poucos historiadores de formação que se arriscam nessas plagas, embora talvez o número esteja aumentando e as objeções tradicionais façam cada vez menos sentido.[1] Seja como for, na bibliografia disponível nota-se ainda a presença marcante da contribuição de pesquisadores de outras áreas, principalmente cientistas sociais (aí incluídos os politólogos) e jornalistas.

Mas as polêmicas maiores e mais agudas não estão nos choques internos à tribo dos historiadores. Aqui o pesquisador lida com eventos e processos que contam com muitas testemunhas vivas, tanto participantes ativos quanto expectadores. Não raro, sobretudo em seminários, o historiador é interpelado por pessoas que se sentem mais capazes para falar do passado recente, considerando seu testemunho superior ao olhar de um pesquisador que "não estava lá". Se as fronteiras entre história e memória são esgarças e tênues, com linhas frágeis que parecem mover-se e invadir o território uma da outra, as dificuldades no presente caso são ainda maiores. Parece-me que o estudo das temporalidades recentes implica um repto maior da memória à história.

[1] Koselleck (2006:286-296) analisou o quadro que propiciou, em fins do século XVIII, o surgimento da concepção de que a história contemporânea deveria ser relegada, rompendo com a tradição proveniente dos antigos, cuja historiografia conferia espaço destacado ao que chamaríamos hoje história presente. Por isso, a tradição historiográfica a que fiz referência é a construída nos séculos XVIII e XIX (geralmente chamada historiografia moderna), que Koselleck associou ao impacto de 1789, ao advento das filosofias da história e de uma nova concepção de tempo, ligado à ideia de progresso.

É importante explicar os conceitos de memória e história em uso aqui, assim como o entendimento sobre as relações entre os dois campos, para deixar mais claros os argumentos defendidos. Memória e história são formas distintas de representação do passado, sem que se possa atribuir uma superioridade em relação à outra. O que as distingue é o fato de a história operar com procedimentos científicos, um método, crítica das fontes e a busca de evidências mais amplas e diversificadas possível. O historiador deve desconfiar de suas fontes, inquiri-las em busca da verdade. Se o objetivo e a ambição da historiografia é a veracidade, a memória, por seu turno, tem como compromisso maior a fidelidade ao passado sobre o qual pretende oferecer testemunho.

Não obstante a memória configure uma das matrizes da história, essa procurou se autonomizar e mesmo submeter à memória, ao transformá-la em uma de suas fontes (Ricoeur, 2007:502-507). Porém, em anos recentes, ocorreu uma verdadeira invasão da memória no espaço público, acompanhada de febre comemorativa e da afirmação de vários grupos reclamando reconhecimento para suas representações do passado. Por isso, tem se falado em abusos e tirania da memória, vista como uma ameaça ao predomínio da historiografia como representação do passado.

Naturalmente, os eventos autoritário-repressivos em discussão aqui também são parte dessa "enxurrada memorial", inspirando inclusive novas reflexões no campo e a produção de conceitos. O estímulo para tanto não decorreu apenas da proximidade temporal, mas do caráter violento e destrutivo dos processos repressivo-autoritários em questão, que, como é sabido, produziram torturas, mortes e desaparecimentos, bem como situações menos agudas, mas ainda assim bastante dolorosas, como o exílio ou a perda do emprego. Nesses casos, lembrar e produzir memória são ações com implicações identitárias, políticas e às vezes até terapêuticas. Houve mesmo uso judicial da memória, pois em certas situações não havia outra evidência para registrar as violências cometidas pelo Estado, levando a que juízes aceitassem os testemunhos como prova suficiente para fundamentar condenações.[2] Não há como negar, a avalanche de testemunhos sobre a repressão política recente, e que chega aos olhos

[2] A respeito do uso da memória em processos judiciais contra os comandantes das Juntas Militares da Argentina, ver Jelin (2008:350-352).

e ouvidos do público por meio de diversos suportes (relatos impressos, filmes, entrevistas televisivas), tem exercido um papel positivo e socialmente útil. Inclusive eles fornecem ao pesquisador material precioso para seu trabalho, e em alguns casos o próprio historiador provoca a produção de memórias por meio de entrevistas.

Se de início prevaleceram relatos das pessoas atingidas pela repressão, ou de seus familiares e amigos, agora começam a aparecer em maior número testemunhos provenientes do outro lado da trincheira, de antigos agentes do aparato repressor. Tal movimento é mais visível nos casos de Brasil e Argentina, em que grupos de militares da reserva engajam-se em nova batalha, desta feita no terreno da memória. Percebendo que estão em desvantagem nesse campo de luta, em contraste com sua maior força e vitória efetiva no conflito armado, mobilizam-se para evitar a derrota no plano das representações. Seu ponto de vista é que a memória da esquerda falseia a realidade e, por isso, propõem-se a prestar serviço à verdade ao falar do passado. E esse é o único ponto de contato entre as memórias em disputa: ambas reivindicam que a sua é a verdadeira versão dos acontecimentos, conferindo-lhe caráter sagrado e inquestionável.

Este território, em que se travam agudas batalhas de memória, configura um verdadeiro campo minado para o pesquisador acadêmico, cuja função é (ou deveria ser) usar a memória como fonte, submetendo-a ao crivo da crítica e ao confronto com outras evidências.[3] Deveria o historiador atuar como árbitro imparcial? Não, uma vez que é impossível elidir totalmente eventuais simpatias e idiossincrasias. Mas, com certeza, devemos resistir à tentação de transformar a memória em história, como vemos ocorrer com frequência, às vezes com a chancela teórica de argumentos relativistas. O testemunho só pode oferecer um olhar parcial e interessado, naturalmente insuficiente para quem almeja chegar próximo à verdade. O historiador não deve nem é capaz de esconder suas opiniões e preferências, mas o melhor seria não deixar-se envolver pelas seduções da memória, sob pena de anular a contribuição específica da historiografia. Penso ser possível, por exemplo, ter simpatia pelos grupos e pessoas que foram alvo da repressão política da direita autoritária e, ao mesmo

[3] Os argumentos apresentados aqui foram influenciados pela leitura do livro de Sarlo (2007).

tempo, não aceitar como sagrados seus testemunhos, que podem conter exageros e imprecisões.

Se já não é fácil tentar abordar tais temas com isenção, tentando controlar o fator subjetivo, mais difícil ainda é ser compreendido. Há riscos políticos envolvidos, e os pesquisadores são acusados sem maior exame, às vezes atraindo golpes de todos os quadrantes e rotulados ao mesmo tempo de direitistas e esquerdistas. Nos dias que correm, tais polêmicas podem levar a perder algo mais do que reputação e imagem pública. No momento, na Europa, os choques entre memória e história estão provocando grave e inusitado risco: a prisão! O fenômeno recente de irrupção da memória e das disputas nela inspiradas transformou-a em questão política.

Em 1990, como desdobramento dos conflitos em torno das representações sobre o Holocausto, e em resposta a grupos que (não obstante a existência de amplo leque de provas) teimavam em negar a realidade do genocídio dos judeus, o Parlamento francês aprovou legislação (Lei Gayssot) estabelecendo penalidades para o negacionismo. Estimulados por tal legislação, evento totalmente sem precedentes e que representa nova maneira de politizar as disputas pela memória, outros grupos puseram-se a campo demandando tratamento semelhante. Foram aprovadas sucessivas leis memoriais (*lois memoriennes*) que dão chancela oficial às representações postuladas por diferentes grupos em relação ao passado. Nesse rol há leis que reconhecem e rendem homenagem a outros casos considerados crimes contra a humanidade, como o massacre dos armênios e os padecimentos dos escravos africanos submetidos ao tráfico atlântico (Lei Taubira), ambas aprovadas em 2001.[4]

Em 2005, o pesquisador Olivier Pétré-Grenouilleau foi processado após publicar um livro sobre o tráfico africano, em que afirmava ter sido o volume de escravos enviados ao mercado oriental maior do que o destinado ao comércio atlântico. Ofendida, uma ONG acionou judicialmente o historiador fazendo uso da Lei Taubira, acusando-o de tentar escamotear o caráter particular do tráfico atlântico ao ampliar o foco de análise para o mundo oriental (Nora e Chandernagor, 2008:50). O processo judicial contra Pétré-Grenouilleau, juntamente com o fato

[4] E outros grupos demandaram do Parlamento francês o mesmo tratamento para os genocídios ucraniano, cigano e vendeano (Nora e Chandernagor, 2008:34-35).

de que a legislação francesa foi proposta como modelo para leis semelhantes no quadro da União Europeia, desencadeou a reação dos historiadores franceses, que criaram o grupo Liberté Pour L'Histoire (Liberdade para a História). A iniciativa, que reuniu nomes como Pierre Nora, René Rémond e Marc Ferro e obteve o apoio de historiadores de outros países, nasceu do temor de que em nome de valores positivos como o combate ao racismo e aos crimes contra a humanidade, o Estado passasse a determinar a verdade histórica e a punir os historiadores discordantes.[5] Transformada em objeto de legislação pelo Parlamento, a memória cristaliza-se em versões oficiais que demandam exclusividade, uma agressão à liberdade de pesquisa, para não falar no direito de expressão. Existiria demonstração mais cabal do lugar ocupado pela memória no debate público, de sua crescente politização? Como no Brasil estamos habituados a importar as modas parisienses, é melhor colocar as barbas de molho...[6]

Por aqui ainda não temos leis memoriais desse tipo, mas isso não significa haver desinteresse em relação ao tema por parte de nossas lideranças políticas. É característico de qualquer formação estatal preocupar-se com a memória, principalmente como estratégia para conquistar legitimidade e disseminar mensagens políticas. Porém, no que se refere às experiências autoritárias trata-se da rememoração de eventos altamente conflituosos, que dividem e podem gerar polarizações, tornando mais complexa a manipulação de tal memória pelo Estado. No caso do Brasil, o que temos são basicamente iniciativas de governos locais (o Memorial da Resistência

[5] Em texto publicado recentemente no site de Liberté Pour L'Histoire, Pierre Nora faz uma avaliação positiva dos resultados alcançados pelo grupo, que teria sensibilizado políticos e governantes a moderar a fúria legiferante no campo da memória, e a aplicar sanções penais apenas contra os que neguem ou "banalizem" crimes contra a humanidade considerados como tais por instâncias judiciárias. Disponível em: <www.lph-asso.fr/tribunes/49.html>. Acesso em: 11 ago. 2009. Mas o debate prossegue e novos desdobramentos da polêmica devem vir à tona.

[6] Na verdade, já começou o debate no Parlamento do Brasil sobre o tema, a partir de projeto de lei apresentado por deputado federal carioca propondo punir a negação do Holocausto judeu. Mas ele ainda não conseguiu apoio suficiente para aprovação do projeto. Entretanto, mesmo sem leis memoriais, em 2011 houve uma ação judicial em defesa da memória de uma liderança indígena, supostamente ofendida por artigo do historiador Seth Garfield na *Revista Brasileira de História* (v. 20, n. 39, 2000). Felizmente, o juiz de primeira instância considerou a ação improcedente, e esperamos que permaneça essa a opinião do Judiciário para casos semelhantes que podem vir a acontecer.

em São Paulo, o programa de nomear ruas em homenagem a "vítimas" da ditadura em Belo Horizonte), mas nada ainda que configure uma política nacional. As administrações federais que chegaram ao poder no período pós-ditatorial têm privilegiado a reparação financeira às vítimas da repressão, mas pouco se fez em termos de política de memória, à exceção do investimento recente na abertura pública de acervos documentais.[7]

O fraco investimento em políticas de memória, que contrasta com os compromissos verbais desses governos com os valores democráticos, deve-se às peculiaridades da transição brasileira. O caráter conciliatório desse processo, associado a estratégias de negociação com o Congresso e os partidos, fez com que todos os governos pós-ditadura contassem em seus quadros com antigos apoiadores do autoritarismo, o que dificulta o estabelecimento de uma política de memória sobre aquele período. Além disso, permanece um temor difuso (e a meu ver despropositado) entre os chefes de governo de provocar insatisfação entre os militares. Significativamente, o investimento mais expressivo do atual governo federal no campo das políticas de memória é o projeto de um Memorial da Anistia, o que revela ser politicamente mais viável lembrar não dos conflitos e sofrimentos, mas do perdão e da reconciliação. Trata-se de um monumento à capacidade da sociedade brasileira de esquecer e perdoar...[8]

---

[7] Por iniciativa do governo federal, em 2005 foram recolhidos ao Arquivo Nacional os documentos do extinto Serviço Nacional de Informações, assim como teve início processo de recolhimento de arquivos das agências de segurança que funcionaram em órgãos da administração civil, as Divisões de Segurança e Informações (DSI) e Assessorias de Segurança e Informações (ASI). No momento, tramita no Congresso Nacional projeto de lei (PL nº 41/2010) enviado pelo governo federal que torna mais fácil o acesso aos documentos, principalmente por meio da redução nos prazos de classificação estabelecidos pela lei atualmente em vigor (Lei nº 11.111, de 2005, que substituiu várias leis e decretos sobre o tema editados desde 1991).

[8] Em dezembro de 2009, a Secretaria Nacional de Direitos Humanos anunciou um plano prevendo a criação de comissão para estabelecer a verdade sobre a repressão política praticada pelo regime militar. A iniciativa gerou celeuma entre vários segmentos, sobretudo militares, que acusaram o governo de pretender revogar a Anistia e praticar "revanchismo". Os comandantes do Exército e da Aeronáutica ameaçaram demitir-se, o que aumentou a polêmica. Para acalmá-los, o governo alterou o texto e adotou tons mais amenos, como a afirmação de que o propósito da comissão é "examinar as violações de direitos humanos a fim de promover a reconciliação nacional". Na prática, até o momento, não está claro ainda se uma comissão, nos moldes pretendidos, terá condições políticas para funcionar de fato. Por outro lado, têm surgido pressões internacionais em favor de punições pela violação dos direitos humanos no Brasil, com desdobramentos

A proximidade no tempo dos regimes autoritários e a existência de testemunhas vivas trazem à tona outras polêmicas, apresentando-nos novos desafios. Muitas das pessoas afetadas pelas políticas estatais repressivas sentem-se incomodadas ao terem suas vidas expostas, seja porque desejam preservar sua privacidade, seja porque querem evitar danos à sua carreira pública.[9] Ao contrário dos que pretendem impor sua memória como a verdade, nesse caso há o desejo de esquecer e apagar os registros do passado. Tal polêmica torna-se mais aguda nos casos em que há expressivos registros documentais produzidos pelos aparatos estatais, os chamados arquivos da repressão, como nos casos de Brasil, Paraguai e ex-Alemanha Oriental, por exemplo. Em geral, os que temem a abertura total dos arquivos expressam a opinião de que o acesso aos documentos deveria ser restrito, para evitar que a publicização de tais registros signifique uma violação aos direitos individuais semelhante às violências perpetradas pelo Estado autoritário.[10]

Mas há também opiniões mais polêmicas, que em nome da preservação da privacidade defendem a pura e simples destruição dos arquivos. Normalmente esse ponto de vista não aparece por escrito, apenas em conversas informais. Porém, em meados dos anos 1980, quando começou a desmontagem dos órgãos de repressão política no Brasil, em alguns casos grupos organizados demandaram ações nesse sentido, ou seja, que os documentos fossem destruídos para preservar a imagem das pessoas visadas pelas agências do aparato repressivo. Situações dessa natureza ocorreram, por exemplo, quando as assessorias de segurança e informações instaladas nas universidades durante o regime militar começaram a ser fechadas, dando início a discussões sobre o destino a ser dado aos documentos por elas produzidos. Em pelo menos três casos, líderes do movimento estudantil e docente defenderam a destruição dos arquivos,

imprevisíveis. Em 2010, a Corte Interamericana de Direitos Humanos, ligada à OEA, considerou o Estado brasileiro responsável por mortes de guerrilheiros no Araguaia e condenou as autoridades por não investigarem e punirem os responsáveis.

[9] Naturalmente, em alguns casos os descendentes também se preocupam em "preservar a memória" de seus antepassados mortos, e vale notar que nesse caso a expressão entre aspas adquire outro significado; porém, a questão torna-se mais polêmica quando o interesse dos vivos está em jogo.

[10] Tal é a opinião, por exemplo, do ativista de direitos humanos paraguaio Dionisio Gauto, citado por González Vera (2002:71).

para resguardar a privacidade das pessoas que eram objeto da vigilância política (Motta, 2008).

Como se vê, os arquivos dos órgãos de repressão implicam dilemas complexos, e por isso apresentam ao pesquisador desafios de variada natureza, sobretudo éticos, legais e políticos. Os problemas mais difíceis a lidar encontram-se no terreno ético. Quem pesquisa a documentação produzida ou recolhida pelas agências repressivas inevitavelmente encontrará informações delicadas, que expõem a intimidade das pessoas e, às vezes, podem macular sua reputação. Hoje há uma grande preocupação nas ciências naturais com questões éticas, principalmente devido aos experimentos na área genética, o que tem gerado debates e variadas iniciativas, como a formação de comissões de ética nas instituições de pesquisa. Com exceção da filosofia, as ciências humanas sentiram-se pouco mobilizadas por esse debate, graças à impressão de que tais questões teriam pouco impacto em nosso campo. Nos formulários de avaliação das agências de pesquisa, às vezes há perguntas sobre os problemas éticos envolvidos na investigação, e os pareceristas da área de ciências humanas com frequência escolhem a opção "não se aplica".

Entretanto, a pesquisa com os arquivos das agências repressivas também pode impor dilemas éticos; não lidamos com a vida em sentido estrito, mas nosso trabalho pode pôr em risco a vida no sentido social, pois que a exposição pública de certas informações pode ter impacto grave nas relações do indivíduo com a sociedade e, em alguns casos, gerar uma espécie de morte cívica. Como proceder nesses casos? Como estabelecer uma linha de conduta pautada pelo respeito a valores éticos?

De outro ponto de vista, tais cuidados parecerão deslocados e ultrapassados, constituindo dilema apenas para carolas. Há quem prefira desconsiderar o problema, mesmo porque expor alguns nomes ao público é eficaz estratégia para obtenção de notoriedade ou do furo jornalístico. Pode-se também, partindo de uma apropriação das reflexões de Max Weber, deixar de lado a ética da convicção em nome de uma ética da responsabilidade. Deslindar o funcionamento interno da máquina repressiva, saber como e quem operava esses aparatos é conhecimento de interesse coletivo. Dando sequência ao raciocínio, o projeto de desmontar os aparatos repressivos do Estado brasileiro e consolidar a democracia é justificativa suficiente para a exposição da privacidade de algumas pessoas.

No entanto, penso ser possível atender ao interesse coletivo de conhecer e desmontar os aparatos repressivos e, ao mesmo tempo, evitar exposição desnecessária da privacidade. Em muitos casos, é perfeitamente factível analisar e interpretar determinados eventos ou processos evitando-se a nomeação dos protagonistas, sem que isso cause maior dano à compreensão. Naturalmente, quando falamos de pessoas responsáveis por crimes e violência a situação é mais complicada, pois em nome da ética de responsabilidade referida seria o caso de expô-los para garantir ao menos a punição legal — que em vista do entendimento jurídico corrente sobre a Lei de Anistia é improvável —, ao menos sua identificação, na esperança de que isso sirva como constrangimento para o futuro.

Porém, os documentos nos revelam também nomes de pessoas que colaboraram esporadicamente com os órgãos de segurança, membros dos grupos visados pela repressão e que ajudaram movidos por medo, convicção ou oportunismo. Em minha pesquisa atual tenho encontrado referências sobre membros da comunidade universitária que teriam prestado auxílio à comunidade de informações. Como proceder nesse caso? Não tenho certezas definitivas nesse terreno, mas venho adotando o seguinte procedimento. Quando se trata de pessoas que ocupavam cargos públicos, como reitores e diretores, não vejo razão para omitir os nomes, mesmo porque eles seriam facilmente identificados. E tais autoridades, em que pese às imagens correntes sobre resistência nas universidades, foram responsáveis por inúmeras ações de natureza autoritária, invariavelmente em colaboração com as agências de repressão. Mas no caso de pessoas que não ocupavam postos na administração universitária e que aparecem em situação de presumível colaboração com a máquina repressiva, às vezes a melhor opção é omitir o registro dos nomes. Para além dos dilemas de natureza ética, pesa aqui também a especificidade das fontes, nem sempre precisas no registro de nomes, nem sempre confiáveis. Na dúvida, o melhor é evitar o risco de cometer injustiça, que nesse caso poderia ter efeitos danosos.

A pesquisa nesse território também implica desafiadores problemas de natureza jurídica, sobretudo devido a peculiaridades da legislação que normatiza o acesso a documentos de natureza sigilosa. Se o pesquisador escrupuloso tem motivos éticos para munir-se de cautela na utilização das informações que obtém, também deve se preocupar com eventuais disputas jurídicas provocadas por seu trabalho. Tanto os preceitos da Constituição quanto as leis ordinárias que tratam do assunto estão baseados em um duplo princípio, que pode gerar impasses. O propósito declarado nos textos legais é atender simultaneamente a interesses coletivos e individuais, e zelar tanto pela segurança do Estado quanto pelos direitos dos cidadãos. A Constituição e a legislação sobre a matéria estabeleceram o princípio do direito à informação em benefício dos indivíduos e da sociedade. Porém, criaram também limites ao acesso, para preservar documentos "cuja divulgação ponha em risco a segurança da sociedade e do Estado, bem como aqueles necessários ao resguardo da inviolabilidade da intimidade, da vida privada, da honra e da imagem das pessoas".[11]

Trocando em miúdos, o processo de democratização que culminou na Constituição de 1988 abriu espaço para que documentação de agências estatais de repressão viesse a público. Mas os mesmos instrumentos legais que permitiram aos pesquisadores ler documentos dos Dops ou do SNI criaram restrições legais e a possibilidade de ações indenizatórias para os que se sentirem agredidos em sua intimidade. Como a legislação não entra em detalhes nem resolve todas as dificuldades, na prática os gestores dos arquivos ficam responsáveis por dirimir as dúvidas e eventuais conflitos. E não é operação simples definir que tipo de informação pode ferir a intimidade ou a imagem das pessoas.[12] O problema é ainda mais complexo devido ao fato de ser difícil para os gestores dos arquivos filtrarem todos os documentos que chegam às mãos dos consulentes e pesquisadores. Mesmo quando há intenção de restringir acesso a documentos de natureza íntima muita coisa escapa em meio à papelada volumosa e a dossiês intricados, de maneira que ao pesquisador incumbe também a responsabilidade de escolher entre publicar ou não.

Creio que no Brasil ainda precisamos avançar mais no debate sobre os interesses públicos e individuais no que toca à documentação sigi-

---

[11] Cf. §1º do art. 7º da Lei nº 8.159/1991, que se baseou no inciso X do *caput* do art. 5º da Constituição Federal.

[12] A Lei nº 11.111, em seu art. 7º, provavelmente se baseando em práticas adotadas por alguns arquivos, estabeleceu a possibilidade de dar acesso público a documentos referidos à privacidade e intimidade de pessoas visadas pela repressão, desde que expurgados dos trechos contendo as informações sobre a intimidade. Mas o texto legal não dá orientações sobre o que considerar íntimo e ofensivo à honra.

losa. Talvez fóruns de debate envolvendo profissionais (advogados, historiadores, arquivistas) e lideranças sociais poderiam contribuir para o estabelecimento de políticas de escopo nacional. Isso seria útil, sobretudo, para os arquivos guardiães de tais acervos, que em geral não têm orientação segura para interpretar os preceitos legais, por isso adotam procedimentos discrepantes no que se refere ao acesso a documentos sigilosos. Quando se percorrem as instituições que de norte a sul do país guardam os "arquivos da repressão", nota-se grande disparidade de procedimentos, variando desde políticas de acesso mais liberais (a minoria), que franqueiam tudo, até instituições de memória que adotam opções mais conservadoras, barrando o pesquisador e só permitindo aos diretamente interessados acessar os documentos.[13]

Enquanto não temos definições claras sobre os significados e alcances da legislação em vigor — e na ausência de jurisprudência efetiva sobre a matéria —, os pesquisadores devem seguir seu trabalho, guiando-se apenas por sua experiência e instinto, temendo a qualquer hora verem-se metidos em alguma pendenga jurídica.

A questão das polêmicas políticas que a pesquisa com tais temas inevitavelmente provoca já foi mencionada, mas vale a pena retomá-la e aprofundar um pouco a discussão. A importância política das representações sobre as experiências autoritário-repressivas evidencia-se nas disputas provocadas, mobilizando partidos, governos e lideranças sociais. Para além dos riscos políticos em que incorre o pesquisador, que pode ser acusado de favorecer a determinada opinião ou posição ideológica, ele pode se envolver, inadvertidamente, em polêmicas menores e manobras visando ao jogo eleitoral.

Partindo de um olhar mais abrangente, determinadas representações sobre esse passado ajudam a fragilizar uns projetos políticos e a fortalecer e legitimar outros. Ajustando o foco para casos particulares, para carreiras individuais, o que se diz sobre o passado pode ser crucial, levando eventualmente à perda ou ao ganho de pontos junto ao eleitorado. A

---

[13] A recente iniciativa de criação do projeto Memórias Reveladas — sob coordenação do Arquivo Nacional — não alterou muito o quadro de heterogeneidade de políticas de acesso entre as diversas instituições de memória, não obstante tenha facilitado para o público a identificação dos locais em que podem ser encontrados os acervos referidos à repressão política.

presença no cenário eleitoral de vários líderes com passagem na esquerda armada que enfrentou o regime militar torna o tema mais candente. Nas eleições municipais de 2008, por exemplo, o candidato vitorioso à prefeitura de uma das capitais teve seu passado militante denunciado por adversários, que tentaram desqualificá-lo denunciando seu passado de detento. A manobra não gerou os resultados esperados, mas parece ter inquietado o referido candidato, que teria feito gestões visando restringir acesso a informações sobre sua pessoa presentes no acervo do Dops local.

Um caso mais notório ocorreu em 2009, com a então ministra Dilma Rousseff, que era, na ocasião, provável candidata às eleições presidenciais e foi objeto de matérias jornalísticas sobre sua militância em organizações armadas. O jornal que publicou as matérias desejava mostrar ao público que a prestigiada ministra foi no passado perigosa guerrilheira, e é evidente que tal argumento poderia ter implicações políticas, arranhando a imagem da candidata em certos segmentos do eleitorado. Rousseff sustenta a versão de que não chegou a envolver-se em ações armadas, pois teria atuado apenas no setor de planejamento da organização, e o jornal tentou mostrar que não foi bem assim, ela teria realmente utilizado armas. Pode parecer um detalhe de somenos, afinal, pegando ou não em armas ela militava numa organização guerrilheira. Porém, a insistência das duas partes sobre esse detalhe revela a expectativa de eventual impacto eleitoral. Para comprovar seu argumento, o jornal lançou mão de ficha policial supostamente produzida por órgãos repressivos, e para dar chancela científica à veracidade do documento convocou a opinião de historiadores com experiência de pesquisa no tema.[14]

Polêmicas parecidas devem continuar a ocorrer nos próximos anos, e envolvendo não apenas políticos, mas outras celebridades, a exemplo do *affair* recente envolvendo a colaboração do cantor Wilson Simonal com os órgãos de repressão. Dada a possibilidade de que os historiadores continuem sendo mobilizados pelo debate, o melhor é se preparar para lidar com situações em que a busca da verdade é questão secundária em meio a outros interesses.

[14] A reportagem recebeu o documento pela internet de uma fonte desconhecida. Peritos em imagens digitais convocados pela então ministra Dilma Rousseff consideraram tratar-se de falsificação. A matéria mais significativa foi publicada em 5 de abril de 2009, na *Folha de S.Paulo*.

As contribuições do historiador e suas relações com a mídia

As experiências autoritário-repressivas configuram, de fato, um campo de pesquisa perigoso e polêmico, em que o historiador se vê às voltas com dilemas éticos e disputas políticas, para não falar em eventuais disputas judiciais. Entretanto, é fundamental a contribuição que o historiador tem a oferecer e o desejável seria ter mais profissionais investindo nesse campo, também frequentado por outros investigadores, sobretudo cientistas sociais, pesquisadores de literatura e jornalistas.

Existem particularidades adquiridas na formação e na experiência de trabalho do historiador que o qualificam para oferecer contribuição peculiar ao estudo dos regimes autoritários, graças a um olhar diferenciado em relação a outros profissionais da memória e demais interessados. Evidentemente, tais características também podem ser desenvolvidas fora do ambiente universitário. Em primeiro lugar, vale destacar o olhar treinado para criticar documentos e testemunhos, em atitude de saudável e necessária desconfiança em relação às fontes e às informações obtidas na pesquisa. Com isso evitam-se apropriações ingênuas dos argumentos presentes nas fontes, que às vezes são tomados como expressão pura e simples da verdade, sem que outras evidências sejam procuradas para colocá-las à prova. Esse é um ponto importante, pois há pesquisadores neófitos que se jactam de ter descoberto a verdade histórica ao se depararem com um fundo documental novo, ou com certos testemunhos importantes.

Ademais, os debates acumulados pela tradição historiográfica no decorrer de longo período propiciaram aperfeiçoamento de metodologias de pesquisa, bem como estimularam o cuidado na utilização de conceitos e na construção de modelos de análise. Essa tradição é bastante útil para evitar a tentação de generalizações abusivas, assim como estimula o ceticismo em relação à criação de modelos abstratos, que nem sempre têm a devida sustentação empírica. E no campo de estudos sobre os Estados autoritários circulam vários conceitos e modelos desse tipo, que o olhar do historiador atento às evidências e sensível às singularidades, bem como ao peso do legado de períodos anteriores, pode ajudar a corrigir. Penso aqui, principalmente, nos conceitos de Doutrina de Segurança Nacional e Estados Burocrático-Autoritários (embora outros exemplos pudessem ser aventados), cujas versões mais ligeiras oferecem compreensão pasteurizada e simplista dos regimes ditatoriais da América Latina.

Gostaria de aprofundar mais a discussão sobre a contribuição específica do historiador em vista de um profissional hoje bastante interessado pelo campo de pesquisas em foco nestas linhas, o jornalista. Tais reflexões são motivadas não apenas pela pesquisa sobre os Estados autoritários, mas pela preocupação com o problema da divulgação e da popularização do conhecimento, já que a presença em cena da mídia, a meu ver, apresenta um desafio aos historiadores. Parece evidente que em tempos recentes a mídia tem se mostrado mais interessada em abordar assuntos relacionados à história e à memória, uma decorrência da crescente popularidade de tais temas. E a história mais recente parece interessar ainda mais, devido às polêmicas que propicia em virtude da existência de personagens e protagonistas ainda vivos, como nos casos dos políticos ex-revolucionários já mencionados.

A corporação dos historiadores tem razões justificadas para opor ressalvas às incursões historiadoras dos jornalistas e da mídia, que são criticados por banalizar o conhecimento e faltar com os devidos cuidados teórico-metodológicos em suas investigações. Devo dizer, com sinceridade, que nessa relação pesa também uma pontada de inveja pelo sucesso de mercado dos jornalistas-historiadores, que são os autores preferidos do grande público. Porém, é necessário reconhecer aspectos positivos no interesse midiático pela história, que pode trazer também benefícios à sociedade e aos próprios historiadores profissionais.

Em primeiro lugar, a mídia permite aos profissionais acadêmicos acesso ao grande público, um universo que não pode ser alcançado desde as salas de aula e gabinetes universitários. Ela é o principal veículo mediador entre a produção acadêmica e a sociedade, por isso exerce papel importante como divulgadora do conhecimento.[15] O problema, de novo, está no tipo de material divulgado, que nem sempre prima pela qualidade. Mas aí o melhor caminho não é virar as costas, em atitude olímpica e orgulhosa, e sim desenvolver estratégias para influenciar positivamente a divulgação jornalística. Outro ponto a destacar é que algumas incursões historiadoras dos jornalistas são bem-sucedidas, resultando em investigações que

[15] Naturalmente, em outra esfera de formação, o sistema escolar básico tem muita importância.

trazem elementos novos ao conhecimento da história recente. Em certos casos, a atuação profissional do jornalista abre-lhe acesso a fontes e testemunhos que outros investigadores teriam dificuldade em conseguir, e com isso eles trazem à tona material interessante para análise.

Porém, se é importante aprender a lidar com a mídia e tirar proveito da contribuição que ela pode oferecer à divulgação (e em certos casos à produção) do conhecimento, necessário se faz também demarcar claramente os dois campos. O objetivo maior do jornalismo é produzir informação e fazê-la chegar à sociedade, e para isso são usadas fórmulas ao alcance do entendimento do grande público. Essa preocupação em sempre falar para público amplo, que implica o uso de determinadas estratégias de comunicação, marca também o trabalho dos jornalistas-historiadores, que se beneficiam de sua formação profissional para alcançar maior audiência. Por outro lado, o tempo para os jornalistas é sempre curto: precisam trabalhar a matéria com rapidez, sem prazo para maior aprofundamento, sob pena de que envelheça e seja superada por novos eventos.

Já o ofício do historiador, como sabemos, é pautado por outros procedimentos e objetivos: interpretar e analisar, para ser possível a compreensão e a explicação. Para tanto, são necessários esforços de pesquisa e análise demorados, na tentativa de consultar o maior número possível de fontes documentais; nada mais estranho ao ambiente eletrizante das redações, que em geral funcionam com prazos marcados em horas. É preciso, também, destacar uma peculiaridade do trabalho do historiador, muitas vezes malcompreendida. Ao produzir conhecimento resultante de suas pesquisas e reflexões, ele não escreve pensando no grande público, ao contrário do jornalista. De maneira geral, o historiador escreve para seus pares, mesmo que deseje alcançar também público maior. E creio que essa é uma atitude correta, por ser mais afinada com as necessidades da produção do saber. Escrever para os pares pertence à lógica do fazer científico-acadêmico, pois é uma condição para o escrutínio crítico que permite a depuração do conhecimento produzido.

É certo que algumas críticas ao hermetismo dos textos escritos por profissionais acadêmicos procedem. Há quem exagere na erudição, assim como há quem pareça encarar a escrita intricada (para não dizer confusa) como um índice de qualidade superior. É perfeitamente factível conciliar sofisticação do argumento com textos legíveis e escritos com apuro, e também utilizar estratégias para prender a atenção do leitor sem prejuízo da qualidade da análise.

Entretanto, não se deve confundir o terreno da produção do conhecimento com a esfera da divulgação. Se de um lado os historiadores devem se ocupar da divulgação, e por isso as relações com a mídia têm importância estratégica, de outro não se pode descuidar da produção, que afinal é nosso papel principal. E no campo da produção de conhecimento, reitero, os leitores mais importantes são os pares, e não o grande público.

O que há a aprender?

Para concluir essas reflexões, falta tentar responder à crucial pergunta: o que há a aprender aqui? O que há a aprender com o estudo das experiências autoritário-repressivas? Gostaria de poder responder: aprendemos a evitar futuros surtos autoritários e seu corolário inevitável: golpes, ditaduras, censura, violência política, leis de segurança etc. Mas é ingênuo supor que o conhecimento histórico seja bastante para nos livrar de recidivas autoritárias.

Não obstante, a pesquisa e o conhecimento produzido sobre as origens e o funcionamento das engrenagens repressivas têm alguma utilidade para a sociedade, e um significado político que não deve ser menosprezado. A abertura pública de alguns acervos documentais produzidos pelas agências de repressão (Dops, SNI, DFP, DSI, ASI) representa uma vitória da cidadania e dos que lutam por valores democráticos, e isso, talvez, pode funcionar como contraincentivo aos agentes repressivos. Vale a pena lembrar: órgãos de repressão política existiram desde os primórdios da República, e foi somente agora, em nossa mais recente experiência de (re)democratização, que, pela primeira vez, eles foram desmontados e tiveram seus arquivos recolhidos a instituições de memória (Motta, 2006:52-67). É verdade que os acervos documentais "abertos" foram em parte expurgados, enquanto outros arquivos permanecem "desaparecidos" ou, presumivelmente, ainda sob o controle de instituições estatais. Mesmo assim, o material franqueado ao público constitui conjunto documental expressivo e capaz de iluminar parte do funcionamento da máquina repressiva do Estado brasileiro.

O estudo dos dois regimes autoritários mais importantes de nossa história republicana demonstra terem sido gestados em contextos de crise aguda, em que as classes médias e superiores — secundadas por instituições-chave como a Igreja e as Forças Armadas — sentiram-se temerosas diante de quadros de instabilidade econômica e política. Sobretudo, foram dominadas pelo medo diante de reivindicações sociais provenientes dos segmentos subalternos, em que muitos perceberam a antessala da revolução e do comunismo. Se vierem a ocorrer contextos semelhantes no futuro, ou se surgirem crises motivadas por outros temores que o pesquisador (não somos astrólogos) é incapaz de prever, não será o conhecimento histórico capaz de evitar o desfecho infeliz.

Mas não parecem existir nuvens ameaçadoras no horizonte próximo, pelo menos não do tipo que deu origem às ditaduras anteriores. O estudo comparativo dos regimes ditatoriais nos ensina que a última transição pós-autoritária gerou a experiência democrática mais profunda já vivida pelo país. Ultrapassamos a marca de 20 anos de eleições competitivas, com ampla liberdade de organização e expressão, livres de golpes e ameaças de golpes. O único presidente que não completou seu mandato foi impedido legalmente pelo Congresso, por envolvimento em escândalo de corrupção. Em comparação com o outro período considerado democrático da República — entre 1945 e 1964 — experimentamos hoje um quadro claramente superior em termos de estabilidade e liberdade.

No momento, parece ter sido superado também outro obstáculo à democracia política no Brasil, o qual concorreu para reforçar as tendências autoritárias do aparelho estatal. Refiro-me à sedução do personalismo, o apelo do chefe popular, do pai dos pobres, que por um tempo pareceu reencarnar no presidente Lula com o fantasma de um terceiro mandato.

No entanto, se forças e estruturas que historicamente concorreram para o autoritarismo parecem hoje menos ameaçadoras, por outro lado não se deve exagerar o otimismo, pois há evidências de que a democracia política ainda não se consolidou no Brasil. Nesse sentido apontam os resultados de pesquisas de opinião, que revelam ser alta a desconfiança popular em relação a instituições-chave para seu funcionamento, como os partidos e o Congresso, assim como ainda é baixo o índice dos que consideram a democracia o melhor regime de governo.[16] Esses dados su-

[16] Pesquisa recente sobre a confiança da população nas instituições mostra o Congresso em último lugar, com índice de apenas 0,5%. Significativamente, as instituições mais confiá-

gerem que, na eventualidade de surgirem projetos autoritários no futuro, eles poderiam contar com a anuência ou a apatia de muita gente.

Esperemos que os índices de popularidade da democracia e das instituições melhorem com o tempo, cientes de que para isso será preciso um enfrentamento mais audacioso dos problemas sociais. Enquanto isso, o melhor é torcer para que não apareçam novos agentes políticos com capacidade para impor soluções autoritárias.

Referências

GONZÁLEZ VERA, Myriam. Los archivos del terror en Paraguay. In: JELIN, Elizabeth; SILVA CATELA, Ludmila. *Los archivos de la represión*: documentos, memoria y verdad. Madrid: Siglo XXI, 2002.

JELIN, Elizabeth. La justicia después del juicio: legados y desafíos en la Argentina postdictatorial. In: FICO, Carlos et al. *Ditadura e democracia na América Latina*. Rio de Janeiro: FGV, 2008.

KOSELLECK, Reinhart. *Futuro passado*: contribuição à semântica dos tempos históricos. Rio de Janeiro: Contraponto; PUC-Rio, 2006.

MOTTA, Rodrigo Patto Sá. O ofício das sombras. *Revista do Arquivo Público Mineiro*, Belo Horizonte, APM, ano XLII, n. 1, p. 52-67, jan./jun. 2006.

_____. Incômoda memória: os arquivos das ASI universitárias. *Revista Acervo*, Rio de Janeiro, Arquivo Nacional, v. 21, n. 2, p. 43-66, jul./dez. 2008.

NORA, Pierre; CHANDERNAGOR, Françoise. *Liberté pour l'histoire*. Paris: CNRS, 2008.

RICOEUR, Paul. *A memória, a história, o esquecimento*. Campinas: Unicamp, 2007.

SARLO, Beatriz. *Tempo passado*: cultura da memória e guinada subjetiva. São Paulo: Companhia das Letras; Belo Horizonte: UFMG, 2007.

veis para os brasileiros são a Igreja e as Forças Armadas. Disponível em: <www.diap.org.br/index.php/agencia-diap/3073-gestao-bem-avaliada-cresce-avaliacao-positiva-do-governo-aponta-pesquisa-cntsensus?format=pdf>. Acesso em: 2 set. 2009. Embora tenham melhorado no decorrer do período pós-autoritário, os índices de apoio dos brasileiros ao sistema democrático também são preocupantes, sobretudo porque em comparação com outros países da América Latina estamos entre os piores colocados. Disponível em: <www.agencia.fapesp.br/materia/10922/especiais/preferencia desconfiada.htm>. Acesso em: 2 set. 2009.

Parte II

As histórias da questão

Passado e futuro na construção de uma história do Brasil no século XVIII*

JOÃO PAULO G. PIMENTA

Atualmente, é comum vincular a criação normativa e institucional de uma história do Brasil — isto é, de uma narrativa unificadora de um passado coletivo, considerado nacional brasileiro, ou como seu antecessor direto — a movimentos políticos e intelectuais que, nos anos imediatamente posteriores à Independência, tipificaram a criação de um Estado e de uma nação brasileiros. Essa postura não é nova, tendo sido desenvolvida pelos estudiosos da historiografia brasileira durante muito tempo;[1] ao longo das últimas duas ou três décadas, ela foi consagrada por meio do adensamento dos estudos voltados para século XIX brasileiro em geral, do que resultou uma produção variada, pujante e de grande atualidade.[2]

* Agradeço as críticas e os comentários realizados por Taise Quadros da Silva, Hans Ulrich Gumbrecht, Sérgio Ricardo da Mata, Rodrigo Turim e Valdei Lopes de Araujo.

[1] Cf. Stein (1960:234-278); Campos (1961); Schwartz (1967:185-202).

[2] Entre outros, e em perspectivas variadas, cf.: Guimarães (1998:5-27); Wehling (1989); Schwarcz (1989); Guimarães (1997); Diehl (1998); Reis (2000); Cezar (2004:11-29); Kodama (2009).

Acompanhando esse adensamento, e em estreita ligação com a constante vitalidade do interesse de historiadores por tópicos ligados à história da historiografia, o tema da criação de uma história do Brasil começa a ganhar contornos temporais mais ampliados, chamando a atenção para seus lastros setecentistas, eventualmente até (certamente em menor escala) seiscentistas. As narrativas produzidas nos séculos XVII e XVIII, focadas no passado do Brasil, vêm sendo, aos poucos, revalorizadas pelos estudiosos da realidade colonial de um modo geral (realidade esta que nunca deixou de gozar de prestígio acadêmico). É possível que essa valorização, a depender dos rumos que tomar, venha a tocar no momento já referido no início do texto: o de nacionalização de uma escrita de uma história do Brasil. Com isso, a história da historiografia definitivamente constituir-se-ia em um nicho especializado capaz de, à sua maneira, estruturar a história colonial do Brasil, bem como de iluminar a passagem da colônia à nação. Por enquanto, em meu entender, esse panorama está apenas se esboçando.

Seja pelas entradas da história da historiografia, da história colonial em geral ou de ambas articuladas, as narrativas produzidas por portugueses naturais da América, nela radicados e/ou sobre seus territórios e acontecimentos específicos, vêm ganhando espaço: em termos de características inerentes a elas e que constituam indícios de como pensava e se comportava a sociedade colonial, ou em razão de sua articulação com a criação de uma história do Brasil no século XIX. Em ambos os casos, creio que uma série de questões necessita nossa meditação, algumas das quais podem conduzir à formulação de problemas historiográficos relevantes e ainda não resolvidos.

Minha proposta aqui reside em enunciar uma dessas questões, contribuindo para uma melhor definição de uma agenda que conjugue a história da historiografia com a história da colonização portuguesa da América em geral, e de ambas com o processo de formação da nação e do Estado brasileiros. Em se tratando de uma proposta apenas indicativa, portanto bastante parcial e preliminar, pretendo focar uma questão específica: como *passado* e *futuro* podem ser tomados como categorias de análise histórica para a compreensão dos significados da construção de história do Brasil no século XVIII. História esta que, sendo uma expressão típica de sua época, será reelaborada e, de certo modo, implodida, o que, por seu turno, possibilitará a posterior emergência de uma história do Brasil de fundamentos radicalmente distintos, pois embasada em uma ideia de nacionalidade brasileira.

Para tanto, parto do pressuposto de que essa ideia de história do Brasil no século XVIII não pode ser devidamente compreendida se a análise se restringir aos suportes formais de narrativas sobre o passado da colonização portuguesa; há que se considerar tais suportes manifestações parciais de um conjunto mais amplo e diversificado de formas coevas de representação daquele passado — e, portanto, de formulações de conhecimentos históricos —, que se inscrevem em uma dupla perspectiva temporal que, sendo curta e longa, é também, forçosamente, sincrônica e diacrônica.

Devo sublinhar a manipulação consciente de um argumento que, mal lido, poderia supor a recuperação de uma perspectiva teleológica, informada por uma concepção nacionalista de história, segundo a qual tudo o que foi produzido em referência ao passado luso-americano entre os séculos XVI e XIX poderia ou deveria ser entendido como uma primeira fase de uma história da história do Brasil, ou de uma historiografia colonial brasileira.[3] Trata-se, ao contrário, de respeitar a historicidade da realidade colonial do século XVIII, mas também de conectá-la à realidade posterior de nacionalização de uma história do Brasil em termos mais adequados.

Um último esclarecimento: tampouco pretendo atribuir às denominações cronológico-matemáticas formais de *séculos* uma qualificação histórica imanente. Aqui, o termo reporta-se a dois conjuntos contextuais ligados a formulações de conceitos, representações e narrativas do passado que, em meu entender, configuram unidades de análise plausíveis: o século XVIII e o século XIX. Há que se considerar, ainda, que no Brasil o passado recebe leituras próprias em períodos próximos à ruptura da independência, e que não são bem posicionadas em nenhuma dessas duas unidades.[4]

Tendo em vista a síntese da ideia a ser desenvolvida — *passado e futuro na construção de uma história do Brasil no século XVIII* —, elaboro duas propostas

[3] Cf. a obra pioneira e, como repositório de informações, ainda imprescindível, de Rodrigues (1979). Para uma crítica que toca em posições como as desse autor, cf. Silva (1997).

[4] Cf. Pimenta (2007:131-139); Araujo (2008); Pimenta e Araujo (2008:83-96); Santos (2008).

analíticas interligadas: (a) como o século XVIII luso-americano conheceu formas de representar o passado, das quais surge uma história do Brasil, cujos contornos são esboçados em meio à própria dinâmica dessas formas; (b) como *passado* e *futuro* constituem-se categorias de análise capazes de conferir inteligibilidade ao tema, convertendo-o em problema histórico.

O século XVIII luso-americano mostra-se crucial no desenvolvimento de ideias, conceitos, representações e textos que subsidiarão esforços de definição do escopo de uma história do Brasil. Esses esforços serão bem-sucedidos em termos de sua real efetivação somente em contextos históricos posteriores ao século XVIII, mas que encontrarão em formulações anteriores algumas de suas bases fundamentais de assentamento. Em uma frase sintética, poderia definir esta primeira proposta da seguinte maneira: a escrita de narrativas históricas concebidas como nacionais brasileiras, institucionalizadas nos contextos imediatamente posteriores à independência do Brasil, valer-se-iam fortemente de definições em torno de narrativas não nacionais sobre o passado, isto é, alheias a qualquer conceito de nacionalidade brasileira. Na América portuguesa do século XVIII, essas narrativas não nacionais se coadunaram com outros movimentos sociais mais amplos, nomeadamente o de desenvolvimento e politização de identidades coletivas que se articulariam perfeitamente, até inícios do século XIX, com a referência geral na nação portuguesa.[5]

A importância da história das identidades coletivas portuguesas na América do século XVIII vem sendo destacada sobejamente por estudos especializados, dos quais não convém aqui retomar suas minúcias, variedades, ou pontos de convergência e divergência. Cabe apenas salientar que o empenho dos historiadores em tratar do tema posicionando-o nas últimas décadas do século XVIII e primeiras do XIX não encontra correspondência com períodos anteriores da colonização portuguesa da América, e que

[5] Para a questão das identidades coloniais, ver Jancsó e Pimenta (2000:127-175); Stumpf (2001); Silva (2005:515-555); Pimenta (2006). No plano da articulação das mesmas com a historiografia setecentista, ver Kantor (2004).

ainda nos são praticamente desconhecidos em termos de criação, mutação, articulação e conflito entre identidades coletivas. Do que decorre uma escassez de tratamento dessas identidades em relação a formas narrativas ligadas ao passado português e luso-americano.

Para o século XVIII, tomemos como exemplo eloquente de manifestação identitária referida a esse passado as palavras de Rodrigo de Sousa Coutinho, de 1789:

> Vimos em nosso tempo a aurora do mais ditoso dia, e a justa posteridade lerá com admiração as ações de um soberano, que fez renascer de entre as cinzas a mais florescente cidade, criando o crédito público, e desterrando o prejuízo, que nos sujeitava a uma nação perita nos seus interesses, que com o aparente e especioso véu de proteção nos tinha quase reduzido a ser colonos duma estranha metrópole. Vemos a feliz continuação deste dia no reinado da nossa Augusta Soberana; e as mais lisonjeiras esperanças nos fazem ver na sua régia sucessão perpetuado o bem público, e elevado o esplendor da nação tanto além da glória de nossos maiores, quanto as luzes do século décimo oitavo excedem às do décimo quinto, e décimo sexto.[6]

Perceba-se como este discurso articula o passado do Brasil ao passado geral da nação portuguesa: aquele é o espaço das minas de ouro, que são o pretexto para a elaboração do estadista. Sua ideia geral — para além do trecho citado — é a de que, ao contrário do que podia afirmar-se à época, a exploração de abundantes veios metálicos não era, por princípio, maléfica a uma nação, cabendo a esta explorá-los de modo positivo.[7] As "luzes do século" diriam respeito à história do Império português, em que a do Brasil é central. Tão central a ponto de serem suas minas um dos elementos catalisadores do desenvolvimento progressivo da "luminosidade" desses séculos: a do XVIII maior do que a dos anteriores.[8]

---

[6] Discurso sobre a verdadeira influência das minas dos metais preciosos na indústria das nações que as possuem, e especialmente da portuguesa (1789), publicado em Silva (1993). As referências aos soberanos reportam-se a d. José I e d. Maria I, respectivamente.

[7] Para um contraponto a Rodrigo de Sousa Coutinho, ver o "Discurso sobre la mita de Potosí" (1793), Villalva (1977).

[8] Nesse ponto, Rodrigo de Sousa Coutinho tipifica o argumento fundado na teleologia clássica das Luzes: o melhoramento progressivo das épocas históricas de acordo com sua aproximação com a Idade da Razão.

As palavras de Rodrigo de Sousa Coutinho demonstram a operação básica que o século XVIII realiza para a construção de uma ideia de passado do Brasil unificado: a partir de uma diferenciação de caráter entre metrópole e colônias (entre as quais as da América eram as mais importantes), relacionada a uma respectiva especialização de perfis societários e culturais, funções econômicas e funcionamentos políticos (Novais, 1979), as colônias podiam ser pensadas por meio de uma unidade até então inexistente, e que raramente extrapolará o âmbito da representação erudita dos altos círculos letrados e/ou dirigentes imperiais dos quais Coutinho era parte. Não havia, ainda, uma unidade colonial do Brasil, salvo enquanto cenário geral de processamento das especializações acima mencionadas, e que faziam surgir a necessidade de ampará-las em um denominador comum que a história poderia oferecer.[9]

Essa unificação das colônias americanas na esfera de um passado formulado como comum é denunciada pela profusão de obras que, mais ou menos enfocadas em regiões específicas do Brasil, trazem em seus títulos expressões denotativas de um conjunto histórico-territorial supostamente real. Se no século XVII isso já era perceptível, por exemplo, na *História do Brasil* (1621), de frei Vicente do Salvador, no século XVIII o mesmo ocorrerá com obras tão diversificadas em seus conteúdos e representações do passado como o *Compêndio narrativo do Peregrino da América* (1728), de Nuno Marques Pereira; a *História da América portuguesa* (1730), de Sebastião da Rocha Pita; *a Primazia seráfica na região da América* (1733), de frei Apolinário da Conceição; *os Desagravos do Brasil e glórias de Pernambuco* (1757), de frei Domingos do Loreto Couto; o *Novo orbe seráfico e brasílico* (1761), de frei Antonio de Santa Maria Jaboatão; e a *História militar do Brasil* (c. 1772), de José Mirales.

Contudo, há que se destacar em fins do século XVIII o surgimento e a politização de identidades coletivas que, mesmo sendo regionalmente restritas, eram mais abrangentes do que as tradicionalmente vigentes. Até que ponto isso implicava um potencial de representação de um passado disruptivo em relação à nação portuguesa, creio ainda não ser possível afirmar. Quiçá os estudos sobre os movimentos de contestação ocorridos ou esboçados na América a partir dos acontecimentos de Minas Gerais

[9] Kantor (2004) diagnostica esse movimento já nas primeiras décadas do século XVIII.

em 1788 e 1789 possam lançar luz sobre a questão, enfocando um ponto até agora praticamente ignorado: a representação do passado contida no vocabulário e nos projetos dos agentes sediciosos e repressivos envolvidos nesses acontecimentos.[10]

Isso porque, no século XVIII, o desenvolvimento de identidades coletivas confere sentido a formulações intelectuais, políticas, artísticas as mais variadas, que, por vezes, convergem quanto à necessidade de elaborar visões de passado — especificamente de um passado da América portuguesa — e de narrar esse passado. Assim, uma visão da América portuguesa como um conjunto territorial dotado de um perfil próprio, criada pela própria política reformista metropolitana, encontrará correspondência na concepção de que esse conjunto, alvo preferencial das reformas imperiais, também contava com uma base histórica comum.

É notável como, de modo progressivo, representações setecentistas do passado americano buscaram um aprimoramento de critérios de crítica documental e de depuração dos fatos a serem narrados (eventualmente louvados como merecedores da atenção do monarca, a quem caberia disponibilizar a devida recompensa); critérios estes elaborados em ambientes intelectuais europeus já no século XVII, e que acompanhavam, na América portuguesa, o crescimento do interesse instrumental e político pelo passado da terra (Kantor, 2009). Isso é válido não apenas para obras de caráter nitidamente historiográfico, mas também para textos ficcionais, poéticos, políticos e científico-geográficos, lidos em ambientes privados, em circuitos acadêmicos restritos ou ainda em diversas ocasiões públicas em que eles eram requeridos. Em todos esses casos, não se trata apenas de *várias histórias* da colonizaçao portuguesa da América, mas sim de um conjunto variado de formulações que tendem a lidar com a ideia de uma unidade desse continente.

Dois casos representativos nos são dados por obras poéticas como *Uraguay* (1763), de José Basílio da Gama, e *Vila Rica* (1773), de Cláudio

[10] Um dos poucos a tocar na questão foi István Jancsó (1996:3-26), que, ao empreender uma aproximação comparativa entre projetos políticos aventados no bojo de tais movimentos nas Américas espanhola e portuguesa, atribui caráter essencialmente revolucionário a estes últimos, em razão da concepção de tempo a eles subjacente. Mesmo assim, a questão demanda mais empenho dos estudiosos.

Manuel da Costa.[11] O primeiro, com notas explicativas dos fatos históricos aludidos ao longo do poema, todos eles de inclinação antijesuítica e direcionados para que o leitor constate os malefícios causados pelos mesmos ao Império português; o segundo, ademais de notas semelhantes, com um "fundamento histórico", em que seu autor declara que:

> persuadido [...] de que não serão bastantes as notas com que ilustrou os seus Cantos a instruir ao leitor da notícia mais completa do descobrimento das Minas Gerais, da sua povoação e do aumento a que têm chegado os seus pequenos Arraiais, se resolveu a escrever esta preliminação histórica, em que protesta não pretender alterar a verdade a benefício de alguma paixão, e só se regula pelo mais crítico e incontestável exame, que por si e por pessoas de conhecida inteligência e probidade pôde conseguir sobre fatos que ou a tradição conserva de memória, ou escreveu raramente algum gênio curioso, que o testemunhou de vista [Proença Filho, 2006:360].

Com base nesses indicativos, então, creio poder-se dizer que no século XVIII começa a surgir uma história do Brasil como parte de uma história de Portugal, mas não apenas nos termos tradicionais de momentos anteriores (por exemplo, nos da obra de frei Vicente do Salvador): agora, são diversos tempos e espaços que esboçam uma unificação segundo a própria lógica de unificação de uma identidade americana, mais abrangente do que as identidades regionais, mas em geral perfeitamente alocada na identidade portuguesa. Mesmo assim, é plausível conceber que algumas das representações desse passado são portadoras de contradições em relação aos denominadores comuns que conferiam vigência à nação portuguesa: eis então a valorização do indígena americano, presente na obra de Basílio da Gama (Teixeira, 1999); ou ainda os muitos desconfortos de natureza identitária que embebem a obra de Cláudio Manuel da Costa (Alcides, 2003). Tudo isso no bojo das acomodações imperiais atravessadas por Portugal e seus domínios a partir da década de 1750.

[11] O *Vila Rica* foi concluído pelo autor em 1773, mas publicado pela primeira vez somente em 1813, no periódico *Patriota*.

A partir do que foi dito, retomo premissas elaboradas por Reinhardt Koselleck, segundo as quais a historicidade do tempo atribui às categorias de passado e futuro caráter valoroso de análise de realidades sociais. Como o século XVIII luso-americano — que formulava premissas de representação de um passado comum como unidade histórica — concebia passado e futuro? Diagnostico, nessas formulações, qualificações distintas das anteriormente utilizadas em representações seiscentistas, mas que também se faziam vigentes no século XVIII, e nas quais revelam-se aspectos de uma nova relação com o tempo, fundada em premissas políticas e demandas coletivas bastante concretas. Longe de aventar a ruptura revolucionária generalizada de fins do século XVIII e começos do XIX, elas simplesmente tipificam — via concepção do passado — uma dimensão importante da história da colonização da época.

Tomemos uma passagem das *Memórias para a história da capitania de São Vicente, hoje chamada de São Paulo* (1797), de frei Gaspar da Madre de Deus. Nela, ao contrário do costume até aquele século,[12] o passado deixa de ser um tempo indistinto, um conjunto cuja precisão e detalhamento careciam de serventia. O tempo é agora preciso, matematizado, e de forte peso operativo no presente:

> A *Capitania de S. Vicente*, muito famigerada noutro tempo e agora tão desconhecida que nem o nome primitivo conserva para memória de sua antiga existência, foi a maior entre as dez grandes províncias em que el-rei d. João III dividiu a *Nova Lusitânia* e também a primeira que se povoou, não obstante se satisfazerem alguns historiadores com a porem na classe das três mais antigas. As suas rivais nesta glória são as duas de *Pernambuco* e *Espírito Santo*: se elas com efeito tivessem sido conquistadas nos anos que apontaram os autores, não se lhes poderia negar a preferência, mas não são verdadeiras as épocas das suas fundações, a respeito das quais se enganaram os ditos autores [nota], assim como se equivocaram todos eles em ordem à povoação de *S. Vicente*, dando-lhe princípio mais antigo, do que o ano de 1530, no qual seu fundador, o grande Martim Afonso de Sousa, sem controvérsia alguma, ainda se achava em Lisboa, dispondo-se para a viagem da América [Madre de Deus, 1975:29].

[12] Tomem-se os casos indicativos de Sousa (1987), de 1587; ou mesmo de Antonil (2007), de 1711.

Além de perfeitamente disposto em marcos cronológicos exatos, o passado apresenta claros sinais de laicização, com o que a história deixa de ser guiada pela providência, pela vontade divina que antes confinava o homem à condição de agente de desígnios sobre os quais ele não teria influência decisiva:

> Discorro que por este modo se imprimiram pegadas que vemos nas rochas, e basta que assim se pudesse formar estampa, para sermos obrigados a julgar que se não imprimiu milagrosamente porque a nenhum filósofo é lícito reputar milagrosos sem razão conveniente os fenômenos que cabem nas forças da natureza [Madre de Deus, 1975:234].

Não se trata, evidentemente, de manifestações de uma concepção de tempo revolucionária, de um tempo "aberto" porque totalmente controlado pelos homens e que promoveria uma radical alteração nas tradicionais atribuições de passado e futuro. No entanto, não se pode ignorar que algo estava em curso, à medida que a visão de tempo começava a se abrir. Ora, a obra de frei Gaspar era, em seu conjunto, uma elaboração marcadamente reformista, perfeitamente adequada à política imperial portuguesa e a seus propósitos de recobrar uma pujança coletiva supostamente perdida no passado; nela, a matematização do passado não significa uma alteração estrutural, pois ainda é naquele passado que reside o ideal de futuro. Mas esse passado projeta o Império em direção a um futuro cuja dificuldade de se materializar será um dado incontornável desse ambiente intelectual.

A expectativa de um futuro, cujo não advento requer mobilização ainda maior das representações do passado, também é manifestada em um último exemplo que gostaria de evocar. No poema *Caramuru* (1781), de Santa Rita Durão, passado e futuro são apresentados em uma mescla de elementos míticos, históricos, proféticos e políticos, nos quais se observa a mesma abertura do tempo assinalada anteriormente. No Canto IX a índia Paraguaçu, já convertida ao cristianismo, rebatizada com o nome de Catarina e casada com o herói da trama (ambientada na primeira metade do século XVI), Diogo Álvares, em viagem da França à Bahia tem sonhos visionários em que lhe são mostradas as invasões da Guanabara e de Pernambuco por franceses e holandeses, respectivamente, bem como as sucessivas reconquistas dos portugueses (Durão, 2008:601-627). Assim, Durão constrói, no século XVIII, uma narrativa sobre o século XVI, na qual o então futuro (agora passado) do Império português simboliza a pujança que ele ainda não foi capaz de inteiramente recobrar. O futuro, representado no passado, está em aberto.

O mecanismo dessa representação é a autonomização de um passado do Brasil (a Bahia do século XVI, o início da colonização portuguesa, a Guanabara e o Pernambuco das restaurações) em relação ao de Portugal, sem que um se separe do outro. Daí lermos nas "Reflexões prévias e argumento" que acompanham a narrativa o poeta firmar que "os sucessos do Brasil não mereciam menos um poema que os da Índia. Incitou-me a escrever este o amor da pátria". Ou então, no Canto VII, uma manifestação cheia de expectativas em relação ao futuro do Império, construída a partir do passado do Brasil:

> O Brasil, Sire, infunde-me a confiança
> Que ali renasça o Português Império,
> Que estendendo-se ao cabo da Boa Esperança
> Tem descoberto ao mundo outro hemisfério:
> Tempo virá, se o vaticínio o alcança,
> Que o candente esplendor do nome Hespério
> O século, em que está, recobre de ouro,
> E lhe cinja o Brasil mais nobre louro [Durão, 2008:546].

Seja em frei Gaspar da Madre de Deus, Santa Rita Durão ou muitos outros autores de textos setecentistas nos quais se representa a especificidade de um passado das possessões portuguesas da América, a exaltação de um futuro de glória do Império português está em perfeita sintonia com o contexto reformista. Ao mesmo tempo que ele é tradicional, pautado no paradigma positivo de uma condição perdida no passado, esse futuro é também, e contraditoriamente, uma perspectiva em aberto. É algo que pode ser vislumbrado, mas cuja impossibilidade de ser plenamente atingido certamente não era estranha a muitos de seus elaboradores.

Em última instância, a novidade em termos de temporalidade não reside em qualquer suposta antecipação de um regime revolucionário (ou "moderno") do tempo e da história na América portuguesa do século XVIII, mas sim no fracasso das metas de futuro, na impossibilidade do futuro planejado se realizar, do que resultarão as condições efetivas de criação de uma nova ordem, concebida enquanto tal.[13] No entanto, essa nova ordem se valerá, para efeitos de formulação de uma identidade histórica, de formas textuais, de argumentos conceituais, e de conteúdos narrativos preparados no século XVIII, esboçados em torno de uma unidade projetada: o Brasil.

Um estudo aprofundado e sistemático das concepções de passado e futuro atuantes na sociedade colonial setecentista pode contribuir significativamente para a devida valorização de contextos históricos luso-americanos nos quais a monta das alterações sociais foi suficiente para resultar em movimentos dinâmicos e contraditórios, merecedores da atenção dos historiadores em muitos de seus quadrantes, mas ainda praticamente ignorado no tocante à temática referida ao longo deste capítulo. Um século XVIII luso-americano de contornos ainda mal conhecidos pode ser vislumbrado nas entrelinhas da produção coeva sobre o passado, profundamente imbricada no desenvolvimento histórico das estruturas políticas do Império português e das estruturas sociais de seus espaços americanos.

Desse modo, quiçá o mais importante nessa agenda historiográfica não seja considerar uma unidade histórica que confira a devida inteligibilidade a outra, marcada pela construção de uma história do Brasil nacional e nacionalizada, muito embora isso seja plausível e legítimo. É compreensível nossa tendência a buscar, em manifestações intelectuais de uma época em que o futuro do Império português era cada vez mais assunto de interesse de letrados e estadistas, sinais de uma temporalidade estruturalmente nova, que seria posteriormente engendrada na América e, com contornos específicos de parte a parte, em muitos outros espaços do mundo ocidental da mesma época. No entanto, levando-se em conta que a articulação entre passado e futuro mais forte daqueles tempos não antecipava diretamente essa tempo-

[13] Para uma apreciação das reformas ibéricas e suas consequências globais, ver Halperín Donghi (1985).

ralidade, mas carregava a certeza de um futuro que, para os coevos, era suficientemente novo para alterar seus modos de interação com o mundo em que viviam, é tarefa urgente respeitar esse caráter em sua própria historicidade, sem necessariamente classificá-lo de acordo com seu maior distanciamento ou aproximação em relação a essa nova temporalidade.

A debilidade portuguesa em responder à crise política de 1808 mostra como o reformismo fracassou em sua tarefa de reerguer o combalido Império; mas sua perspectiva de projetar uma condição ideal distante do presente — e também do passado, como bem sabiam seus artífices — parece ter ensinado aos homens da época algo mais do que a imperfeição de uma concepção cíclica da história. Lidando com desafios políticos bastante concretos, tiveram que aprender a incontornável singularidade da história; e desse modo, se o passado não ensinava como seria o futuro, continuava a oferecer modelos de conduta a serem buscados. A história, narrativa do passado, ressurgiria com um grande peso, e se mostraria suficientemente útil para impor-se à posteridade de muitos modos; inclusive, ensinando-lhes como pensar o Brasil como uma unidade, ainda que de outra natureza.

Referências

ALCIDES, Sérgio. *Estes penhascos*: Cláudio Manuel da Costa e a paisagem das Minas, 1753-1773. São Paulo: Hucitec, 2003.

ANTONIL, André João. *Cultura e opulência do Brasil por suas drogas e minas*. Intr. e notas Andrée Diniz Silva. São Paulo: Edusp, 2007.

ARAUJO, Valdei Lopes de. *A experiência do tempo*: conceitos e narrativas na formação nacional brasileira (1813-1845). São Paulo: Hucitec, 2008.

CAMPOS, Pedro Moacyr. Esboço da historiografia brasileira. In: GLÉNISSON, Jean. *Iniciação aos estudos históricos*. Sao Paulo: Difel, 1961.

CEZAR, Temístocles. Lição sobre a escrita da história: historiografia e nação no Brasil do século XIX. *Diálogos*, v. 8, n. 1, p. 11-29, 2004.

CHIARAMONTE, José Carlos (Org.). *Pensamiento de la ilustración*: economía y sociedad iberoamericanas en el siglo XVIII. Caracas: Ayacucho, 1977.

DIEHL, Astor Antônio. *A cultura historiográfica brasileira (do IHGB aos anos 1930)*. Passo Fundo: Ediupf, 1998.

DURÃO, Santa Rita. Caramuru. In: TEIXEIRA, Ivan (Org.). *Épicos*. São Paulo: Edusp; Imprensa Oficial, 2008. p. 601-627.

GUIMARÃES, Lucia P. Debaixo da imediata proteção de Sua Majestade Imperial: o Instituto Histórico e Geográfico Brasileiro (1838-1889). Rio de Janeiro: *Revista do Instituto Histórico*; Brasília: Imprensa Nacional, 1997.

GUIMARÃES, Manoel Luiz S. Nação e civilização nos trópicos: o Instituto Histórico e Geográfico Brasileiro e o projeto de uma história nacional. *Estudos Históricos*, 1, 1998, p. 5-27.

HALPERÍN DONGHI, Tulio. *Reforma y disolución de los impérios ibéricos, 1750-1850*. Madrid: Alianza, 1985.

IGLÉSIAS, Francisco. *Historiadores do Brasil*: capítulos de historiografia brasileira. Rio de Janeiro: Nova Fronteira; Belo Horizonte: Edufmg, 2000.

JANCSÓ, István. A construção dos Estados nacionais na América Latina: apontamentos para o estudo do Império como projeto. In: SZMRECSÁNYI, T.; LAPA, J. R. (Org.). *História econômica da independência e do império*. São Paulo: Hucitec, 1996. p. 3-26.

______. PIMENTA, João Paulo G. Peças de um mosaico (ou apontamentos para o estudo da emergência da identidade nacional brasileira). In: MOTA, Carlos G. *Viagem incompleta*: a experiência brasileira. A grande transação. São Paulo: Senac, 2000. p. 127-175.

KANTOR, Íris. *Esquecidos e renascidos*: historiografia acadêmica luso-americana (1724-1759). São Paulo: Hucitec; Salvador: UFBA, 2004.

______. Ser erudito em colônias: as práticas de investigação histórica nas academias brasílicas, 1724-1759. In: ALGRANTI, Leila; MEGIANI, Ana Paula (Org.). *O império por escrito*: formas de transmissão da cultura letrada no mundo ibérico, séculos XVI-XIX. São Paulo: Alameda, 2009.

KODAMA, Kaori. *Os índios no império do Brasil*: a etnografia do IHGB entre as décadas de 1840 e 1860. São Paulo: Edusp; Rio de Janeiro: Fiocruz, 2009.

MADRE DE DEUS, Frei Gaspar da. *Memórias para a história da capitania de São Vicente*. Belo Horizonte: Itatiaia; São Paulo: Edusp, 1975.

NOVAIS, Fernando A. *Portugal e Brasil na crise do antigo sistema colonial (1777-1808)*. São Paulo: Hucitec, 1979.

PIMENTA, João Paulo G. Portugueses, americanos, brasileiros: identidades políticas na crise do Antigo Regime luso-americano. *Almanack Braziliense*, n. 3, maio 2006.

______. Espacios de experiencia e narrativa historiográfica en el nascimiento de un Brasil independiente (apuntes para un estudio). In: *Brasil y las independencias de Hispanoamérica*. Castelló de la Plana: Universitat Jaume I, 2007. p. 131-139.

______; ARAUJO, Valdei Lopes de. História. *Ler História*, n. 55, p. 83-96, 2008.

PROENÇA FILHO, Domício (Org.). *A poesia dos inconfidentes*: poesia completa de Cláudio Manuel da Costa, Tomás Antônio Gonzaga e Alvarenga Peixoto. Rio de Janeiro: Nova Aguilar, 2006.

REIS, José Carlos. *As identidades do Brasil*: de Varnhagen a FHC. Rio de Janeiro: FGV, 1999.

RODRIGUES, José Honório. *História da história do Brasil*. 2. ed. São Paulo: Companhia Editora Nacional, 1979. 1ª. parte: historiografia colonial.

SANTOS, Cristiane Camacho dos. *A leitura histórica da colonização portuguesa da América no processo de independência do Brasil (1821-1822)*. São Paulo: FFLCH--USP, 2008. Relatório de qualificação.

SCHWARCZ, Lilia. *Os Institutos Históricos e Geográficos*: os guardiões de nossa história oficial. São Paulo: Vértice; Idesp, 1989.

SCHWARTZ, Stuart. Francisco Adolfo de Varnhagen: diplomat, patriot, historian. *Hispanic America Historical Review*, v. 47, n. 2, p. 185-202, May 1967.

SILVA, Ana Rosa C. da. Identidades políticas e a emergência do novo Estado nacional: o caso mineiro. In: JANCSÓ, I. (Org.). *Independência*: história e historiografia. São Paulo: Hucitec; Fapesp, 2005. p. 515-555.

SILVA, Andrée Mansuy D. (Dir.). *D. Rodrigo de Souza Coutinho*: textos políticos, econômicos e financeiros (1783-1811). Lisboa: Banco de Portugal, 1993.2t.

SILVA, Rogério Forastieri da. *Colônia e nativismo*: a história como "biografia da nação". São Paulo: Hucitec, 1997.

SOUSA, Gabriel Soares de. *Tratado descritivo do Brasil em 1587*. 5. ed. São Paulo: Nacional; Brasília: INL, 1987.

STEIN, Stanley. The historiography of Brazil, 1808-1889. *Hispanic American Historical Review*, v. 40, n. 2, p. 234-278, May 1960.

STUMPF, Roberta G. *Filhos das Minas, americanos e portugueses*: identidades coletivas na capitania das Minas Gerais (1763-1792). Dissertação (mestrado) — FFLCH, USP, São Paulo, 2001.

TEIXEIRA, Ivan. *Mecenato pombalino e poesia neoclássica*. São Paulo: Edusp; Fapesp, 1999.

______. (Org.). *Épicos*. São Paulo: Edusp; Imprensa Oficial, 2008.

VILLALVA, Victorián de. Discurso sobre la mita de Potosí (1793). In: CHIARAMONTE, José Carlos (Org.). *Pensamiento de la ilustración*: economía y sociedad iberoamericanas en el siglo XVIII. Caracas: Ayacucho, 1977.

WEHLING, Arno (Coord.). *Origens do Instituto Histórico e Geográfico Brasileiro*: ideias filosóficas e sociais e estruturas de poder no Segundo Reinado. Rio de Janeiro: IHGB, 1989.

Sobre a permanência da expressão *historia magistra vitae* no século XIX brasileiro*

VALDEI LOPES DE ARAUJO

[...] a verdade, cuja mãe é a história, êmula do tempo, depósito das ações, testemunha do passado, exemplo e aviso do presente, advertência do futuro.
Borges (1999:57)

Este capítulo pretende contribuir para o estudo do momento em que a relação entre uma história científica e uma história moralizante passou a ser questionado em sentido moderno. Embora não seja impossível encontrarmos no mundo antigo reflexões sobre os limites entre uma história que moraliza e uma história que resgata o passado verdadeiro, no geral os autores, em particular os romanos, não viam contradição nessas duas funções da história. Foi entre os séculos XVIII e XIX, com a disciplinarização da escrita da história entendida enquanto uma ciência factual e objetiva, que a função moralizante teve de ser repensada. Embora as afirmações de Ranke defendendo uma história imparcial e um historiador que não emitisse julgamentos sejam hoje consideradas fundadoras de uma historiografia autônoma, ao longo do século XIX essa separação esteve longe de ser consensual.

---

* Este texto é resultado parcial de pesquisa financiada pela Fapemig através de bolsa do programa Pesquisador Mineiro.

O problema da relação entre ciência e moral na historiografia do século XIX pode ser abordado por diversos caminhos. Aqui nos interessará particularmente o problema do significado e transformações no uso da expressão *historia magistra vitae*. Em primeiro lugar farei uma rápida apresentação dos argumentos de R. Koselleck ao apontar para o enfraquecimento do *topos* no século XIX; em seguida, apresentarei como o problema aparece na historiografia brasileira do século XIX; e, por fim, proporei uma tipologia que pretende estruturar aspectos da evolução do uso dessa expressão na historiografia brasileira oitocentista.

O argumento de Koselleck

Embora as reflexões de Koselleck (2004, passim) sobre esse tema estejam estruturalmente articuladas com sua compreensão geral da evolução do conceito de história e dos tempos modernos entre 1750 e 1850, é no artigo, "*Historia magistra vitae:* sobre a dissolução do *topos* na perspectiva do processo histórico moderno" (2006:41-61), de 1967, que ele desenvolve mais longamente seu argumento.[1] De modo bastante amplo, a dissolução do *topos* seria consequência do afastamento, típico dos tempos modernos, entre espaço de experiência e horizonte de expectativa. Como o objetivo aqui não é analisar os argumentos de Koselleck, mas apenas sistematizá-los, gostaria de apresentá-los na forma de uma oposição entre dois tipos de experiência da história, o antigo e o moderno, com o risco, inevitável nesses procedimentos, de uma simplificação excessiva:

Tipo antigo	Tipo moderno
Campo de experiência contínuo	Campo de experiência descontínuo
Natureza humana estável	Relatividade do humano
Estabilidade de valores	Relatividade de valores

continua

[1] A edição brasileira de "Futuro passado", que utilizamos aqui, não foi muito feliz na tradução do título desse artigo, tornando-o talvez um tanto obscuro: "*Historia magistra vitae*: sobre a dissolução do *topos* na história moderna em movimento".

Tipo antigo	Tipo moderno
Exemplaridade, repetição e imitação	Singularidade, novidade e formação
Campo de experiência voltado para o passado	Campo de experiência voltado para o futuro
Valorização da proximidade temporal do historiador-testemunha	Esvaziamento da história do presente. Valorização da distância temporal
Coincidência entre a história e seu relato (*historie*)	Crescente complexificação das condições da representação da história (sua constante reescrita)
Aprender com a história é aplicar exemplos	Aprender com a história é avaliar a conjuntura e aumentar a previsibilidade do futuro
Aprende-se com a história nos livros	A história em si é um processo formativo
Tempo circular ou de evolução por etapas fechadas (ciclos)	Tempo linear e progressivo
Futuro previsível, mas não planejável	Futuro imprevisível, mas planejável
Dialética entre virtude e fortuna	Dialética entre sentido histórico e ação histórica
O historiador e a história julgam conforme valores estáveis	O historiador compreende, exibe os contornos gerais; o próprio processo histórico "julga"

Assim expostos lado a lado, perdemos a história dessa passagem — complexa, não linear e cheia de ambiguidades. O próprio Koselleck (2006:42) nos chamou a atenção para algumas delas. Primeiro, a permanência da expressão *historia magistra vitae*. No entanto, isso não pode ser tomado como sinal inequívoco da persistência de uma experiência antiga da história, pois como acontece certas vezes com as palavras que indicam conceitos, seu significado pode se alterar sem que haja transformações no léxico.

Aqui talvez fosse o caso de termos em mente a diferença entre um *topos* e um simples "lugar-comum". O *topos* no modo pelo qual Koselleck o emprega é uma forma na qual conteúdos podem ser articulados. Como sua tradução latina por *lócus* deixa mais evidente, o *topos* é um espaço, um lugar predefinido onde podemos articular a experiência. Como demonstrou Sérgio Alcides, a partir da leitura de Theodor Viehweg (1979), a tópica deve ser considerada menos um conjunto de expressões pronto para o uso e mais uma maneira de pensar: "A mera descrição dos lugares-comuns, portanto, oferece um conhecimento limitado e em certa medida até inseguro, uma vez que estes mudavam à luz das questões/problemas que motivavam a remissão a eles" (Alcides, 2003:134). Em fins do século XVIII, no entanto, com a emergência de formas sistemático-dedutivas, o instrumental analógico da tópica foi perdendo espaço na oficina dos homens de letras; quando da emergência do romantismo, o tecido conjuntivo que reunia esses lugares parecia estar desfeito. Assim Sérgio Alcides (2003:136) resume a questão:

> com a gradual perda de vigência das determinações retórico-tópicas — diante dos avanços daquele pensamento "sistemático-dedutivo" de que falava Theodor Viehweg — mudou também a atitude dos letrados perante a natureza americana. Para aqueles que Kenneth Maxwell agrupou sob o nome de "geração de 1790", o Brasil era um imenso campo de pesquisa, observação e exploração, um espaço de excitantes descobertas, cheio de novas espécies animais e vegetais nunca descritas, um território de esplêndidos potenciais para a ocupação humana, tendo em vista um aproveitamento racional de seus recursos naturais (K. Maxwell, 1973). Entre Claudio Manuel da Costa e esses ilustrados, não pesava tanto a distância entre o poeta e o cientista quanto a diferença entre dois modos de pensar e agir.

Em vez de, como Koselleck, falarmos apenas em uma dissolução do *topos*, talvez pudéssemos propor seu *estreitamento* — ou seja, o lugar que a expressão "história mestra da vida" oferece para o abrigo da experiência histórica vai se encurtando, perdendo a centralidade que tinha em formas de experiência da história não modernas. Por isso, é preciso diferenciar nos usos concretos da expressão o que é a mera repetição protocolar de um lugar-comum, do uso estruturante do *topos* com seus decorrentes efeitos práticos (Koselleck, 2006:42). Como apontado no quadro, o *topos* só poderia funcionar em sentido próprio articulado no interior de uma experiência histórica e de uma estrutura social diferentes daquela que veremos se constituir com a emergência dos Estados nacionais ao longo do século XIX; da mesma forma, a expressão só poderia funcionar como *topos* no interior do "tecido conjuntivo" da forma tópico-retórica de pensar. Até que ponto isso era ainda possível e como era feito ao longo do século XIX, é ainda um problema que demanda maior investigação.

O caso brasileiro

Quando confrontamos as hipóteses de Koselleck com a evolução da historiografia no Brasil do século XIX, algumas questões surgem de imediato. Talvez a mais frequente seja certo incômodo com a forte permanência da fórmula *historia magistra vitae*. Trabalhos recentes — refiro-me aqui às teses de doutorado de Rodrigo Turin (*Tempos cruzados: escrita etnográfica e tempo histórico no Brasil oitocentista*) e, especialmente, à de Maria da Glória de Oliveira (*Escrever vidas, narrar a história: a biografia como problema historiográfico no Brasil oitocentista*) — têm se defrontado com essa permanência e ajudado a lançar luz sobre o problema. Também em seus escritos mais recentes, Manoel L. Salgado Guimarães (2006:69) tratou do problema da continuidade do *topos*, apontando para a convivência de diversos regimes de historicidade e a pregnância da cultura das Luzes entre nossos letrados oitocentistas:

> Podemos mesmo falar de distintos regimes de historicidade implícitos numa concepção da história como mestra da vida e aquela que percebe a história (a disciplina) como a narrativa e a inteligibilidade de fatos que não se repetem.

Em seguida, ao constatar semelhanças na concepção da história em um periódico marcadamente ilustrado como *O Patriota* (1813) com a dos anos iniciais do IHGB, Guimarães afirma a permanência de uma concepção de história que poderíamos considerar típica da "primeira modernidade", na qual o conceito moderno de história não havia ainda se hegemonizado:

> Poderíamos supor que estaríamos ainda sob uma mesma ordem do tempo, que configuraria uma determinada forma desta sociedade perceber e ela-

borar a sua passagem, ainda que não mais se tratasse de uma mesma ordem política. As marcas das Luzes setecentistas ainda se faziam presentes em pleno século XIX e num quadro político agora alterado em virtude da independência proclamada em 1822 [Guimarães, 2006:81].

Em *A experiência do tempo* já tentara responder a continuidade da expressão, bem como outras ambiguidades na experiência da história entre os letrados brasileiros no interior da argumentação koselleckiana. Ao apontar para a dicionarização relativamente tardia do conceito moderno de evolução no Brasil, tinha em mente as dificuldades da transformação da experiência moderna da história em discurso histórico moderno. Hoje parece mais claro que essa dificuldade não foi particularmente brasileira, e que um discurso que dê conta do caráter autopoético do processo histórico ainda é um desafio contemporâneo, como demonstrou Niklas Luhman (1992:126-128) para a experiência moderna em geral. O que procurei demonstrar é que uma experiência moderna do tempo que se abre de forma definitiva entre as décadas de 1820 e 1830 provoca uma instabilidade conceitual que será respondida de forma ambígua e variada, seja por mecanismos modernos de produção de sentido, seja por sintomas "colaterais" de presentificação e monumentalização da experiência (Araujo, 2008:184).[2]

Assim, talvez pudéssemos entender melhor a continuidade com a cultura das Luzes, tão abundantemente demonstrada pelo trabalho de Manoel Guimarães, não nos termos de continuidade ou descontinuidade entre iluminismo e romantismo, mas como da transição entre uma experiência antiga e uma moderna da história. Assim, categorias forjadas em uma velha história das ideias (iluminismo, romantismo, historicismo etc.) deveriam ser heuristicamente suspensas e o problema recolocado em novas bases categoriais.

O fato é que essa permanência e a crescente importância de gêneros como a biografia são evidentes em nosso contexto oitocentista. Como fartamente documenta Maria da Glória de Oliveira (2009:18 e segs.), a

[2] Sobre sentido e presença como momentos estruturalmente constitutivos do processo de modernização e como guias para uma história da historiografia moderna, ver Araujo (2006, passim).

biografia foi frequentemente exaltada por sua função exemplar, embora ainda precise ser estabelecido em que grau essa celebração correspondeu a uma *efetividade* do *topos* na redação dessas biografias e ainda de que modo elas eram lidas pelos leitores coevos. Como destaca Oliveira (2009:18):

> Mesmo o *topos* da *historia magistra vitae*, que pode ser tomado como princípio orientador da atividade historiográfica do Instituto no período, a despeito da longa vigência nos discursos dos presidentes, primeiros secretários e oradores, não aparece senão como um argumento incidental em alguns textos programáticos.

Ao longo de sua tese, no entanto, persiste a dúvida de se a recorrência do *topos* indica a permanência de concepções clássicas de história; pois ao analisar concretamente a composição das biografias e a construção dos personagens, identificam-se procedimentos de crítica documental e individualização mais próximos a um regime moderno de escrita. Mesmo a hipótese, compartilhada por Rodrigo Turin,[3] de que somente nos anos 1870 se abriria definitivamente um "regime moderno" precisa ainda dar conta da continuidade no uso da expressão, que é tomado como argumento central para negar a modernidade da concepção vigente nas primeiras décadas do IHGB.

Antes de avançar na discussão, talvez fosse útil diferenciarmos as duas formas de definir *historia magistra vitae* que têm sido utilizadas na bibliografia recente. De um lado há uma definição estrita, *historia magistra vitae* como aquela que ensina pelo exemplo e a imitação, o que exigiria a vigência de uma parte significativa das condições estruturais que reuni na tipologia apresentada acima. De outro lado, uma definição lata, em que *historia magistra vitae* é toda aquela que reivindica ensinar e moralizar, mesmo que não necessariamente pelo exemplo e possibilidade de repetição. É essa segunda definição que tem aparecido mais frequentemente na bibliografia

[3] Em certa passagem de sua tese, Turin (2009:172) parece sugerir uma espécie de sincronização tardia da geração de 1870 com o que se fez na França nos anos 1830: "O que estes autores estavam promovendo, nas suas distintas configurações, pode ser comparado ao que ocorreu no cenário francês da década de 1830. Ali, a conjunção entre etnografia e história também foi usada num esforço de resgatar um passado profundo da França, não acessível a partir da pura pesquisa documental de fatos e personagens".

especializada, fazendo com que a categoria seja esvaziada de historicidade, já que o que a diferencia de outras formas de historiografia não é sua pretensão de aprender com a história, nem mesmo a de moralizar, mas um tipo específico de aprendizado. Tanto a história filosófica quanto a filosofia da história — ambas presentes e, em minha opinião, dominantes na historiografia brasileira desde pelo menos a época da independência — afirmam formas de aprender com a história, seja aqui a história (processo real) que se revela e forma os homens e nações; seja a história escrita, que deve aumentar nossa consciência de como esse processo funciona.

Enfim, o que gostaria de pensar é o significado da permanência da expressão *historia magistra vitae*, que, em geral, temos entendido na chave da continuidade. Seriam eles próprios da historiografia brasileira? Indiciariam certa lentidão no surgimento do conceito moderno de história no Brasil?

Minha experiência com a historiografia e a vida intelectual no Brasil das primeiras décadas do século XIX não tem apontado nenhuma grande defasagem conceitual entre os intelectuais luso-brasileiros e seus interlocutores europeus. Desde o final do século XVIII podemos perceber que esses homens já vivenciavam elementos próprios de um tipo moderno de experiência da história. Claro, como também para os contextos europeus, essa experiência não era unívoca nem homogênea. Lembremos que ela é, primeiramente, um produto mais da experiência do que da reflexão, e isso ainda de forma mais aguda no contexto luso-brasileiro, menos afeito a sistematizações teóricas. Assim, não acredito em um atraso significativo na abertura de um campo moderno de experiência em nosso contexto. Essa afirmação parece ser reforçada por um amplo conjunto de pesquisas realizadas nos últimos anos para o contexto das primeiras décadas do século XIX. Refiro-me aqui particularmente aos trabalhos de João Paulo Pimenta e de jovens pesquisadores que em suas investigações têm apontado para um cenário de temporalização e historicização da realidade brasileira dessas primeiras décadas, lembro especialmente os trabalhos, com diferentes graus de amadurecimento, de Bruno Franco Medeiros (USP), Bruno Diniz (Ufop) e Giorgio Lacerda sobre as obras de Alfonso Beauchamp e visconde de Cairu, e a linguagem do providencialismo, respectivamente, de Cristiane Camacho, sobre as novas formas de agenciamento do passado no contexto periodista nos anos da independência, e o de Flávia Varella sobre a obra e os contextos da história do Brasil de John Armitage nos anos 1830, apenas para citar alguns exemplos que conheço mais de perto. Portanto, falar de uma resistência à modernização como chave para entender a permanência do *topos*, ao menos como uma espécie de excepcionalismo do caso brasileiro, não parece ser uma explicação suficiente.

Os trabalhos de Hartog para o caso francês, e qualquer leitura da historiografia francesa do século XIX, poderiam encontrar ambiguidades e permanência semelhantes. Koselleck (2006:53), em seu artigo, nos mostra que mesmo o insuspeito Ranke flertou com a expressão *historia magistra vitae*.

Mas essa explicação não me parece suficiente, afinal, nem sempre o uso da expressão está esvaziado de sentido, muitas vezes ele remete de fato à permanência de funções que só esse tipo de história poderia cumprir. Acredito podermos ainda entender melhor esse problema analisando o que Koselleck apontava quando empregou a palavra "dissolução" para se referir a situação do *topos* no contexto de modernização. O que a categoria parece sugerir é que ao longo desse processo acontece uma espécie de fragmentação de uma totalidade de experiência da história que havia sido produzida ao longo de 2 mil anos. Elementos dessa totalidade continuam, no entanto, vigentes como fragmentos e possibilidades de significação de parcelas da realidade, sem lograrem novamente se articular como um cronótopo, no sentido em que Gumbrecht o define.[4]

Em cada situação nacional, local e mesmo individual esses fragmentos podem se combinar de forma variada com elementos modernos, produzindo modos de convivência distintos. Mesmo assim, parece ser um fenômeno geral a importância de certas figurações do *topos* ao longo do século XIX, particularmente nas biografias, necrológios, elogios e outras formas de comunicação política em subgêneros consagrados nos manuais de retórica. O processo de especialização da história, que havia referido anteriormente, parece contribuir para produzir uma diferenciação discursiva. Há uma história para a educação geral, uma dos especialistas e mesmo outra que dá conta da demanda por um novo tipo de educação, a educação sentimental, a curiosidade pelo pitoresco, seja através do romance histórico, seja da história romanceada. Antes de a história se es-

[4] Para a noção de cronótopo, ver Gumbrecht (1998:9-33).

tabilizar enquanto uma disciplina acadêmica e universitária, nem sempre foram claras as fronteiras entre essas distintas funções, mesmo que na prática elas já existissem.

Assim, gostaria de sugerir a hipótese de que a permanência e mesmo a expansão de certos fragmentos do *topos historia magistra vitae* parecem fundamentais no processo de constituição dos Estados nacionais. Com a formação das grandes comunidades nacionais no século XIX, as exigências da educação moral foram modificadas, pois era necessário atingir um contingente muito maior de pessoas em um contexto de relatividade crescente de valores e, ao mesmo tempo, também de uma homogeneização inédita da experiência, em função da universalização de procedimentos (Gellner, 2000:114 e segs.; Luhman, 1992:17 e segs.). Assim, a conhecida capacidade da história de dar concretude a valores abstratos foi imediatamente percebida, mas sem que essa função pudesse dar conta da nova dimensão cognitiva da história como um campo do conhecimento crescentemente especializado que precisava responder a demandas de orientação individual e coletiva (Rüsen, 2009, passim). As famosas galerias biográficas, quase sempre inspiradas em Plutarco, parecem mais com uma reinvenção do gênero, ligada à necessidade moderna de experimentar a nação em seu território espaçotemporal, parte do que Benedict Anderson chamou de "comunidade imaginada". Assim, mesmo que no interior de um mesmo horizonte discursivo as funções pedagógico-moral, estéticas e cognitivas da história foram se especializando — mesmo que isso não fosse claramente percebido e teorizado pelos contemporâneos —, no caso brasileiro, como em muitos outros aspectos, esse foi um processo mais prático-histórico-conceitual do que sistemático-reflexivo.

Nessa dimensão, a permanência do *topos* tem função estrutural. Não parece ser coincidência que será em torno da educação cívica nacional que esse discurso terá maior êxito. Pois como bem observou Gumbrecht, "a identidade nacional pode perfeitamente ser vista como a única 'substância' imune ao efeito universal de mudança produzida pela 'História' do século XIX" (Araujo, 2008:14). Como a universalidade de valor é uma das condições necessárias para o pleno funcionamento da experiência de história que sustenta o *topos*, é natural que seja em torno da adesão ou não ao valor intemporal da pátria enquanto nação que tenha sido construído os panteões biográficos do século XIX, talvez a manifestação mais efetiva de uma *historia magistra vitae* naquele século. Lembremos ainda, sobre esse aspecto, a importante observação feita por Maria da Glória de Oliveira (2009:85, nota 2): "essas prerrogativas morais relacionam-se menos à afirmação de valores religiosos e transcendentais e muito mais à preocupação com princípios que deveriam orientar pragmaticamente a sociedade para a realização de seus fins superiores". Cita ainda trecho em que Arno Wehling caracteriza essa moral oitocentista como "historicamente circunscrita".

Também por isso devemos estar atentos para a ação corrosiva da contextualização nessas biografias oitocentistas, tomadas muitas vezes como fragmentos representativos de uma época, mais do que como exemplo moral. Essa característica também é notada por Oliveira (2009:39), que aponta a preocupação documental que perpassa boa parte das biografias produzidas no interior do IHGB. Mas, mesmo em diferentes contextos, o serviço à nação — ainda que à força dos anacronismos — era o grande e talvez único "exemplo" a ser imitado. Embora as polêmicas e disputas políticas que opunham projetos distintos de como servi-la seja um claro sinal das dificuldades desse magistério.

Os significados das permanências: tentativa de sistematização

Assim, mais do que uma continuidade por inércia, resistência ou limitações estruturais de matriz societária como a escravidão, a presença da expressão *historia magistra vitae* no século XIX brasileiro parece demonstrar novos usos em um contexto distinto da experiência clássica/antiga do tempo. Gostaria de resumir esse processo de transformação do *topos* em torno de categorias, ainda preliminares e aproximativas:

1. *Restauração* — ao longo do século XVIII luso-brasileiro, no âmbito do que os contemporâneos entendiam como um esforço de restauração da língua e da cultura portuguesa comprometidas pelos estrangeirismos barrocos difundidos durante a dominação espanhola em Portugal, a cultura clássica foi recuperada em uma suposta pureza original. O sistema retórico do barroco foi revisto em direção a fontes supostamente mais puras. É nesse contexto que autores e fórmulas clássicas ganharam uma maior vigência e foram reinventados para servir em um novo contexto, que podemos ainda caracterizar nos limites de uma primeira modernida-

de. Essa conjuntura do classicismo luso-brasileiro é fundamental para entendermos a presença do *topos* e sua textura própria em nosso contexto. Portanto, a permanência do *topos* não deve ser vista de forma homogênea, mas como a de constante invenção e reapropriação. Como destaca Sérgio Alcides, ao tratar das possibilidades de conciliação entre a retórica clássica e a primeira modernidade: "Mais do que permanência e continuidade da tradição latina, antiga ou, no limite, até indo-europeia, trata-se de uma questão de apropriação, pela cultura letrada, de um instrumental antigo, a ser manejado diante de problemas novos" (2003:134).

2. *Arruinamento* — passagem do sistema retórico para sua fragmentação, o que significa que a expressão perde sua coerência enquanto modelo para a escrita da história. Além disso, podemos supor que a forma analógica de pensar predominante na remissão tópica vai dando lugar a formas sistemático-dedutivas de um lado e individualizantes e empiricistas de outro.

3. *Teorização* — sua associação com teorias modernas dos sentimentos e da educação moral. A teorização até então disponível estava nos manuais de retórica, agora ela entra em temas de uma nova filosofia dos sentimentos. Um bom exemplo é uma passagem escrita por José Bonifácio no Elogio Acadêmico de dona Maria I, de 1817 (p. 36):

> A pintura das ações insignes atrai sempre nossa atenção. A princípio esperta nossa curiosidade, depois alcança nossa admiração. A impressão do belo e do sublime dilata o coração, e aumenta a consciência de nossas próprias forças. Ao prazer imediato que causa, acompanha logo um desejo obscuro de imitação, que afagado depois e cultivado, cria por fim este entusiasmo, de onde brotam os grandes feitos. O filósofo, que estuda o coração humano, aproveita estas nobres disposições da natureza.[5]

4. *Metaforização* — com a transformação do *topos* em "lugar-comum", ele perde sua coerência interna e torna-se uma fórmula de legitimação da história como uma atividade digna de atenção e patrocínio. Ao se utilizarem da expressão, os autores já não podem contar com uma organização societária que entregue o que está sendo prometido, ou seja, um apren-

[5] Para uma análise mais exaustiva da passagem e seu contexto, ver Araujo (2006:41-50).

dizado efetivo com os exemplos do passado e sua repetição no presente; mas a utilizam como recurso estilístico e tradicional. Isso fica bastante evidente nos textos programáticos do IHGB, nos quais a fórmula é invocada em situações celebrativas e públicas, mas que raramente recebe tratamento sistemático ou maior desenvolvimento.

5. *Ressignificação* — o processo pelo qual os fragmentos e a herança semântica da *historia magistra vitae* será adaptado a novos usos no interior de um campo de experiência moderno. Exemplo disso é a passagem do patriotismo cívico antigo para o nacionalismo moderno e a nova função que o Estado assume nessa relação. Essa ressignificação em geral refletia o estreitamento real e relativo do campo coberto pelo *topos*, não apenas porque seu referente se encurta (estreitamento real), mas porque os objetos abarcados pelo discurso histórico do século XIX se ampliam para dimensões que a *historia magistra vitae* não poderia articular (estreitamento relativo).

6. *Marginalização* e *especialização/concentração* — marginalizada na dimensão cognitiva, a *historia magistra vitae* adquire um papel de relevo em gêneros morais e no discurso pedagógico. Em subgêneros específicos e com funções sociopolíticas mais evidentes: biografias, necrológios, elogios. Nos manuais escolares do século XIX não só a expressão estará presente, como ainda associada com um tipo de metodologia de aprendizado centrado em técnicas de memorização. A repetição dos fatos do discurso escolar contrastava com as exigências reflexivas, filosóficas e de erudição atribuídas à grande história.

7. *Propaganda* e *legitimação* — não é por acaso que será nos prefácios e textos introdutórios onde mais encontraremos o uso da expressão durante o século XIX, sem que, muitas vezes, tivesse ao longo da obra qualquer consequência efetiva. Nesses textos era preciso legitimar o ofício, e poucos achavam prudente abdicar da expressão conhecida, mesmo quando, não poucas vezes, estivesse ao lado de justificativas modernas, o que em última instância poderia ser entendido como contraditório (Koselleck, 2006:45). Talvez pudéssemos comparar essa situação com o estado atual do discurso histórico, que mesmo incapaz de reconstruir uma metanarrativa ou explicação geral do processo histórico, que o permitisse prognosticar, não abdicou, em vários níveis, da legitimação que deriva da fórmula, bastante popular entre o público não especializado, que promete conhecer o passado para agir no presente e transformar o futuro.

8. *Inércia* — a precária consciência dos atores de todas as consequências práticas e teóricas do novo campo de experiência aberto com o conceito moderno de história levava frequentemente à repetição da expressão em contextos contraditórios, diziam fazer uma coisa e acabavam por fazer outra. Assim, na análise das situações concretas em que o *topos* é reivindicado, o historiador da historiografia deve estar preparado para ir além da autoconsciência dos sujeitos históricos em suas análises. Por isso é fundamental um entendimento teórico-sistemático desses fenômenos, com a tentativa sempre provisória do estabelecimento de categorias analíticas.

9. *Politização* — os usos pragmáticos da escrita da história em contextos de elevado conflito político-social impunham um tipo de ação direta por parte do "historiador", inclusive nas disputas sobre os significados da escrita da história e da história em si. Esse parece ter sido o caso da França durante boa parte do século XIX e do Brasil desde a crise aberta em 1808 até os anos finais da Regência (Varella, 2008, passim). Esses momentos de crise deram novo fôlego aos modelos clássicos de escrita da história, sua função judicativa e moralizante. A coesão das elites prussianas em torno do projeto nacional ajudaria a explicar a rapidez com que os modelos clássicos foram recusados, emergindo, no caso particular de Ranke, justamente em contextos de luta política. O trabalho de Fabio Wasserman (2008:71-74) sobre o contexto platino parece reforçar essa hipótese, já que essa permanência clássica, especialmente no gênero biográfico, foi particularmente forte naquele contexto, marcado por uma quase constante crise política.

Por fim, seria então despropositado falar em dificuldades na formação de uma experiência moderna do tempo no Brasil do século XIX? Acredito que não. Mas dificuldades também existiram em todos os outros casos nacionais, embora com caráter e fontes distintas. No caso brasileiro, a permanência da escravidão e a incerteza sobre seu futuro, e, por extensão, sobre o próprio futuro do Império, tornou mais difícil ser otimista em face da aceleração do tempo. O discurso conservador, em suas múltiplas formas, precisou agir mais enfaticamente para retardar o tempo, sem contudo poder, ou desejar, articular a experiência em torno de modelos do passado. Afinal, não é apenas a consciência de poder acelerar a história que marca o sujeito moderno, é também a de poder retardá-la, controlando a velocidade das transformações.

Seria então a história moderna magisterial? Certamente que sim, mas não da forma implicada no que temos chamado aqui de *topos historia magistra vitae*. Nas palavras de Koselleck (2006:59-60), "o caso isolado deixa de ter caráter político-didático. Mas a história (*Geschichte*), como totalidade, coloca aquele que a apreende de maneira compreensiva em um 'estado propício à formação' que deve influir no futuro". Em alguns casos, é possível perceber que quando o autor está usando a expressão ciceroniana, não é ao tipo de conhecimento exemplar que ele está se referindo, mas já ao tipo moderno. No caso alemão, essa confusão era menos frequente, pois o conceito moderno tendeu a se concentrar em uma palavra diferente, *Geschichte*, que, ao contrário de *Historie*, não tinha como ser confundida com a palavra latina *historia*. Já para a língua portuguesa essa diferenciação não acontece, em alguns casos é quase impossível saber se o autor está se referindo ao livro de história, ao processo histórico ou à disciplina história. Essa ambiguidade tornava mais fácil continuar usando a expressão. Portanto, não é a história em geral que perde sua função magistral, mas o livro de história e sua leitura que passam a exigir um tipo novo de relação de aprendizagem; pois vai aumentando a consciência de que a história com a qual se deve aprender não é a que está no livro, mas o processo histórico real que deve ser constantemente representado.

A história no século XIX continuou a ser "mestra da vida", não é sua capacidade de ensinar que foi questionada, mas o que e como ela podia ensinar. Por isso, a continuidade no uso da expressão não nos deve surpreender, mas nos alertar para a complexidade crescente de seus usos e a multiplicidade de seus significados.

Referências

ALCIDES, Sérgio. *Estes penhascos*: Claudio Manoel da Costa e a paisagem das Minas, 1753-1773. São Paulo: Hucitec, 2003.

ARAUJO, Valdei Lopes de. Para além da autoconsciência moderna: a historiografia de Hans Ulrich Gumbrecht. *Varia História*, Belo Horizonte, v. 22, n. 36, p. 314-328, jul./dez. 2006.

______. *A experiência do tempo*: conceitos e narrativas na formação nacional brasileira (1813-1845). São Paulo: Hucitec, 2008.

BORGES, Jorge Luis. Pierre Menard autor do Quixote. In ______. *Obras completas*. São Paulo: Editora Globo, 1999, v. 2, p. 57.

DINIZ, Bruno. Cayru e o primeiro esboço de uma história geral do Brasil independente. *História da Historiografia*, n. 2, p. 260-266, mar. 2009.

GELLNER, Ernest. O advento do nacionalismo e sua interpretação: os mitos da nação e da classe. In: BALAKRISHNAN, Gopal (Org.). *Um mapa da questão nacional*. Rio de Janeiro: Contraponto, 2000. p. 107-154.

GUIMARÃES, Manoel L. Salgado. Entre as Luzes e o romantismo: as tensões da escrita da história no Brasil oitocentista. In: ______. *Estudos sobre a escrita da história*. Rio de Janeiro: 7Letras, 2006. p. 68-85.

GUMBRECHT, Hans Ulrich. "Cascatas de modernização". In ______. *A modernização dos sentidos*. São Paulo: Ed. 34, 1998. p. 9-33.

HARTOG, François. *Régimes d'historicité*: présentisme et expériences du temps. Paris: Seuil, 2003.

KANTOR, Iris. *Esquecidos e renascidos*: historiografia acadêmica luso-brasileira. São Paulo: Hucitec, 2004.

KOSELLECK, Reinhart. *Historia*. Madrid: Trotta, 2004.

______. *Historia magistra vitae*: sobre a dissolução do *topos* na história moderna em movimento. In:______. *Futuro passado*: contribuição à semântica dos tempos históricos. Rio de Janeiro: Contraponto; PUC-Rio, 2006. p. 41-60.

LUHMAN, Niklas. *Observaciones de la modernidad*: racionalidad y contingencia en la sociedad moderna. Barcelona: Paidós, 1992.

MEDEIROS, Bruno Franco. Cópia e originalidade: plágio e condições de autenticidade na constituição do conceito moderno de história. In: VARELLA, Flávia et al. SEMINÁRIO NACIONAL DE HISTÓRIA DA HISTORIOGRAFIA, 3. *Anais eletrônicos...* Mariana: Ufop, 2009.

OLIVEIRA, Maria da Glória de. *Escrever vidas, narrar a história*: a biografia como problema historiográfico no Brasil oitocentista. Tese (doutorado) — IFCS, Rio de Janeiro, 2009.

PIMENTA, João Paulo G. A independência do Brasil como uma revolução: história e atualidade de um tema clássico. *História da Historiografia*, n. 3, p. 53-82, set. 2009.

RÜSEN, Jörn. Como dar sentido ao passado: questões relevantes de meta-história. *História da Historiografia*, n. 2, p. 163-209, maio 2009.

SANTOS, Cristiane A. Camacho dos. A leitura da colonização portuguesa da América no processo de independência do Brasil (1821-1822). *Almanack Braziliense*, n. 8, p. 109-116, nov. 2008.

TURIN, Rodrigo. *Tempos cruzados*: escrita etnográfica e tempo histórico no Brasil oitocentista. Tese (doutorado) — IFCS, Rio de Janeiro, 2009.

VARELLA, Flávia Florentino. Repensando a História do Brasil: apontamentos sobre John Armitage e sua obra. *Almanack Braziliense*, n. 8, p. 117-126, nov. 2008.

______. A escrita da história da independência do Brasil: a polêmica do *Correio Official* com *O Chronista* sobre a *História do Brasil* de John Armitage. In: MATA, Sérgio R. da; MOLLO, Helena M.; VARELLA, Flávia F. (Org.). SEMINÁRIO NACIONAL DE HISTÓRIA DA HISTORIOGRAFIA, 2. A dinâmica do historicismo: tradições historiográficas modernas. *Anais*... Ouro Preto: Ufop, 2008.

VIEHWEG, Theodor. *Tópica e jurisprudência*. Brasília: Departamento de Imprensa Nacional, 1979.

WASSERMAN, Fabio. *Entre Clio y La Polis*: conocimiento histórico y representaciones del pasado en el Río de La Plata (1830-1860). Buenos Aires: Teseo, 2008.

Aprender com o outro? Lições do mundo histórico nas biografias de Octávio Tarquínio de Sousa

MARCIA DE ALMEIDA GONÇALVES

Em tempos de guinadas subjetivas, para tomar de empréstimo uma expressão cara às análises de Beatriz Sarlo (2007), tempos de positivação e de proliferação das diversas narrativas focadas em histórias de vida ou algo que as referencie, nos propusemos a indagar sobre a tradição constituída acerca das mesmas no campo de uma história da historiografia brasileira, entre as décadas de 1920 e 1950.

Guiados pela tentativa de dialogar com a temática que orienta o presente seminário — "Aprender com a história?" — e, em especial, com a proposta da mesa — "Aprender com o passado e domesticar o futuro: a historiografia como filosofia da história" —, nos pareceu oportuno formular questão acerca da dimensão pedagógica, suas formas e funções, das narrativas biográficas, sob a premissa da historicidade conformadora de ambas.

Para tanto, um autor e seus textos, Octávio Tarquínio de Sousa (1889-1959), consagrado, entre outros aspectos, por suas biografias históricas de estadistas do Império do Brasil,[1] tornou-se nosso elemento mediador. Por suas mãos, esperamos dialogar com um tempo e com ambiências intelectuais, não necessariamente tão distantes, em que a aposta na escrita de histórias de vida, por meio de narrativas biográficas, quis, entre outros usos, firmar a premissa do aprender com o outro, sob os ares e contradições da modernidade em curso, na primeira metade do século XX.

Histórias de vida, de forma geral, tornaram-se alvo de questionamentos fortes por parte de letrados e intelectuais que, no alvorecer do Novecentos, teimaram em fazer valer algo de novo, significado sob a adjetivação de moderno, a informar os modernismos que então vieram a ser propalados. Notoriamente afetou a literatura, sob a roupagem das muitas experimentações no romance, na crônica, nos contos. Afetou também a historiografia, sob a clave polêmica da crise dos historicismos, ou como destaca Stuart Hugues (1977), sob o manto de uma revolta antipositivista. Em cada um desses campos, as dimensões do sujeito, suas subjetividades, suas relações com outros sujeitos, as dicotomias e complementaridades do par indivíduo/sociedade vieram a ser alvo de críticas e revisões. Em síntese, poderíamos afirmar que houve por parte de alguns o desejo de firmar novas possibilidades de conhecer o admirável, por vezes indecifrável e incongruente, mundo das ações humanas. O dito gênero biográfico não escapou a essas indagações, aliás, vindo a ser privilegiado como narrativa que emblematicamente deveria materializar em suas linhas novas figurações de sujeitos individuais e de seus tempos de vida.

[1] Octávio Tarquínio de Sousa foi autor de biografias de Bernardo Pereira de Vasconcelos, Evaristo da Veiga, Diogo Antônio Feijó, José Bonifácio e d. Pedro I, escritas entre 1937 e 1952, agrupadas, em 1958, na coleção História dos fundadores do Império do Brasil. Entre outras funções e sociabilidades intelectuais, foi editor da terceira fase da *Revista do Brasil*, entre 1938 e 1943, e diretor da coleção Documentos brasileiros, da José Olympio, entre 1939 e 1959. Participou da criação da Associação Brasileira de Escritores (ABDE), em 1942, tendo presidido sua primeira diretoria. A criação da ABDE simbolizou uma das primeiras iniciativas, por parte de alguns intelectuais, de usar o associativismo corporativista, tão em voga na década de 1930, contra os excessos do autoritarismo do Estado Novo. Entre os fundadores figuraram: Octávio Tarquínio de Sousa, Sérgio Buarque de Holanda, Astrojildo Pereira, Graciliano Ramos, José Lins do Rego, Sérgio Milliet, Mário Neme, Mário de Andrade, Oswald de Andrade, Abguar Bastos, Lourival Machado, Paulo Emílio Sales Gomes, Antonio Candido de Mello e Souza, Dionélio Machado, Erico Verissimo, Reinaldo Moura e Raul Riff. Entre as ações da ABDE vale mencionar a realização do I Congresso Brasileiro de Escritores, em janeiro de 1945, manifestação importante das pressões pela democratização no final do Estado Novo. Entre outros, ver Abreu (2001:1535-1536).

Debruçar-se sobre esse momento, mesmo que pontualmente, nos pareceu ser um interessante ponto de partida. Nele, o que em meados do século XX ganhava roupagem de tradição no campo da escrita de histórias de vida, formava-se como novo, na retórica dos valores do moderno contra o século que devia ser tomado como passado.

Mal-estar na civilização?

Permitam-me, leitores, recorrer às narrativas ditas ficcionais. Aproprio-me, com certa liberdade, de conto de Katherine Mansfield (1889-1923). A autora neozelandesa, vida turbulenta em Londres, Paris e cidades alemães, entre outras localidades europeias, traduzida para a língua portuguesa na década de 1940, sob a iniciativa de Erico Verissimo, veio a ser consagrada como aquela que, ao lado de nomes como o de Virginia Woolf, tornou-se a autora ícone do conto em língua inglesa moderno. Influenciou muitos autores brasileiros, entre os quais vale mencionar Clarice Lispector.[2]

Interessa-nos menos as classificações da crítica e da história literária do que aquilo que os contos de Mansfield quiseram formular no que se referia aos fragmentários episódios das vidas de seus personagens, em muito simbolizadores dos impasses de sujeitos de sua contemporaneidade, o alvorecer do século XX. Há neles imagens da solidão e de nossas constitutivas incomunicabilidades, há também o esforço estético, literário, tocante, de trazê-los para o reino da palavra, na escrita do texto.

O conto que cito, intitulado "Psicologia", escrito em 1920, integra a coletânea "Bliss and other histories", publicada em 1923. Há nele um homem e uma mulher, situação cotidiana de uma visita de amigos e de uma profunda amizade na fronteira tênue da vivência amorosa. Entre diálogos pronunciados e as falas de si para si mesmos — e nesse ponto destaca-se a teatralidade simples da narrativa de Mansfield em mesclar complementaridades e contradições entre os ditos, os não ditos e os interditos —, o conto

[2] Ver, entre outros, Smith (2000). É de 1940 a primeira edição em português, pela Globo, da coletânea de contos de Mansfield intitulada *Felicidade*. Ver também a apresentação de Flávio Moreira da Costa em *Felicidade e outros contos* (Mansfield, 1991:7-9).

é, à sua maneira, alegoria fina das possibilidades e dos muitos limites de uma abordagem psicológica.

A passagem é a seguinte:

> Ele levantou-se, bateu o cachimbo, passou a mão pelos cabelos e disse: "Tenho pensado muito, ultimamente, se o romance do futuro será ou não um romance psicológico. Em que medida podemos ter certeza de que a psicologia — enquanto tal — tem alguma coisa a ver com a literatura?"
>
> "Você quer dizer que pensa haver uma possibilidade de que as misteriosas criaturas não existentes — os jovens escritores de hoje — estejam simplesmente tentando invadir a área dos psicanalistas?"
>
> "Sim, acho. E penso que é porque essa geração é bastante sábia para perceber que está doente e para compreender que sua única oportunidade de cura é examinar os sintomas, estudando-os exaustivamente — seguindo suas pistas — tentando chegar às raízes do mal."
>
> "Nossa!" ela exclamou. "Que visão mais deprimente, horrível!"
>
> "Certamente não", disse ele. "Veja..." — e a conversa continuou [Mansfield, 1991:34].

Muitos daquela geração de jovens escritores, "misteriosas criaturas não existentes", nas palavras da personagem feminina do conto de Mansfield, nascidos nas décadas de 1880 e 1890, iniciaram suas atividades literárias nas duas primeiras décadas do século XX, vivendo, cada um à sua maneira, o que a guerra de 1914 a 1918 veio a significar.[3] Se, no momento anterior a guerra, os que tinham olhos críticos para a modernidade em curso a puseram em xeque sob a clave de grifar mais suas incertezas do que promessas de progresso infinito, a partir de 1918/1919, tal abordagem integrou-

[3] Cabe, a título de exemplificação, registrar que Katherine Mansfield perdeu seu irmão na guerra. Tais histórias se multiplicariam, caso quiséssemos inventariá-las e realizar a prosopografia dos intelectuais e artistas cujas obras muito vieram a ser afetadas pelas perdas e pelos traumas trazidos pela guerra de 1914. O filósofo Edmund Husserl (1859-1938), célebre pelas formulações acerca da fenomenologia, matriz fundamental de autores contemporâneos relacionados à filosofia da linguagem e à hermenêutica, teve um de seus filhos morto em combate. O pianista Paul Wittgenstein, irmão de Ludwig Wittgenstein (1889-1951), outro entre os que tematizaram as relações entre filosofia e linguagem, voltou do conflito com o braço direito mutilado. O compositor Maurice Ravel elaborou para ele *Concerto para a mão esquerda*. Sobre essas informações, ver, entre outros, Pecoraro (2008).

-se ao que alguns traduziram como um forte sentimento de desencanto e desalento frente, em muitos casos, a um mundo em ruínas. A crítica à modernidade aguçou-se, e passou a fomentar indagações contundentes acerca do moderno e de suas possibilidades. Parece-nos relevante destacar quanto, para alguns desses escritores, seus *horizontes de expectativas*, ou certa imagem utópica de futuro, se constituíram por meio de uma relação entre presente e o passado, em que este último e "suas raízes do mal" pudessem ser estudados a fundo em prol de uma oportunidade de cura.

Poderíamos arriscar nessas ideias semelhanças maiores ou menores com as digressões de Sigmund Freud no texto de 1929, "Mal-estar na civilização". Optamos, nos limites deste capítulo, por mais cautela, no reconhecimento da grandeza do tema e de nosso desconhecimento do mesmo. De todo, vale frisar uma ilação, qual seja: a da inquietude de artistas e letrados, intelectuais, das gamas mais variadas, com as incertezas da modernidade em curso no alvorecer do século XX, o que na reflexão sobre sujeitos individuais, sociedade e cultura resvalou para revisões e redimensionamentos do valor e do lugar da psicologia como campo de saber.[4]

No mundo inglês, após a morte da rainha Vitória, em janeiro de 1901, destacaram-se, entre outros, os que compuseram o Bloomsbury Group.[5] Controvérsias à parte quanto às intenções explícitas de seus protagonistas em se constituir como grupo e movimento intelectual, certo é que

---

[4] Vale lembrar que no caso específico das reflexões freudianas no texto "Mal-estar na civilização", a despeito de ênfases quanto a conceitos e abordagens focadas na teoria e no método psicanalítico, o autor austríaco, especialmente na parte conclusiva de suas ponderações, arriscou efetuar analogias entre o desenvolvimento do indivíduo e os processos civilizatórios, sob a premissa de que ambos constituíram processos vitais. Entre muitos cuidados, propôs assim que as comunidades possuiriam uma espécie de "superego cultural" — tomado por "agente inferido" a pôr em função a "consciência" —, que em suas exigências e ideais estabeleceria o que poderia ser chamado de ética. Nesse ponto vale citar as palavras do próprio autor acerca do valor e da importância desta última: "De fato, ela trata de um assunto que pode ser facilmente identificado como o ponto mais doloroso de toda civilização. A ética deve, portanto, ser considerada como uma tentativa terapêutica — como um esforço por alcançar, através de uma ordem do superego, algo até agora não conseguido por meio de quaisquer outras atividades culturais. [...] A questão fatídica para a espécie humana parece-me ser saber se, até que ponto, seu desenvolvimento cultural conseguirá dominar a perturbação de sua vida comunal, causada pelo instinto humano de agressão e autodestruição. Talvez, precisamente com relação a isso, a época atual mereça um interesse especial" (Freud, 1978:191-194).

[5] Sobre o Bloomsbury Group, ver, entre outros, Rosenbaum (1995) e Lehmann (1989).

a notoriedade de alguns de seus membros fez valer a ressignificação do nome do bairro londrino como designador de posturas e ideias de uma das manifestações pertinentes ao universo dos modernismos.

Virginia Woolf, John Maynard Keynes, Edward Morgan Forster e Lytton Strachey foram os que alcançaram maior notoriedade para além das fronteiras britânicas, chegando a outras sociedades e a outras línguas, entre traduções e adaptações. Leitores da filosofia analítica, G. E. Moore e Bertrand Russell, por meio de sociabilidades remetidas aos anos de formação no Trinity College, em Cambridge, marcaram também presença em iniciativas tais como a criação da editora Hogarth Press, em 1917, pelo casal Leonard e Virginia Woolf. A Hogarth editou, entre outros, T. S. Eliot e, enfatizemos, Katherine Mansfield. Assim a escritora neozelandesa estreitou laços e trocas intelectuais constitutivas de afinidades eletivas que, de alguma maneira, interferiram em sua produção literária.

Entre tantas particularidades sobre os rapazes e as moças do Bloomsbury Group, guardemos, por enquanto, uma informação relevante para nossas reflexões. Lytton Strachey (2001) veio a ser internacionalmente celebrizado por sua biografia da rainha Vitória, publicada em 1921, tomada então por seus críticos e apologistas, entre eles André Maurois, como o ícone da biografia moderna, leia-se a expressão do uso bem dosado, grifemos, da abordagem psicológica conjugada ao fino humor. Detalhe significativo e importante, acrescentemos: James Strachey, psicanalista inglês, irmão mais novo de Lytton Strachey, foi naquele momento tradutor e divulgador da obra de Freud, publicada pela Hogarth Press e assim lida por esses ingleses e inglesas de Bloomsbury e outros mais, um tanto cansados do fardo do vitorianismo.

Psicologia e hermenêutica: Wilhelm Dilthey e seu mundo histórico

Se a apropriação da abordagem psicológica foi solo fértil para os que se dedicaram, na literatura e na escrita biográfica, a redimensionar análises sobre indivíduos, seus sentimentos, expressões, dúvidas e possibilidades e sobre suas sociedades e seus laços culturais, tais questões estiveram presentes nas ponderações de outros, de gerações precedentes, em usos subordinados a questões particulares, mas que de certa forma tangenciavam, com conceitos próprios, a busca por sintomas, raízes — talvez também a cura, ou respostas — de uma modernidade em curso, especialmente quanto às suas implicações no campo do conhecimento histórico e da filosofia.

Vale então, por meio de pontuais inferências, o diálogo com o autor alemão Wilhelm Dilthey (1833-1911). De acordo com certa lógica que perpassa nossas análises nesse texto, é importante destacar que Dilthey, diferentemente de Mansfield, dos Strachey, de Leonard e Virginia Woolf, de Edmundo Husserl, dos Wittgenstein e outros mais, não viveu para ver o mundo pós-guerra de 1914-1918. Viveu certamente, na passagem do século XIX para o século XX, à sua maneira e com respostas autorais, um tempo de incertezas e de mudanças aceleradas, que, em seu caso, em muito interferiram em sua produção letrada.

Autor de obra ampla, entre os textos publicados em vida e outros posteriormente reunidos em suas obras completas,[6] sua produção intelectual se abre para muitas abordagens e apropriações. Nas reflexões de Stuart Hugues, no texto *Consciousness and society*, Dilthey poderia ser considerado uma espécie de precursor do que Hugues problematizou sob a designação de geração de 1890, nela englobando ponderações sobre autores e obras — Henri Bergson, Benedetto Croce, Max Weber, entre outros —, unidos, para além da contemporaneidade, e, especialmente, pela partilha de uma revolta antipositivista. Nesses termos, o autor alemão, em seus esforços de proceder à crítica da razão histórica e de fundamentar a especificidade e autonomia das ciências do espírito, teria protagonizado, à sua maneira, essa mesma atitude epistemológica.[7]

---

[6] A publicação das obras completas do filósofo, em alemão, iniciada por alguns de seus discípulos após sua morte, em 1911, não seguiu um plano unitário, tendo sofrido interrupções, rearranjos e mudanças de editores, ao longo de uma temporalidade estendida entre as décadas de 1910 e 1980. Para uma descrição sintética da história da publicação das obras de Dilthey em alemão, ver Armad (1987:xvii-xxviii).

[7] Cf. Hugues (1977:192-200). A despeito das especificidades, o ponto de vista de Hugues é partilhado por Mesure (1990:28-87), em abordagem mais aprofundada acerca das diferenças e diálogos de Dilthey com o positivismo comtiano e com o empirismo de John Stuart Mill.

Nos limites de nossas reflexões neste capítulo não caberia enfrentar, com o fôlego devido, essa discussão, qual seja, a dos valores das formulações diltheyanas nos campos conexos da teoria do conhecimento, da história da filosofia e do pensamento social. De todo, é necessário mencioná-la, em recorte que sirva a nossos interesses. Não querendo correr o risco das simplificações fáceis no que se refere a apontar os significados e tendências da obra de um autor, é certo que associações e comparações podem ser feitas, em particular quando o objetivo é identificar linhagens de pensamento, proximidades conceituais, heranças e tradições em comum.

Por essa premissa, entende-se o cuidado de H. P. Rickman, em texto introdutório ao pensamento do autor alemão, em destacar as ligações entre este e as ponderações da sociologia weberiana, da fenomenologia e do existencialismo, já no século XX.[8] Outra abordagem é a que situa Dilthey entre os que elaboraram uma filosofia da vida, em contextualizações, como a de Wolfgang Röd, associadas — e diferenciadas — às obras de Nietzsche e Bergson.[9] Röd apresenta sucintamente a hermenêutica do autor alemão, precisando suas implicações quanto aos procedimentos cognitivos tipificadores das ciências do espírito. Enfoque similar na ênfase, mesmo com funções específicas, figura nas apropriações de Hans-Georg Gadamer, desta feita para circunscrever as extensões e os limites da obra de Wilhelm Dilthey.[10]

Uma autora em particular, entre os analistas brasileiros contemporâneos da obra diltheyana,[11] tornou-se para nossas reflexões de enorme importância. Referimo-nos a Maria Nazaré de Camargo Pacheco do Amaral em seu texto *Dilthey: um conceito de vida e uma pedagogia* (1987). Como indica o título, a questão acerca da extensa obra de Dilthey direcionou-se para a investigação da centralidade do conceito de vida na filosofia diltheyana e as implicações em sua concepção de pedagogia como uma espécie de teoria de formação do homem. Nas palavras da autora, isso

[8] Cf. Rickman (1979:1-22). Destacam-se os capítulos referentes à importância de Dilthey e à recepção de seus textos.

[9] Cf. Röd (2008, v. 2, p. 539-571). Especialmente o capítulo IV da parte I, intitulado "Filosofia da vida".

[10] Ver, especialmente, as conferências proferidas por Hans-Georg Gadamer, em 1958, na Universidade de Louvain. Cf. Fruchon (1998).

[11] Ver, entre outros, Reis (2003). Entre os trabalhos recentes, no âmbito dos programas de pós-graduação, vale mencionar, entre outros, o de Silva (2006).

implicaria problematizar "a relação de dominância servil de uma filosofia que se deixa apreender em um conceito de vida com uma pedagogia que representa o fim prático e o coroamento daquela tarefa teórica" (Amaral, 1987:xxvii).

Vale esclarecer melhor as ponderações da autora, em especial a que caracterizou o lugar e o valor da psicologia entre as ciências do espírito, em suas possibilidades de conhecer o — e quiçá de intervir no — mundo histórico.

Segundo Maria Nazaré de Camargo Pacheco Amaral, a publicação da *Introdução às ciências do espírito*, em 1883, representou o compromisso maior do autor alemão em fundamentar filosoficamente as ciências do espírito, algo como o sentido mais expressivo de toda a produção posterior.[12] Nesses termos, Dilthey haveria formalizado sua oposição ao naturalismo predominante naquela conjuntura, década de 1880, e feito da reflexão sobre as ciências do espírito a fundamentação de uma teoria do conhecimento que substituiria a metafísica. O termo "ciências do espírito", usado como sinônimo para ciências da realidade histórico-social, fora tido como o menos impróprio, pois designaria os fatos da consciência humana, sua unidade, domínios e limites frente às ciências da natureza.[13]

Maria Nazaré de Camargo Pacheco Amaral (1987:6) quer assim pôr em foco os diálogos e em grande parte as diferenças das formulações diltheyanas diante do empirismo e do pensamento de Kant. Para tanto retoma a citação do autor alemão, constante do prólogo de sua *Introdução às ciências do espírito*, na qual sua concepção de sujeito cognoscente se manifestara: "Nas veias do sujeito conhecedor construído por Locke, Hume e Kant não circula sangue de verdade, mas sim a seiva rarefeita da razão, na qualidade de mera atividade intelectual".

[12] Vale mencionar que, para H. P. Rickman, a publicaçao do primeiro volume da biografia de Schleiermacher, em 1870, teria sido ponto referencial das ulteriores formulações de Dilthey quanto à natureza particular de conhecimentos como a história e todos os outros agregados às criações do espírito humano. Cf. Rickman (1979:23-41).

[13] Cf. Amaral (1987:3-5). No prólogo da edição espanhola de 1956 da *Introdução às ciências do espírito*, assinado por José Ortega y Gasset, a chave analítica da oposição de Dilthey ao naturalismo então predominante é utilizada não só para caracterizar a obra, como também para dimensionar a relativa pequena repercussão da mesma naquelas circunstâncias. Ver Dilthey (1956:ix-xix).

Como conclusão oriunda desse posicionamento figuraria a perspectiva de conceber o homem como aquele que pensa, sente e quer.[14] Tal forma de conceber implicaria a própria designação da categoria de "fatos da consciência", o objeto por excelência das ciências do espírito. Ao valer-se das considerações de Frithjof Rodi, Maria Nazaré de Camargo Pacheco Amaral indicava mais uma das implicações derivadas de tais ideias do autor alemão:

> Fatos da consciência são também, e acima de tudo, as experiências de dor, prazer, alegria, esperança, medo, satisfação etc., a começar pela experiência mais elementar da resistência exercida por um mundo exterior sobre o movimento do meu corpo. É aqui que a vivência é introduzida como uma categoria epistemológica colocada em oposição ao conceito de representação.[15]

Ficaria assim esclarecidas por meio desses argumentos, a coerência entre um sujeito humano tomado como aquele que pensa, sente e quer e a caracterização dos fatos da consciência sob a chave inclusiva dos pensamentos, ideias, sentimentos e vontades em sua expressão derivada das relações entre os indivíduos e o meio no qual se inserem. Partindo dessas premissas, vida e realidade se sobreporiam e os fatos da consciência se manifestariam como vivências apenas na dimensão histórica, o que, segundo Maria Nazaré de Camargo Pacheco Amaral (1987:8-9), fez da filosofia da vida de Dilthey uma filosofia da experiência, viabilizando, assim, diagnosticar o significado e o valor de suas propostas de "compreender a vida por si mesma" ou "mostrar a vida como ela é".

Se os fatos da consciência, assim concebidos, poderiam remeter à vida e à realidade histórico-social, a psicologia como saber igualmente associado à investigação dos primeiros tornava-se primordial entre as ciências

---

[14] Na tradução espanhola de 1956, tais formulações constaram do seguinte trecho: "*Por las venas del sujeto cognoscente que construyeron Locke, Hume y Kant no corre sangre efectiva, sino el tenue jugo de la razón como mera actividade mental. Pero tanto la ocupación tanto histórica como psicológica, con el hombre entero me llevaba a poner a éste, en la multiplicidad de sus facultades, a ese ente que quiere, siente y tiene representaciones, también como fundamento del conocimiento y de sus conceptos (como mundo exterior, tiempo, sustancia, causa)*" (Dilthey, 1956:6).

[15] Cf. Rodi apud Amaral (1987:8). A autora posteriormente disponibilizou versão traduzida desse artigo de Rodi, sob o título "O conceito de estrutura em Dilthey". Disponível em: <www.usp.br/revistausp/02/17-rodi.pdf>.

do espírito. As formulações diltheyanas acerca desse aspecto apresentaram-se em obras publicadas, nas décadas de 1880 e 1890, entre elas, a *Introdução às ciências do espírito* (1883), *Ideias sobre uma psicologia descritiva e analítica* (1894) e *Contribuições para o estudo da individualidade* ou *Tratado de 1895* (1895-1896) (Amaral, 1987:13).

Nesses textos, o autor alemão havia aplicado sua defesa daquilo que ele mesmo denominou psicologia descritiva e analítica, em oposição a uma psicologia explicativa e construtiva. Ganhava corpo e centralidade uma concepção de psicologia que em seus métodos e pressupostos epistemológicos radicava-se na oposição aos procedimentos hipotéticos dedutivos referidos na adjetivação "explicativa e construtiva".

Nas palavras de Dilthey (1956:14), em sua *Introdução às ciências do espírito*,

> o resultado mais simples que a análise da realidade histórico-social permite apreender encontra-se na psicologia; ela é, portanto, a primeira e mais elementar entre as ciências do espírito; em consequência disto, as suas verdades constituem o fundamento da disposição subsequente. [...] Mas resulta para a própria psicologia, da sua posição, no conjunto das ciências do espírito, que ela, como psicologia descritiva [...] precisa diferenciar-se da ciência explicativa, que empreende, segundo sua natureza, submeter-se os fatos da vida do espírito a suposições hipotético-elementares.

Torna-se relevante assinalar a discordância de Dilthey junto às formulações de Johann Friedrich Herbart (1776-1841), autor, entre outros, de *A psicologia como ciência, refundada sobre experiência, metafísica e matemática* (1824/1825), tomadas por Dilthey como exemplo do método sintético ou construtivo, ao qual criticara e por meio do qual explicitara a especificidade de seu método descritivo.[16] Um dos desdobramentos dessa abordagem se materializou no conceito de *nexo da vida psíquica*, e no valor do mundo histórico em sua conformação e da própria natureza do sujeito humano.

À sua maneira, o autor alemão promovera a indagação sobre o que formava a individualidade e, nessa perspectiva, havia postulado, no texto *Contribuições ao estudo da individualidade* ou *Tratado de 1895*, a defesa de uma

[16] Cf. Amaral (1987:15). Sobre Herbart, cf. Röd (2008:258-263).

psicologia comparada, direcionada para o estudo das regularidades da vida psíquica por meio da utilização do que viesse a ser elaborado pela psicologia descritiva, voltada para os casos particulares e individuais. Buscava *tipos*, como procedimento para captar a *natureza singular, concreta e histórica do homem*. Reiterava, assim, a conexão entre o geral e a individuação a fundamentar concepções e métodos da psicologia descritiva e, por extensão, das próprias ciências do espírito. Dialogava, como veio a frisar um de seus discípulos mais fervorosos — Georg Misch —, com Goethe, para quem o geral era o singular e esses milhões de casos (Amaral, 1987:17-18).

Nas conclusões de Maria Nazaré de Camargo Pacheco Amaral (1987:18-19), para Dilthey

> é na vida da história que se torna possível apreender o relativo a partir do universal e este a partir dos casos particulares e concretos, tentando assim elevar essas relações assim nascidas a um nível de consciência cada vez mais trabalhado e aprofundado. Esse parece ser o objetivo das ciências do espírito, isto é, elevar a um nível de consciência histórica o que o homem vivenciou, singular e concretamente.

No texto "Sobre a teoria da concepção do mundo", publicado como apêndice da obra *Os tipos de concepção do mundo e sua configuração nos sistemas metafísicos*, em 1911, Dilthey sintetizara tal enfoque numa espécie de máxima, um tanto repetida por seus intérpretes e comentaristas: "O que o homem é somente a sua história lhe diz" (Amaral, 1987:19). Importante assinalar que a máxima, entre outros significados, apontava para a ratificação de sua concepção de sujeito humano — "aquele que pensa, sente e quer" — e do próprio estabelecimento das possibilidades de conhecer esse sujeito por meio exclusivamente das vivências e expressões desse estar e ser no mundo.

Em suas digressões sobre os nexos da vida psíquica e nas fundamentações sobre sua concepção de sujeito humano, Dilthey particularmente valorizara os sentimentos e emoções. Em suas palavras, no texto *Sobre a possibilidade de um sistema pedagógico com validez universal*, de 1888, afirmara:

> Emoções, sentimentos e impulsos decidem sobre a maneira de o homem se sentir no mundo e de lidar com ele. Nós os encontramos na criança

> em forma de uma grande variedade de tipos de sentimentos e impulsos; constituem assim os fundamentos da índole humana. Neles está presente o caráter elementar, contraditório e irracional da natureza humana e ao mesmo tempo abriga o impulso poderoso que o faz aspirar a uma harmonia superior. [...] Nessa variedade original estão fundadas todas as desarmonias não compreendidas do nosso ser. Nós somos para nós mesmos, e com frequência para os outros, um enigma [Dilthey apud Amaral, 1987:29].

Interessa-nos destacar quanto a visão do homem como um enigma para si mesmo e para os outros perpassou outro aspecto fundamental das formulações diltheyanas acerca das ciências do espírito, qual seja, o do valor e das funções da hermenêutica para a autonomia e fundamentação destas últimas.

Para o autor alemão, os nexos entre os conceitos de vivência, expressão e compreensão sustentariam as ciências do espírito. Em certa medida, a decifração do enigma da condição humana só poderia ser feita por meio da compreensão do mundo histórico, tarefa que pressuporia uma atitude interpretativa traduzida na hermenêutica. O conceito por si só, em suas apropriações filosóficas e epistemológicas, possuiria uma história. Maria Nazaré de Camargo Pacheco do Amaral argumenta que, nesse campo, a obra de Hans-Georg Gadamer — *Verdade e método: fundamentos de uma hermenêutica filosófica* — estabeleceu, a partir da década de 1960, um debate que, entre outros efeitos, fez de Dilthey um dos fundadores da hermenêutica, em suas associações às reflexões sobre o homem e a história, nas palavras diltheyanas, às ciências do espírito.

Independentemente das reflexões e das críticas de Gadamer à hermenêutica diltheyana, essa figurou, nas formulações presentes no texto *A construção do mundo histórico nas ciências do espírito*, como uma espécie de espinha dorsal para a própria circunscrição do campo de estudos sobre as ações humanas na história e na cultura. Por meio da hermenêutica se estabeleceria a compreensão destas últimas, categorizadas como vivências, em suas mais variadas expressões. Compreensão que se traduziria na premissa de correlacionar parte/todo, singular/geral, individual/social, em circularidade e equilibrado pela apreensão de seus significados.

A conclusão de Maria Nazaré de Camargo Pacheco Amaral sobre a hermenêutica filosófica de Dilthey particularmente nos auxilia em nossos argumentos neste capítulo:

> [...] a hermenêutica funda-se na compreensão, isto é, na transferência do próprio eu para o exterior e a correspondente transformação associada a esse eu. Essa saída de si em direção ao outro — enquanto símbolo máximo do procedimento hermenêutico — nada mais representa do que o reencontro do próprio eu, então transformado pela compreensão, [...] a possibilidade dessa comunicação entre o eu e o outro, interior e exterior, entre consciência e realidade, experiência interna e externa, espírito e natureza [...]. Além do que [...] o balanço parte-todo, equilibrado hermeneuticamente pela categoria do significado, aponta insistentemente para o cumprimento daquela exigência fundamental da natureza humana, a saber, a de encontrar segurança e orientação práticas para ação [Amaral, 1987:55].

A saída de si em direção ao outro seria, ao fim, uma espécie de aprendizagem. O que nos permite situar o valor intrínseco da pedagogia como materialização do fim prático e da intervenção no mundo propiciados pela filosofia da vida, de acordo com as análises de Maria Nazaré de Camargo Pacheco Amaral, nos capítulos subsequente de seu livro.

A concepção diltheyana de pedagogia como uma teoria da formação, e acrescentemos, de transformação do homem nos parece ter sido a resposta original, extensa, tortuosamente construída em muitas páginas escritas pelo autor alemão, como expressão das dúvidas e dos impasses que o afrontaram em seu tempo de vida. Arriscaríamos, como mera indagação, que *a saída de si em direção ao outro*, fosse ele o passado histórico ou a realidade histórico-social, garantiria no máximo um projeto de futuro, longe, em muitos aspectos, da possibilidade de controle ou de sua domesticação, tendo em vista o valor da consciência histórica como algo que, nas formulações diltheyanas, havia entronizado a própria historicidade da ação humana no mundo.

De Strachey a Dilthey: Octávio Tarquínio de Sousa leitor

Podemos, nesse momento, tendo sido feitas as observações acerca de certas apropriações referentes à "abordagem psicológica", nas propostas de intelectuais do Bloomsbury Group e da filosofia da vida de Wilhelm Dilthey, retomar nossa proposição inicial, qual seja: a das transformações pertinentes às revisões da escrita biográfica, nos anos iniciais do século XX, por meio da produção letrada brasileira.

Octávio Tarquínio de Sousa (1889-1959) não foi o único que apostou muitas fichas na revisão do biográfico, e por esse caminho, da própria escrita da história, em terras brasileiras, entre as décadas de 1920 e 1950. De certo, a constituição de sua identidade autoral foi estabelecida por meio de sua assinatura em um conjunto de biografias históricas de estadistas do Império do Brasil reunidas, em 1958, sob o título de História dos fundadores do Império do Brasil.

Como intelectual de seu tempo, a falar a linguagem de sua geração, seus textos biográficos estiveram impregnados pela materialização muito particular do que veio a ser concebido como moderno em textos sobre histórias de vida, realizando apropriações da dita abordagem psicológica, do humor e, acima de tudo, dos cuidados com o valor literário e estético daquilo que viesse a ser ofertado à curiosidade dos leitores. Octávio Tarquínio foi, ele mesmo, leitor ávido, que se fez autor por meio do diálogo com outros autores.

Strachey e Dilthey estiveram presentes, em momentos distintos de sua produção "bio-historiográfica", interferindo em sua concepção das formas e funções das narrativas de histórias de vida, em tempos como assim veio a ser diagnosticado por Alceu Amoroso Lima como os de uma "epidemia biográfica", tamanha a proliferação — e o respectivo debate nos espaços da crítica literária — da publicação de histórias de vida, entre as décadas de 1920 e 1940.

Na primeira edição da biografia de Diogo Antônio Feijó, publicada em 1942, consta um prefácio onde o autor dispôs-se a esclarecer suas concepções sobre o fazer biográfico. Ao apresentar seu principal personagem e o tema do qual tratava o novo livro — a vida de Feijó —, o autor, de antemão, ponderava que a notoriedade histórica em torno do protagonista, mais do que facilitar, dificultara a realização de determinado tipo de biografia. Para o autor, seu biografado teria sido, até então, representado pelos olhos "deslumbrados de panegiristas" ou avaliado com "rancor e má vontade por inimigos póstumos ou contemporâneos". Urgia, pois, realizar o retrato fidedigno do padre paulista, "criatura capaz de furor e de ternura, vária, contraditória, complexa". Urgia restituir a Feijó sua condição humana e deslocar imagens que carregaram nas tintas de uma "monótona e estúpida coerência".

A desculpar-se perante biógrafos que poderiam ver em seu texto "obra ímpia de dúvida e de negação", Octávio Tarquínio afirmava que o mais importante era descobrir "o indivíduo tal como ele foi, na sua humana realidade, e não como no-lo impingiram apologistas e detratores" (Sousa, 1942:ix-x).

Ao explicitar uma de suas referências autorais, Octávio Tarquínio evocava Lytton Strachey, confessando quanto foi difícil seguir o receituário do mestre. Assim, com adequações, buscou aplicar a máxima de "desprezar tudo o que fosse redundante e nada perder do que fosse importante". Das mudanças no timbre da voz às diferentes fases de vida do biografado, mesmo as mais lentas e monótonas, o biógrafo deveria alcançar o máximo de conformidade com a vida que almejava fixar. Na busca dessa conformidade, entrariam também "a sondagem da alma do biografado" e "o corte em profundidade da época" em que a vida transcorreu.

Ao finalizar a apresentação da biografia de Feijó, Octávio Tarquínio dizia ter se esforçado para permanecer em certo estado de "dúvida receptiva" com relação a seu biografado. Esperava, contudo, que os leitores de "boa vontade" chegassem ao fim do livro com impressão semelhante à sua: uma fundada "admiração por Feijó, visto embora nas contingências de sua vida e nos limites de suas próprias dimensões" (Sousa, 1942:xi-xiii).

Certamente, com *Diogo Antônio Feijó* Octávio Tarquínio firmava sua referencialidade autoral como aquele cujas biografias históricas simbolizavam todo um coro de apostas em sua renovação, na fatura do texto que se lia como um romance, a fazer viver seus personagens, sem, contudo, exagerar nas doses de imaginação que comprometessem o caráter documentalista do texto biográfico, marca forte de sua identidade e de seu pertencimento ao campo da historiografia. Como denotaram certos críticos, em biografias dessa natureza, saíam as estátuas de mármore e entravam os homens de carne e osso, com suas ideias, seus sentimentos e aflições, condição para um valor pedagógico de natureza outra, no que concernia à própria caracterização dos heróis brasileiros.

Tarquínio de Sousa lapidara o que já ensaiara em *Bernardo Pereira de Vasconcelos e seu tempo*, em 1937, dando forma a biografias que nas palavras de Alceu Amoroso Lima materializavam o traço de união entre o romance e a história — sem ter a irrealidade fantasista de um nem a erudição rebarbativa do outro [...] O gênero que mais se desenvolveu modernamente, desde que Michelet aproximou a história do romance e Proust o romance da história [Athayde, 1931:168].

Os textos biográficos de Tarquínio de Sousa pareciam também seguir as recomendações do amigo Gastão Cruls. Em um dos exemplares do *Boletim de Ariel*, em 1936, propugnava a necessidade de rever os trabalhos biográficos em que o finado e sua memória figuravam "com cheiro de santidade, como exemplar pai de família, esposo extremoso, pai amantíssimo, zeloso servidor do Estado, político de reputação ilibada etc. etc. etc." (Cruls, 1936); o que poderia ser ideal para "discursos fúnebres à beira do túmulo, necrológio nos jornais, panegíricos ou horas da saudade em sociedades e academias, e completamente inadequado para encher as páginas de um livro com vida vivida, conflito de paixões, entrechoque de sentimentos, esperanças e desânimos, vitórias e derrotas" (Cruls, 1936).

Após a publicação de *A vida de d. Pedro I* em 1954, Octávio Tarquínio de Sousa decidiu reunir suas biografias históricas na coleção História dos fundadores do Império do Brasil, editada em 1958. A introdução da mesma foi publicada em uma separata, em 1954, denotando o envolvimento do autor com aquilo que ele denominou, em carta a seu editor, "a última alegria de sua velhice".

Importante destacar que, nesse momento, a euforia dos apologistas da "epidemia biográfica" já havia sido atenuada. Isso figurou na recepção crítica da coleção História dos fundadores, por meio de opiniões que, mesmo reconhecendo o valor da obra de Tarquínio de Sousa, a viam como algo impregnado dos vícios de certo biografismo a informar produções referentes à história política do Brasil. Talvez isso nos permita compreender o cuidado de nosso autor, em sua introdução à história dos fundadores,[17] em demarcar suas concepções de historiador biógrafo, valendo-se assim de Dilthey e de seu mundo histórico.

Nesse sentido, tal apropriação de Tarquínio deve ser tomada, por um lado, como circunstancial e assim vinculada a cada vez maior divulgação

[17] Cf. Sousa (1960:14). A mesma introdução foi publicada em separado, em 1954 (Ministério da Educação e da Cultura), denotando que a decisão de reunir sua obra em uma coleção foi realizada após a boa acolhida de sua *Vida de d. Pedro I*, biografia em três volumes, lançada em 1952.

do filósofo alemão em textos em espanhol, fosse pela *Revista do Occidente*, fosse pelo Fondo de Cultura Económica, pelas mãos de estudiosos e entusiastas das premissas diltheyanas, com destaque para Eugenio Imaz e José Ortega y Gasset. O exemplar referente a Dilthey que consta da biblioteca de Octávio Tarquínio e Lúcia Miguel Pereira foi traduzido e comentado por Eugenio Imaz, e corresponde a *El mundo histórico*,[18] edição de 1944, pelo Fondo de Cultura Económica.

Em sua versão em espanhol o livro agrupava textos, subdivididos em partes e capítulos, onde figuraram os seguintes títulos: "Fundação das ciências do espírito" (p. 5-87), "Estruturação do mundo histórico pelas ciências do espírito" (p. 91-318), "Hermenêutica" (p. 321-342), "Historiografia" (p. 345-410), "Apêndice" (O desenvolvimento histórico, p. 413-415). A maior parte do livro, 227 páginas entre as 430 totais, correspondeu ao texto "Construção do mundo histórico nas ciências do espírito", publicado em 1910.

Por outro lado, se tais circunstâncias condicionaram as apropriações do leitor Octávio Tarquínio quanto a determinadas reflexões diltheyanas, importante assinalar o valor das mesmas entre aquelas que vieram a sintonizar-se às inquietudes dos que desejavam conhecer a natureza humana por outros pressupostos que redimensionassem a relação homem/meio e indivíduo/sociedade, razão/imaginação, de tal forma que certa "abordagem psicológica" pudesse fazer a diferença. Há nessa hipótese a perspectiva de que entre apropriações de Strachey e Dilthey, Tarquínio assinalou sua filiação a uma linhagem de reflexões em que a dimensão psicológica seria crucial para o conhecimento da ação humana, sua decifração e sua interpretação. O que permitiu a Sérgio Buarque de Holanda ver uma proposta hermenêutica presente nos textos do amigo, que faleceu em acidente aéreo em dezembro de 1959 e não viveu para acompanhar o caminho profícuo dos que cerraram fileiras contra os ditos "biografismos".

---

[18] Cf. Dilthey (1944). Em nota bibliográfica, ao final do livro, o tradutor esclareceu que a edição em espanhol havia sido elaborada, com modificações, a partir do volume VII das Obras Completas de Dilthey, editado por Groethuysen, em 1927, com o título *Der Aufbau der Geschichtlichen Welt in den Geisteswissenschaften*. Ao esclarecer o que havia de diferente entre as duas edições, Eugenio Imaz destacou o fato de que ambas, contudo, em sua parte central, reproduziam texto do autor, datado de 1910, intitulado *A construção do mundo histórico nas ciências do espírito*. Eugenio Imaz (1900-1951) foi um dos principais estudiosos, tradutor e divulgador da obra diltheyana para o espanhol. Exilado pelo franquismo, instalou-se no México. Destaca-se, entre seus trabalhos, *El pensamiento de Dilthey*. (Imaz, 1946).

Passemos então a palavra ao próprio autor; a citação é longa e, para alívio dos leitores, encaminha nossas conclusões:

> Nos dez volumes reunidos sob o título geral de História dos fundadores do Império do Brasil, grande é a parte concedida ao exame da contribuição das principais personagens que surgiram no momento histórico da emancipação do Brasil e atuaram no processo da formação de suas instituições políticas. Mas neste conjunto de biografias os homens aparecem indissoluvelmente ligados aos acontecimentos, homens históricos e não puros espíritos, homens concretos e não abstratos, associando natureza e cultura, natureza e história, ao mesmo tempo *anges et bêtes*, a prevalecer o pensamento de Kierkegaard. Quando esteve nas possibilidades do autor, sua tarefa biográfica inspirou-se em boa parte das lições de Dilthey e diligenciou descobrir, baseado nas melhores fontes documentais, o nexo efetivo em virtude do qual as figuras estudadas foram determinadas pelo meio em que viveram e como sobre ele reagiram. Um José Bonifácio, um d. Pedro I, um Bernardo de Vasconcelos, um Evaristo da Veiga, um Diogo Antônio Feijó foram vistos e captados no mundo histórico, isto é, dentro das ideias e das correntes políticas da época, delimitados por um sistema particular de vida, pelas concepções de Estado, de religião, de ciência ou de arte do tempo.
>
> Mas se houve intenção de fixar na vida de cada uma dessas personalidades a sua conexão com o mundo histórico — e sem isso impossível seria evocar a existência de quem quer que seja [...] —, não se prescindiu do esforço ou da tentativa de entrever o que havia porventura de irredutivelmente pessoal, de próprio, de inalienável em cada uma delas, aquilo que pertencia à zona de sombra do mais íntimo da natureza, da humanidade, do mistério, do drama de cada indivíduo. Não se prescindiu do propósito de descobrir quanto possível no fluxo da vida desses homens os traços, os elementos mais diferenciados, as linhas inconfundíveis da sua fisionomia íntima, o timbre de sua mais recôndita voz, a parcela individual que não pode ser somada, subtraída, multiplicada ou dividida, o *quid* em última análise definidor da personalidade, surpreendendo o ato único, o fato que não se repete. De outro lado, sem a liberdade de criação do romancista — que estabelece para as suas personagens um plano próprio de vida e de duração, mais ou menos próximo do que o espetáculo do mundo lhe oferece, embora no fundo sempre caprichoso e

arbitrário —, indeclinável foi o respeito e a obediência ao *curriculum vitae* dos biografados, aceitos na sua estrutura física e moral, nos limites de suas dimensões, nas contingências de suas vidas.

O trabalho do historiador, com a necessidade de provas em que se apoie a certeza do conhecimento histórico, tem caráter científico: não há história sem fontes, sem pesquisas, sem documentos. Mas a elaboração histórica participa sob vários aspectos da obra de arte, colocando-se muitas vezes o historiador numa atitude semelhante à do pintor, que organiza os valores pictóricos segundo uma hierarquia subjetivamente inspirada. E em nenhuma tarefa o historiador se aproxima mais do artista do que na biografia. Dilthey salienta que a posição desta na historiografia foi preparada pela novela, isto é, pela ficção. O mundo biográfico não pode limitar-se a um meticuloso levantamento das ações e dos acontecimentos da vida de um homem e, em seguida, a uma narrativa em que se observe o mais possível a ordem cronológica: mister se faz que, socorrido pela imaginação — e de imaginação há necessidade até no âmbito das ciências naturais —, o biógrafo saiba e possa o mais possível recriar a vida que se extinguiu e restaurar o tempo que passou. Só assim o trabalho biográfico deixará de ter o ranço de fastidiosos relatórios e logrará apresentar em perfeito sincronismo o indivíduo e seu meio histórico, este em todos os seus aspectos relevantes e aquele no seu cunho mais autêntico [Sousa, 1960:14-16].

À sua maneira, Octávio Tarquínio de Sousa buscava, por meio das relações entre biografia e história, fazer da historiografia uma pedagogia, na dimensão de algo que interferisse na formação dos homens, uma possibilidade de aprender com o outro, pela clave da prospecção acerca do enigma da própria condição humana. Nesses termos sua "abordagem psicológica" pôs em xeque os discursos de natureza comemorativa, pautados na reificação do panteão já estabelecido de heróis nacionais.

Em certa medida, arriscamos, Octávio Tarquínio efetuou o que Jean Marie Gagnebin (2006:49-57) qualificou como o trabalho da *rememoração*, trabalho árduo, sempre incompleto. Ao biografar seus estadistas do Império do Brasil, Octávio Tarquínio o fez à luz das inquietudes de seu tempo, na busca pelas raízes, pelos sintomas, pela cura, sem maiores pretensões de domesticar o futuro diante da à urgência de agir no presente. Sob a premissa de humanizar os heróis nacionais, a valer-se de uma abordagem psicológica, os mesmos foram redimidos às suas condições de seres do tempo e da história. Com eles se aprendia, a par de suas dúvidas, projetos, vontades, incertezas, derrotas, inconclusões.

Referências

ABREU, Alzira Alves de. I Congresso Brasileiro de Escritores. In: *Dicionário histórico-biográfico brasileiro*. Rio de Janeiro: FGV; Cpdoc, v. II, p. 1535-1536, 2001.

AMARAL, Maria Nazaré de Camargo Pacheco. *Dilthey*: um conceito de vida e uma pedagogia. São Paulo: Perspectiva; Edusp, 1987. p. xvii-xxviii.

ATHAYDE, Tristão de. Biografias. *Estudos*. 4ª Série. Rio de Janeiro: Centro D. Vital, 1931. p. 168.

COSTA, Flávio Moreira da. Apresentação. In: MANSFIELD, Katherine. *Felicidade e outros contos*. Trad. Julieta Cupertino. Rio de Janeiro: Revan, 1991. p. 7-9.

CRULS, Gastão. Biografias. *Boletim de Ariel*, ano VI, n. 1, p. 1, out. 1936.

DILTHEY, Wilhelm. *El mundo histórico*. Trad. Eugenio Imaz. México: Fondo de Cultura Económica, 1944.

______. Introducción a las ciencias del espíritu: ensayo de una fundamentación del estudio de la sociedad y de la historia. Trad. Júlian Marías. *Revista de Occidente*, p. ix-xix, 1956.

FREUD, Sigmund. O mal-estar na civilização. In: SALOMÃO, Jaime (Org.). *Freud*. Trad. José Octávio de Aguiar Abreu. São Paulo: Abril Cultural, 1978. p. 191-194 (Col. Os pensadores).

FRUCHON, Pierre (Org.). *O problema da consciência histórica*. Trad. Paulo César Duque Estrada. Rio de Janeiro: FGV, 1998.

GAGNEBIN, Jeane Marie. Memória, história, testemunho. In: ______. *Lembrar escrever esquecer*. São Paulo: Ed. 34, 2006. p. 49-57.

HUGUES, Stuart. *Consciousness and society*: the reorientation of European social thought 1890-1930. Revised edition. New York: Vintage Books, 1977.

IMAZ, Eugenio. *El pensamiento de Dilthey*. México: El Colegio del México, 1946.

LEHMANN, John. *Virginia Woolf*. Trad. Isabel do Prado. Rio de Janeiro: Zahar, 1989.

MANSFIELD, Katherine. Psicologia. In: ______. *Felicidade e outros contos*. Rio de Janeiro: Revan, 1991.

MESURE, Sylvie. *Dilthey et la fondation des sciences historiques*. Paris: PUF, 1990. p. 28-87.

PECORARO, Rossano (Org.). *Os filósofos*. Petrópolis: Vozes; Rio de Janeiro: PUC-Rio, 2008.

REIS, José Carlos. *Wilhelm Dilthey e a autonomia das ciências histórico-sociais*. Londrina: Eduel, 2003.

RICKMAN, H. P. *Wilhelm Dilthey*: pioneer of Human Studies. Berkeley; Los Angeles; London: University of California Press, 1979.

RÖD, Wolfgang. *O caminho da filosofia*. Trad. Maurício Mendonça Cardoso, Caio Heleno da Costa Pereira e Roniere Ribeiro do Amaral. v. 2. Brasília: UnB, 2008. p. 539-571.

RODI, F. Dilthey's concept of structure within the context of 19th century science and philosophy. In: AMARAL, Maria Nazaré de Camargo Pacheco. *Dilthey*: um conceito de vida e uma pedagogia. São Paulo: Perspectiva; Edusp, 1987. p. 8.

ROSENBAUM, S. P. *The Bloomsbury Group*: a collection of memoirs and commentary. Revised edition. Toronto: University of Toronto Press, 1995.

SARLO, Beatriz. *Tempo passado*: cultura da memória e guinada subjetiva. Trad. Rosa Freire d'Aguiar. São Paulo: Companhia das Letras; Belo Horizonte: UFMG, 2007.

SILVA, Edmar Luis da. *Compreender a vida, fundamentar a história:* a crítica da razão histórica em Wilhelm Dilthey. Dissertação (mestrado) — UFMG, 2006.

SMITH, Angela. *Katherine Mansfield*: a literary life. New York: Palgrave Macmillan, 2000.

SOUSA, Octávio Tarquínio de. *Diogo Antônio Feijó*. Rio de Janeiro: José Olympio, 1942., v. 35, p. ix-x (Col. Documentos brasileiros).

______. *José Bonifácio*. Rio de Janeiro: José Olympio, 1960, v. I, p. 14. (Col. História dos fundadores do Império do Brasil).

STRACHEY, Lytton. *Rainha Vitória*. Trad. Luciano Trigo. Rio de Janeiro: Record, 2001.

As representações de ciência em espaços de divulgação no Brasil oitocentista: uma nova pedagogia*

MOEMA DE REZENDE VERGARA

A divulgação e seus espaços, uma definição

Representar algo, segundo Santo Tomás de Aquino, significa conter a semelhança da coisa (Abbagnano, 1998:853). Partindo disso, começo minha definição de divulgação da ciência no século XIX. Quando penso na representação da ciência nos espaços de divulgação, essa semelhança com a coisa é o que será apresentada ao público e não significa, para utilizar uma expressão da época, uma ciência degenerada, mas aquilo que da ciência o público poderia entender. Gostaria desde já de definir o que entendo por divulgação da ciência; que seria o conteúdo da ciência *traduzido* para o público.[1] Essa preocupação era constante para todos os seus agentes: cientistas ou intelectuais preocupados com a ampliação do conhecimento científico na sociedade brasileira. Segundo aqueles ho-

* Agradeço à Faperj o auxílio à pesquisa e à professora Helena Mollo a cuidadosa leitura.

[1] Cf. o texto de Vergara (2008:137-146).

mens havia uma clara distinção entre a comunicação para os cientistas propriamente ditos, presente em revistas científicas ou congressos, e a atividade que eles mesmos qualificavam como *vulgarização científica*, que seria a disseminação do conteúdo científico para o público leigo. Nesse sentido, a atividade de vulgarização visava três pontos: entreter e instruir ao mesmo tempo, estar ao alcance de todas as inteligências — para usar uma expressão da época — e veicular uma ciência que mantivesse o rigor, sem recorrer à linguagem do especialista, ou seja, *traduzida* para o público em geral. Esses três pontos podem ser encontrados em vários espaços de divulgação ou vulgarização como periódicos, livros, conferências, exposições, entre outros.

Por espaços de divulgação no século XIX, refiro-me aos clubes amadores, conferências populares, cursos em museus, exposições universais, revistas e os próprios jornais. Esse espírito "vulgarizador" que se espraiava em diversos espaços pode ser vislumbrado na seguinte passagem da revista *Ilustração Brasileira*, editada por Henrique Fleiss e que circulou entre os anos de 1876 e 1877:

> Devemos também aplaudir a nobre emulação dos prelectores, que em diferentes tribunas populares vulgarizam a ciência. Inoculou-se entre nós o gosto pelas conferências, e é realmente muito para louvar o pendor dos espíritos para distinção tão sólida como recreativa.[2]

Para entender esta atividade, em minha pesquisa tenho trabalhado particularmente com as revistas científico-literárias. Para tentar entender como o público "consumia" a ciência, tenho buscado analisar uma fonte deixada um pouco de lado pelos demais historiadores da ciência, que seriam as publicações geralmente editadas por literatos, que não possuíam nenhum vínculo com as instituições científicas já existentes no Brasil e que tinham por missão levar a ciência ao alcance do grande público. A relevância do estudo dessas revistas está no fato de lá haver notícias dos demais espaços de divulgação, como as exposições nacionais e internacionais, os museus, as conferências e os cursos públicos. Além disso, posso considerar as revistas o lugar de permanência maior dos conteúdos escritos, se com-

[2] Boletim bibliográfico. *Ilustração Brasileira*, n. 4, p. 54, 15 ago. 1876.

paradas aos jornais, e mais ágeis, se comparadas aos livros. Sua circulação também era mais ampla, pois, ao analisar os preços e consequentemente as assinaturas, vê-se que as revistas eram vendidas tanto na corte ou na capital, quanto também nas províncias ou estados, dependendo do período.

Ciência e técnica

Tenho pesquisado o período entre os anos 1870 e 1930, e, neste intervalo, a noção de ciência já se confunde com progressos técnicos de várias ordens: mesmo assim, pela análise dos textos é possível inferir que para aqueles homens a ciência propriamente dita não é só técnica, mas é o método — instrumento da razão — que permite conhecer a natureza. Como exemplo, um artigo de 1877, cujo título é "A ciência", publicado n'*O Vulgarizador*, jornal dos conhecimentos úteis (1877/1881), periódico editado por Augusto Emilio Zaluar:

> Um notável movimento em favor dos estudos sérios está operando-se presentemente entre nós; todas as nobres curiosidades parecem despertar a um tempo. Por toda a parte rasgam-se largas e elevadas perspectivas.
>
> [...] Ainda penetramos avante nas profundezas da história do Universo. O sistema solar não é eterno. A astronomia sideral ensina-nos que o sistema solar não é mais do que um ponto no espaço, um sistema entre miríades de sistemas análogos. As nebulosas, a Via Láctea, os cometas são documentos desta antiquíssima história.[3]

Tal qual na chamada revolução científica do século XVII, naquele período, apesar do processo de especialização, a astronomia continuava sendo uma ciência paradigmática. Interessante notar que a astronomia surge como o *loci* privilegiado para entender o método científico *à la* Bacon. Contudo, naquele momento, a astronomia possuía um aspecto pragmático mais evidente se comparada aos dias atuais. Talvez, para efeito retórico, fosse necessário apresentar a astronomia como uma ciência pura, desvencilhada das questões pragmáticas. Cabe lembrar que um dos usos dessa disciplina

[3] "A ciência". *O Vulgarizador*, n. 2, p. 10, 11 ago. 1877.

poderia ser verificado, por exemplo, no serviço da hora, nos estudos meteorológicos e na geodésia, particularmente em sua função de determinação dos limites territoriais, atividade então desempenhada pelo Observatório Astronômico do Rio de Janeiro. Além disso, o artigo festeja o momento em nossa história intelectual, que poderia ser resumido pelo ideário da geração de 1870, bem como pelo aumento, a olhos vistos, de espaços de ciência, para utilizar uma expressão de Maria Amélia Dantes (2001).

A questão importante para os historiadores é ver que, junto com o esforço de representação da ciência, a divulgação traz consigo outras ideias, como a necessidade de que sejam os brasileiros os agentes do conhecimento de sua própria terra. Para estudar a natureza pátria, ocorreu, a partir dos anos 1870, um crescimento e fortalecimento das instituições científicas no Brasil, tais como o Jardim Botânico, a Faculdade de Medicina do Rio de Janeiro, o Laboratório de Fisiologia Experimental do Museu Nacional, entre outros. Paralelamente, observamos um *boom* editorial de jornais e revistas dedicados à ciência. Muitos deles eram produzidos pelas próprias instituições científicas, como os Arquivos do Museu Nacional. Aqui é necessário fazer uma diferenciação entre esses dois tipos de publicação, um deles seria institucional, voltado para o público especializado, e outros seriam exclusivamente voltados para os leigos, sendo muitas vezes dirigidos por literatos, sem ligação com as instituições científicas. Esses periódicos representam uma característica marcante da divulgação naquele período, que seria a parceria entre ciência e literatura. Essa relação "amistosa" irá se deteriorar com o passar do tempo em função da especialização e da profissionalização de ambos os campos.

Voltando ao tema da representação da ciência, deve-se lembrar que uma de suas especificidades no Oitocentos estaria ligada a Claude Bernard e sua proposta de fisiologia experimental. Nesse sentido, o experimentalismo ganha renovada força, principalmente com o advento dos laboratórios, que começam a fazer parte da atividade científica. Assim, começa a aumentar o número de artigos que se dedicam a mostrar como a ciência se faz, ao lado de seus resultados — seu aspecto mais pragmático (Daston, 1999).

Assim, temos, em 1879, na *Revista Brasileira* um artigo de Batista de Lacerda, que, por sua vez, trabalhava no laboratório de fisiologia do Museu Nacional. Nesse texto, o autor relatou sua experiência sobre o veneno das cobras, dando visibilidade aos procedimentos do laboratório, sem ainda ter os resultados de sua pesquisa.

> Vê-se bem que os materiais acumulados até aqui, conquanto importantes e valiosos, não são ainda suficientes para esclarecer os pontos capitais da história fisiológica daquele veneno. Foi por esta razão que julgamos poder prestar ainda um serviço à ciência, instituindo uma série de investigações sobre o veneno de algumas cobras do Brasil, estudo que até aqui não tinha sido feito sob o ponto de vista experimental. Essas investigações, começadas há perto de três anos e muitas vezes interrompidas pelas dificuldades de obter cobras vivas, não puderam ser ainda completadas [Lacerda, 1879:474].

Como dissera, uma das representações da ciência naquele momento era identificá-la com o progresso técnico. Talvez por isso se veja com frequência na historiografia a confusão entre ciência e técnica. Um bom exemplo é a notícia sobre um fogão que saíra n'*O Vulgarizador*. Além de suas qualidades higiênicas, o fogão de Cassels é apresentado como um avanço nas "investigações científicas e industriais". Diz o artigo: "Foi preciso primeiramente estudar o modo de espalhar com igualdade e por toda parte simultaneamente calor de combustível", a distribuição do calor seria um avanço da física e o cozimento igual dos alimentos estaria resolvendo um problema posto pela higiene no controle de doenças. Aquele fogão americano seria, assim, segundo o autor, superior ao inglês, "que sempre teve primazia na qualidade e na solidez de seus artefatos de ferro", mas que "um dia encontrou nas exposições modernas um rival".[4] O artigo noticia que o invento ganhou a medalha de ouro na Exposição de Paris de 1878. Ao analisá-lo, podemos ver que

> o espírito indagador da ciência moderna auxiliando a audácia das concepções mecânicas e industriais tem produzido uma verdadeira revolução não só nos instrumentos de trabalho e por consequência no aumento das forças produtoras, mas até o que é ainda mais admirável, nos nossos próprios usos domésticos.[5]

[4] "Fogões americanos de Cassels", *O Vulgarizador*, n. 30, p. 233 e 240, 1878.
[5] "Fogões americanos de Cassels", *O Vulgarizador*, n. 30, p. 240, 1878.

A ciência produtora de uma técnica que altera o cotidiano das pessoas também pode ser vista nas notícias sobre a invenção do telefone ou, para usar uma expressão da época, "electro-telefone".

A respeito deste invento pode-se afirmar que era uma das inúmeras aplicações do principal campo de investigação da física experimental do século XIX, o eletromagnetismo, que traria uma espécie de resultados práticos — como o desenvolvimento dos motores e geradores elétricos para trens e bondes, e o suprimento de eletricidade pública, bem como o telégrafo elétrico, que nas mãos de um inventor, Alexander Graham Bell, se transformou no telefone. Essa invenção seria a resolução de um problema da física teórica, ou seja, de como a eletricidade e o magnetismo podiam afetar um ao outro no espaço vazio: o problema da ação a distância.

A invenção do telefone teve grande destaque n'*O Vulgarizador*, com estampas da conferência de Graham Bell em Salem e dos componentes de seu aparelho. Para explicar seu funcionamento foi reproduzida no periódico uma nota já publicada na *Ilustração Brasileira* assinada por Miguel Antonio da Silva, então professor da Escola Politécnica do Rio de Janeiro, que descreveria a teoria e o mecanismo como uma "tão importante combinação físico-mecânica".

O aparelho era visto como uma "maravilhosa invenção do telégrafo falante". Tanto quanto informar sobre seu funcionamento, a matéria queria noticiar "a conferência do professor Bell e o lugar onde se achavam as pessoas testemunhas do resultado desse assombroso invento".[6]

Aqui se destaca outra forma de ver a representação da ciência nesses periódicos. Gostaria de lembrar que o papel do testemunho foi fundamental para a consolidação da prática científica no século XVII com os experimentos públicos, como os ocorridos na *Royal Society* de Londres. O trabalho de Shapin e Shaffer sobre a bomba de ar de Boyle mostra como a nova ciência, ao nascer, precisava da presença de um grupo de pessoas respeitáveis como testemunhas, por conta do valor da evidência na construção da ciência como um discurso de verdade.

Quanto às experiências com o novo aparelho, o artigo noticia que tinham sido feitas em Boston e em Salem (como mostra a gravura). Na

[6] "O electro-telefone", *O Vulgarizador*, n. 8, p. 57, 1877.

figura a seguir, podemos ver a invenção de Graham Bell em ação, na qual pessoas em Boston o escutam a 22 quilômetros de distância.

Conferencia do Sr. Bell, em Salem

Com as revistas ilustradas, essas imagens produzem no público a ilusão de que estaria também participando como testemunha do nascimento dessas novidades científico-tecnológicas. Seu papel de testemunho é mediado por outra inovação técnica, a imprensa ilustrada, produzindo mais um recurso retórico do que efetivo, uma vez que naquele momento, na prática científica, o testemunho se faz pelos pares, e a produção do discurso de verdade está restrita à bancada do laboratório. Público e técnica são postos frente a frente como um interminável jogo de espelhos que abre uma infindável fonte interpretativa para o historiador da ciência. Uma vez que a ciência já não é a mesma da época de Boyle, e o público (Schaffer e Shapin, 1985) já não é o mesmo do século XVII, a única possibilidade de presenciar o experimento, por meio das imagens, estaria restrita a uma experiência vicária.

Para explorar o assunto das representações da ciência, também vale perguntar quem faz a divulgação. No caso brasileiro: cientistas e literatos. É comum ver como a ciência se manifesta nas demais formas de conhecimento, como a história e a literatura. Para efeito de construção de uma história social da ciência seria importante também verificar o inverso, ou seja, como outros campos de conhecimento influenciam a atividade científica.

Nesse sentido, imagino que ao participarem de um mesmo ambiente intelectual, propiciado pelas revistas, haveria uma mútua troca de interesses e experiências. De mais concreto, há a questão da configuração do território nacional como algo que preocupava cientistas e literatos, claramente expressa nas revistas. Como podemos ver nas seguintes palavras do crítico literário José Veríssimo, que dissertava sobre o problema da definição dos limites territoriais, condição fundamental para a elaboração de uma carta nacional em bases científicas, que até aquele momento não havia.

> Nenhuma animosidade é preciso contra o Império, para afirmar e reconhecer que ele esqueceu ou descurou questões que teve, aliás, bastante tempo e vagar para resolver. As questões de limites são dessas — não só limites internacionais com a França e a Inglaterra nas Guianas, com o Equador, com a Bolívia, com a Argentina, como limites interprovinciais entre Pará e Amazonas, Pará e Mato Grosso, Amazonas e Mato Grosso, Minas e São Paulo, Santa Catarina e Paraná e outros — que são ainda hoje motivo de litígio e fonte de desavença e malquerença entre os estados interessados, por isso a Federação se tornou naturalmente mais ciosa de seu próprio território, de seus direitos e prerrogativas [Veríssimo, 1896:129].

Um pequeno indício do que se quer exemplificar estaria na utilização das ideias de Varnhagen por um cientista, o astrônomo Luiz Cruls, que se refere ao historiador como recurso de autoridade, para justificar sua expedição ao Planalto Central em seu relatório de 1894. A missão da expedição era a determinação da futura capital federal. Um dos argumentos para a mudança da capital para o centro do país se apoiava na ideia mitológica de Ilha-Brasil, ou seja, que o território brasileiro era uma entidade natural indivisível, fornecido pela providência através de dois grandes rios, o Prata e o Amazonas, e o centro da nação, sua capital, deveria estar na confluência desses rios, tese que Varnhagen defendia desde 1839, exposta numa carta ao IHGB e no *Memorial Orgânico* 10 anos depois (Vergara, 2006).

A ideia de território estava tão enraizada no cientista que quando Cruls chefiou a Comissão Mista de Limites entre Brasil e Bolívia, em 1901, no momento do litígio e indefinição dos limites internacionais, ela se tornou presente. A missão dele era determinar a nascente do rio Javary e a partir de suas coordenadas geográficas estabelecer uma linha geodésica entre os rios Madeira e Javary, conforme o Tratado de 1867. Contudo, apesar dos tratados diplomáticos determinarem que aquela área (atual Acre) seria por direito da Bolívia, Cruls (1904:189) afirmava em uma revista literária de 1904 que "se, conforme a doutrina de Monroe, a América é dos americanos, parece-nos que a Amazônia deveria pertencer ao Brasil, e, palmo a palmo deve ser reavida toda aquela região que, pela sua situação geográfica e pela história, lhe pertence".

Divulgação e a botânica

Durante o século XIX, a especialização das disciplinas nos fornece exemplos diferenciados da aplicação da ciência e do esforço intelectual de entender como a ciência se faz. O caso da botânica é exemplar no sentido de produzir no observador um sentimento de autoaprimoramento. O interesse pela botânica pode ser explicado pelo fato de ela ser uma ciência que colocaria a natureza em ordem, diante de seu poder de desvendar as estruturas e ao mesmo tempo produzir uma linguagem descritiva, pelo que é visível. Segundo Foucault (1985:151), "a botânica é o espaço comum às palavras e às coisas e constituía para as plantas uma grade muito mais acolhedora, [...] o conhecimento taxonômico a partir de variáveis imediatamente perceptíveis foi mais rico e mais coerente na ordem botânica que na ordem zoológica". Assim vemos que a importância da botânica, a partir do século XVII, não está necessariamente ligada a um avanço epistemológico propriamente dito, mas à possibilidade de introdução do método científico no mundo natural.

Já no século XIX os jardins botânicos eram o lugar por excelência onde se poderia ter contato com o visível relevo das formas e com os elementos presentes nas flores e nas plantas. Para Tony Bennett (1995:18), junto com os museus, os jardins botânicos eram equipamentos urbanos que possibilitavam um aprimoramento do *self* através do entretenimento com fins educativos.

Além das visitas aos jardins botânicos e aos museus, o público também tinha acesso a esse universo ao folhear revistas e jornais ilustrados.

No Brasil, o interesse científico sobre a natureza tinha um peso importante: era consenso entre nossa elite letrada que a natureza brasileira era especial, e, por sua vez, nos fazia especiais também. Segundo o *Dicionário de botânica brasileira* em 1873, era preciso, além de "vulgarizar" o conhecimento das plantas medicinais indígenas e aclimatadas, "despertar o amor pelas coisas pátrias" (Pinto, 1873:7). Os homens daquela geração não se cansavam de afirmar que a vegetação no Brasil era uma das mais admiráveis e do ponto de vista científico era considerada a mais rica do mundo pela abundância e variedade das espécies. Na literatura, nossa flora era uma "personagem" constante, cantada em prosa e verso e tida como um dos elementos definidores da nacionalidade brasileira. Essa riqueza também era vista com um olhar pragmático: madeiras para a construção, fibras e tintura para a indústria têxtil e a alimentação, todos importantes para o comércio. Por ter em si todos esses aspectos práticos e simbólicos, a botânica é uma ciência privilegiada para analisar como determinado conhecimento científico que gerava grande interesse no público popularizava-se em periódicos científico-literários. Contudo, a importância da botânica transcende seu aspecto pragmático, segundo Peter Dear (2007:45), os naturalistas estão preocupados em classificar todas as plantas, não só as que possuem valor prático. Isso contribui para a construção de um ideário de "ciência desinteressada", fundamental em um período de institucionalização, como o final do século XIX.

É possível reunir fatores que podem ser explicativos pela presença da botânica em um periódico de divulgação. Ao analisarmos o perfil de *O Vulgarizador*: *jornal dos conhecimentos úteis* chamou nossa atenção a palavra *útil*, que, imagino, possa ser entendida como a aplicação do método científico, agregando o que na época era considerado "nobres curiosidades".

Peça importante do quadro de representação da ciência oitocentista é, sem dúvida alguma, o darwinismo, uma das ideias científicas que mais influenciaram os pensadores sociais da época. No jornal já bastante citado, *O Vulgarizador*, há uma série de artigos intitulados "Cartas a uma senhora", de Rangel S. Paio, ao longo de 1878. Para o autor, as vantagens das teorias de Darwin estariam em mostrar ao homem onde ele começou, onde está e aonde pode ir, e, segundo o autor, esta teoria "conseguirá desarraigar muitos preconceitos irrisórios, torná-lo [o homem] menos orgulhoso de suas exterioridades e acidentes de berço, mais humano para seus irmãos menos perfeitos. E a moral ganhará, pois o homem saberá melhor cumprir seus deveres, melhor se compenetrando de seu lugar no universo!"...[7]

Conclusão

Esses periódicos foram pródigos em mostrar como o estudo das novas teorias e a implementação de novas técnicas também poderiam ser úteis para a reforma da sociedade brasileira. Uma questão fundamental e tida como sinônimo de atraso na sociedade brasileira era a escravidão. Enquanto outros periódicos advogavam a imigração como forma de substituição de mão de obra, interessante ver n'*O Vulgarizador* a sugestão de que a técnica seria uma solução para aquele problema.

Nesse contexto, entendemos o artigo que falava, por exemplo, de um tipo de motor elétrico utilizado em uma fazenda no estado do Rio de Janeiro, apresentado da seguinte forma no periódico:

> Em presença de todas essas vantagens, parece ficar patente que o motor instantâneo está destinado a produzir uma benéfica revolução na indústria, e que nossos lavradores e fabricantes não poderão prescindir de seu auxílio, se quiserem estabelecer e desenvolver sua produção em condições vantajosas e de rápido progresso.[8]

Assim, essas inovações não se dão no vazio, elas são a resposta pela qual a sociedade espera para resolver um problema concreto, a substituição da mão de obra escrava e toda a transformação que isso acarretaria para os costumes da época.

Para concluir, vejo que analisar as representações da ciência em diversos espaços, como mostrou este capítulo, nos ajuda a ver que a ciência fazia parte de nossa cultura de forma mais íntima do que a tradicional historiografia nos faz crer.

Desta forma, consideramos que na segunda metade do século XIX havia duas distinções possíveis de representação da ciência em função de suas

[7] Paio (1878:192).
[8] O motor instantâneo, *O Vulgarizador*, n. 23, p. 180-181, 1878.

finalidades: a primeira estaria em seu valor pragmático. Exemplos dessa visão de ciência podem ser vistos com muita frequência em periódicos do começo do século XIX, como o *Auxiliador* e o *Patriota*. A modalidade pragmática não deixou de existir, contudo, principalmente após 1870, no Brasil, notamos o surgimento de uma segunda possibilidade: artigos que se dedicam a explicar como a ciência se faz — por exemplo, o já citado texto sobre o contraveneno das cobras e os de botânica, que, além de englobarem a questão utilitária da ciência, desejam fazer com que o leitor se autoaprimore e participe do mundo da ciência ao compreender o método de classificação de Lineu, podendo transformá-lo em um cientista amador, ou em um amigo da natureza, para empregar um termo do naturalista Emilio Goeldi. Ou seja, um leitor que sacie suas nobres curiosidades.

Referências

ABBAGNANO, Nicola. *Dicionário de filosofia*. São Paulo: Martins Fontes, 1998.

BENNETT, Tony. *The birth of the museum*: history, theory, politics. London: Routledge, 1995.

CRULS, L. Do Rio às nascentes do Javary. *Renascença*; revista mensal de letras, ciência e artes, ano 1, n. 10, p. 187-197, dez. 1904.

DANTES, M. A. (Org.). *Espaços da ciência no Brasil*: 1800-1930. Rio de Janeiro: Fiocruz, 2001.

DASTON, Lorraine. As imagens da objetividade: a fotografia e o mapa. In: GIL, Fernando (Coord.). *A ciência tal qual se faz*. Lisboa: Edições João Sá da Costa, 1999. p. 79-104.

DEAR, P. *The intelligibility of nature*. Chicago: University of Chicago Press, 2007.

FOUCAULT, Michel. *As palavras e as coisas*: uma arqueologia das ciências humanas. São Paulo: Martins Fontes, 1985.

LACERDA, J. Batista de. O veneno crotálico. *Revista Brasileira*, t. II, 1879.

PAIO, Z. Rangel S. Cartas a uma senhora. *O Vulgarizador*, 1878, n. 23, p. 192.

PINTO, Joaquim Almeida (Coord.). *Dicionário de botânica brasileira* ou Compêndio de vegetais do Brasil; tanto indígenas como aclimados. Rio de Janeiro: Typographia Perseverança, 1873.

SCHAFFER, S.; SHAPIN, S. *Leviathan and the Air-pump*: Hobbes, Boyle and the experimental life. New Jersey: Princeton University Press, 1985.

VERGARA, M. R. Ciência e história no relatório da Comissão Exploradora do Planalto Central na Primeira República. *História, Ciências, Saúde-Manguinhos*, v. 13, p. 909-926, 2006.

______. Ensaio sobre o conceito de vulgarização científica no século XIX. *Revista da Sociedade Brasileira de História da Ciência*, v. 1, p. 137-146, 2008.

VERÍSSIMO, J. Bibliografia. *Revista Brasileira*, 1896. [S.l.], p. 126.

O que se pode aprender com a história? As sentenças prudenciais e o gênero histórico em Leonardo Bruni e Nicolau Maquiavel

FELIPE CHARBEL TEIXEIRA

Aprender com a história? A pergunta que serve de inspiração às discussões deste congresso evoca, de forma quase imediata, a concepção retórica da história predominante por quase dois milênios nas sociedades ocidentais. Como bem se sabe, a reflexão sobre a utilidade da história, ela mesma contemporânea da consolidação do gênero na Antiguidade, como *logos* distinto da tragédia, da epopeia, da poesia e dos anais, tem lugar de destaque nas preceptivas de Cícero, Quintiliano e Luciano de Samósata. Tratava-se, contudo, menos de um procedimento filosófico de indagação sobre as possibilidades de construir conhecimentos seguros a partir do exame minucioso das memórias das coisas ocorridas, do que da exploração retórica sobre o *que* poderia ser aprendido com os textos históricos e *como* tal aprendizado deveria ser realizado, a partir de regras tácitas de conveniência letrada que confirmavam hierarquias sociais e reproduziam silenciosamente princípios cosmológicos tidos como de validade geral.[1]

[1] A força do argumento da utilidade prática da história e as condições que de certo modo

Se formulada como indagação sobre o valor cognitivo das apropriações de textos históricos, ou mesmo como inquirição sobre os sentidos e lições apreensíveis da observação direta ou indireta dos acontecimentos, a pergunta "Aprender com a história?" pode ser tida, verossimilmente, como um produto discursivo da dinâmica ambígua entre encobrimento e desvelamento do lugar-comum da "história mestra da vida" na modernidade — menos no sentido da "dissolução da tópica", como no bem conhecido e seminal estudo de Koselleck,[2] do que no horizonte dos conflitos entre orientações filosóficas as mais diversas. A interrogação sobre a utilidade da história, ou, melhor dizendo, sobre as *possíveis* utilidades da história, é então proposta, na perspectiva de um processo histórico modernizado, a partir de pontos de apoio teóricos muitas vezes excludentes entre si: epistemológicos, metafísicos, ontológicos, pós-modernos etc. A tópica *historia magistra vitae* é assim relegada ao senso comum; deixa de ser sede de argumento para ser vista como lugar-comum em seu sentido mais vulgar e corriqueiro. Mesmo assim, a preocupação com o significado prático da história sobrevive à "dissolução do *topos*", tanto nas filosofias especulativas quanto na ciência histórica dos historicistas, muito embora o eclipse da re-

impossibilitavam, no mundo antigo, a formulação da pergunta "Aprender com a história?" em seu sentido cético eram "asseguradas" por cosmologias que, se em geral descartavam a possibilidade do retorno perfeito do acontecido — somente os estoicos e pitagóricos, como defende o filósofo italiano Santo Mazzarino, pressupunham ciclos de destruição e reconstrução do Universo segundo os padrões anteriormente existentes —, se não supunham o "eterno retorno do mesmo", afirmavam, como na física aristotélica, uma dualidade entre substância e acidente: sucedem-se as formas de governo, virtuosas e degeneradas, até retornarem a um ponto de origem, como em Heródoto, Platão e Políbio; ascendem e declinam as cidades, os impérios, os costumes, porque tudo no mundo sublunar está sujeito a movimentos cíclicos; mantém-se, porém, a substância, a natureza humana sempre igual a si mesma, embora variem, certamente, as representações das qualidades dessa natureza humana. Daí ser possível falar numa *representação circular-assimétrica* da experiência do tempo, verdadeiro "ciclo das coisas humanas", como em Heródoto, mas não num ciclo da história, uma vez que este vocábulo não remetia, como na modernidade, à ideia de uma totalidade em movimento, referindo-se especificamente a uma forma particular de relato e inquérito, cuja especificidade se revelava tanto na inquirição sobre as grandes e memoráveis obras dos homens como numa "atitude crítica com relação ao registro de acontecimentos", para empregar expressão de Arnaldo Momigliano, cujo propósito central seria o de salvar os feitos humanos do esquecimento e cujos mecanismos de composição deveriam obedecer às "regras da arte" retórica. Cf. Mazzarino (2004:416-417), Momigliano (2004:55) e Fornara (1988:92).

[2] Cf. estudo de Koselleck (2006), "*Historia magistra vitae*: sobre a dissolução do *topos* na história moderna em movimento".

tórica na modernidade tenha feito com que a pergunta pelo *que* e pelo *como*, pelos fins e pelos meios do aprendizado com a história, coabitasse com um amplo ceticismo quanto às suas possíveis utilidades práticas. Como no conto de Kafka, a lanterna passa a arder fraca sobre a cabeça; como na máxima de Tocqueville, o passado deixa de orientar o presente.

Neste capítulo, tratarei precisamente do que e do como, dos fins e dos meios do aprendizado com a história, a partir do exame do lugar das sentenças prudenciais nas histórias compostas por dois dos mais importantes homens de letras do Renascimento florentino: Leonardo Bruni e Nicolau Maquiavel.[3] Afirmações de caráter geral apresentadas como extratos da experiência de vida do homem prudente, as sentenças condensam, numa tirada breve e rica em pensamentos, lições necessárias ao bem público, segundo o uso prescrito em tratados como a *Retórica* aristotélica, a *Retórica a Herênio*, de autoria desconhecida, além dos ciceronianos *De inventione* e *De oratore*. Longe de constituírem máximas universais de validade indistinta, elas são definidas, nesses textos, como pensamentos graves e ornados, dotados de beleza e de um importante papel estratégico na economia do discurso. Trata-se de "pequenos lugares-comuns" da *inventio*,[4]

---

[3] Leonardo Bruni, nascido em 1370 na cidade de Arezzo, numa família obscura de comerciantes de grãos, tornou-se um dos mais notáveis humanistas da cidade de Florença, chegando, inclusive, a receber o título de cidadão florentino: formado no rigor dos *studia humanitatis*, com o apoio e incentivo de Coluccio Salutati, aprendeu grego com o bizantino Manuel Chrysoloras, para em seguida traduzir Platão, Aristóteles, Tucídides e Políbio para o latim. Compôs, ainda, inúmeros tratados, diálogos, vidas, memórias, elogios e histórias, segundo os decoros letrados dos gêneros, além de deixar vasta epistolografia privada, por ele mesmo organizada para efeito de publicação. Bruni teve participação ativa na *vita negotiosa* de Florença: ocupou, por mais de duas décadas, o cargo de chanceler da República, responsabilizando-se pela redação da correspondência oficial da cidade, e participou ativamente de importantes magistraturas citadinas, como o conselho dos Dez da Guerra. Já Maquiavel — assim como o humanista aretino filho de uma família apenas remediada, embora com um grau de ascendência mais destacado — não pode ser chamado propriamente de humanista. Embora tenha recebido educação formal, não dominava o grego, e sua entrada na vida política florentina, em 1498, é cercada de mistérios. Até ser alijado dos cargos públicos em 1512, com o retorno dos Medici a Florença, Maquiavel foi segundo secretário da República, tendo participado de inúmeras missões oficiais. Relegado ao ostracismo, passou a se dedicar à atividade literária, compondo peças de grande variedade: tratados, diálogos, peças teatrais, poemas, além das *Histórias florentinas*. Morreu em 1527, pouco antes do saque de Roma.

[4] Em seu sentido retórico, *inventio* quer dizer escolha dos argumentos apropriados e convenientes ao discurso, capazes de dirigir o orador no sentido da aquisição de bons argumentos. Como sugere Joan Marie Lechner, a palavra latina *invenire* significa "deparar-

segundo formulação sugerida por Francis Goyet em seu monumental estudo sobre a invenção retórica na Antiguidade e no Renascimento, meios discursivos para a amplificação[5] da proposição principal, e consequentemente para a construção retórica do *êthos* do orador. Meios que reafirmam, pelo *movere* (comover, finalidade do discurso grave e honesto, um dos três objetivos gerais da retórica, juntamente com o *docere*, ensinar, e *delectare*, deleitar), os "grandes lugares-comuns" *certae rei*, tidos pela opinião geral como inquestionáveis, num movimento da *quaestio finita* à *quaestio infinita*, como sugerido por Cícero no *De oratore*.[6]

Redigida na primeira metade do século XV, a *História* de Leonardo Bruni, em seus 12 livros, faz jus à formação filosófica do humanista aretino. Tradutor de Platão, Aristóteles, Tucídides e Políbio, Bruni conhecia como poucos as nuances de textos como a *Retórica* e a *Ética* aristotélicas, isso para não falar nos tratadistas latinos (Viti, 1992). No proêmio da *História do povo florentino*, as sentenças se fazem presentes, como era de esperar, seguindo a recomendação de Cícero em *De inventione* (1998, I, p. 18, 25), para quem "o exórdio deve ter muita gravidade e muitas sentenças". A primeira e mais importante fórmula do texto remete ao lugar-comum da *historia magistra vitae*: "Porque", escreve Bruni, "se os homens de idade avançada são reputados como mais sábios porque viram mais da vida, quão maior é o conhecimento que a história nos pode proporcionar se for lida diligentemente."[7] Disposta, no exórdio, logo após a descrição de alguns dos grandes feitos do povo florentino, como as lutas contra o duque de Atenas e a conquista de Pisa, e imediatamente em seguida à afirmação de que, "por terem parecido dignos de registro e lembrança [...] o conheci-

---

-se com", "encontrar", ou mesmo "achar", sempre no sentido de que algo é procurado. "*Invention in this sense*", afirma Lechner, "*and as the Renaissance man conceived it, was the key which opened the wisdom of the past that it might be applied to contemporary experience*" (Lechner, 1962:70).

[5] Por amplificação, entenda-se a técnica retórica fundada na elevação da nobreza ou dos vícios de algo ou alguém, pelo recurso ao lugar-comum.

[6] Cf. Goyet (1996:594). "*D'autre part, après la manière, l'art du lieu commun. Sur le fond, la démarche est bien celle de la généralisation. On commence par 'un fait' du grand capitaine: registre du particulier, de 'l'hypothèse', de la* quaestio finita. *On continue en élargissant le propos, en généralisant: registre du général, de la 'thése', de la* quaestio infinita."

[7] Cf. Bruni (1861; cotejada com a edição bilíngue de James Hankins). "*Imperocchè, se gli uomini antichi sono reputati di grandi consiglio per avere vedute più cose nella vita loro, quanto maggiormente la diligente istoria ci debbe fare prudenti.*"

mento desses fatos serviria tanto a fins públicos como privados", a sentença atua tanto no sentido da captação da benevolência[8] como na construção da dignidade do discurso, tocando e emocionando leitores e ouvintes ao amplificar lugares-comuns certos[9] (tidos, pela opinião comum, como inquestionáveis). Seu ponto de partida, assim, é a *doxa*.

Na *Retórica a Herênio*, a dependência das sentenças em relação ao senso comum é explorada pelo recurso à tópica da experiência.[10] Aspecto que também Aristóteles, dois séculos antes, já evidenciara.[11] Cabe frisar, contudo, que para os tratadistas antigos as sentenças não se confundiam com a opinião comum. Elas deveriam se valer da *doxa* como meio estratégico para a consecução de fins honestos, o que só seria possível pelo recurso à prudência. Daí que, como fórmula prudencial, a sentença não exponha ou revele princípios verdadeiros. "É conveniente", diz Aristóteles na *Retórica*, "usar máximas triviais e comuns, se forem úteis, porque, pelo fato de serem comuns, como toda a gente está de acordo com elas, podem parecer verdadeiras."[12] A sentença, nesse sentido, amplifica afirmações prováveis, valendo-se da aparência de verdade das coisas ditas para a produção de um verossímil adequado às finalidades discursivas.

Nesse sentido, ao definir as sentenças como afirmações gerais que não se aplicam "a aspectos particulares [...], mas ao universal; não a todas as coisas [...], mas só às que envolvem ações e que podem ser escolhidas ou rejeitadas em ordem a uma determinada ação",[13] Aristóteles realiza, ainda que de modo não explícito, um movimento de aproximação entre sentença

---

[8] Lucia Calboli Montefusco (1988:24), em sua análise do tratamento preceptístico dos exórdios nos tratados antigos de retórica, refere-se à passagem ciceroniana, segundo a qual o uso agudo das *sententiae* dava "ao discurso um tom de certa gravidade e dignidade" ("*dare al discorso un tono di una certa gravità e dignità*"). Nesse sentido, as sentenças contribuem para a captação da benevolência, finalidade máxima do exórdio.

[9] Ou lugares próprios, como na terminologia da *Retórica a Herênio*.

[10] Autor desconhecido. *Retórica a Herênio*, IV, 24, p. 235. "A sentença é um fraseado tirado da experiência que mostra brevemente algo que acontece ou deveria acontecer na vida."

[11] Aristóteles. *Retórica* [1395a]. "Soa bem às pessoas de idade exprimirem-se por máximas [ou sentenças] e dissertar sobre temas de que se tem experiência. De maneira que fazer uso de máximas quando não se atingiu tal idade é tão pouco oportuno como andar a contar histórias. Do mesmo modo, fazê-lo sobre temas de que não se tem experiência é uma parvoíce e uma falta de educação. Sinal suficiente disso é o fato de os camponeses serem muito sentenciosos e facilmente se exprimirem assim."

[12] Aristóteles. *Retórica* [1395a].

[13] Aristóteles. *Retórica* [1394a].

e *phronesis* (definida por ele, na *Ética nicomaqueia*, como a "qualidade racional que leva à verdade no tocante às ações relacionadas com os bens humanos",[14] espécie de dispositivo intelectual responsável pela adequação da conduta particular aos fins retos, distinto da sabedoria filosófica precisamente por não visar à demonstração dialética do necessário, limitando-se à sugestão do provável por meio de entimemas, que nada mais são que silogismos retóricos) (Aubenque, 2003:109). A *phronesis*, traduzida pelos latinos como *prudentia*, era um dos conceitos-chave tanto da filosofia política clássica quanto do sistema retórico antigo; em decorrência dessa dupla inserção, esperava-se que ela orientasse a invenção sentencial. Configurava-se, assim, na articulação entre sentença e prudência, a condição para a afirmação retórica do caráter ético do discurso: "Se as máximas são honestas", diz Aristóteles na *Retórica*, "também farão que o caráter do orador pareça honesto."[15]

Por fazerem convergir ética e retórica, as sentenças possuíam um inegável valor estratégico na economia dispositiva dos gêneros letrados: além de ornar o discurso com pensamentos graves, elas subordinavam os meios argumentativos às proposições gerais do discurso, o que inviabiliza todo tipo de interpretação puramente instrumentalizante do sistema retórico antigo, assim como de suas apropriações renascentistas. É precisamente no modo de ir do lugar-comum ao lugar-comum amplificado, o que só é possível pela intervenção do orador prudente[16] — porque simplesmente citar as tópicas sem o recurso, ainda que esporádico, ao ornamento da formulação sentencial, seria uma exposição muito crua e indecorosa do artifício —, é nesse movimento "em espiral" que se constituem, retoricamente, o *êthos* do orador e a dignidade do discurso.[17] Daí que, como defende Quintiliano, a beleza das sentenças acabe por contribuir para a

[14] Aristóteles. *Ética a Nicômacos*, VI [1140b].

[15] Aristóteles. *Retórica* [1395b].

[16] Francis Goyet nota que o tratamento da amplificação no *De oratore* constitui uma alternativa ao lugar-comum por *indignatio*, como exposto no *De inventione*. Trata-se de um segundo sentido de lugar-comum, que visa alcançar a *copia* e a *dignitas* pelo falar de forma geral. Evidencia-se, assim, a hierarquização do discurso; os lugares-comuns amplificados incidem na construção do *ethos*, refratando valores tácitos e hierarquias. O movimento, assim, vai da *doxa* à *doxa*, mas não se trata de um círculo vicioso (Goyet, 1996:272).

[17] Como indicado em passagem de Pontano (*De prudentia*), citada e traduzida por Victoria Kahn: "*There are as many [kinds] of character as there are men. Whence it happens that in the use of prudence, each man follows his own character (94)*" (Kahn, 1985:74).

beleza dos lugares-comuns (Goyet, 1996:588). Em termos ciceronianos, o movimento do lugar-comum ao lugar-comum amplificado constitui uma das premissas mais importantes para a aquisição da unidade ideal entre *copia rerum* e *copia verborum*: "Os discursos mais ornados", afirma o filósofo romano em *De oratore*, "são aqueles que adquirem maior extensão, afastando-se da controvérsia concreta em disputa para se converterem em uma explicação geral" (Cícero, 2004, III, p. 120).

Retomando o exame das sentenças prudenciais na *História* de Bruni, torna-se possível compreender o sentido geral do procedimento de amplificação, no proêmio, da tópica da "história mestra da vida". Mais que afirmar a exemplaridade como valor em si, a sentença constitui um meio para tocar (*movere*) a audiência. Daí que, como percebe Nancy Struever, "os valores retóricos" da *História* de Bruni acabam por reforçar "valores políticos específicos", em especial a defesa da liberdade do povo florentino,[18] no já referido movimento "em espiral": parte-se da tópica "os florentinos são naturalmente inclinados à liberdade", lugar-comum de ampla circulação nos séculos XV e XVI, para, na plenitude da unidade entre *copia rerum* e *copia verborum* alcançada na sentença, produzir-se retoricamente um efeito persuasivo capaz de incitar a reafirmação contínua, na vida civil, da tópica "os florentinos são naturalmente inclinados à liberdade", argumento-tipo que, amplificado, instiga o cidadão virtuoso a dar a vida pela República; a deixar em segundo plano os interesses privados; a contribuir, com sua bravura e coragem, para a expansão territorial dos domínios citadinos em guerras diversas.[19] Embora a história forneça ensinamentos úteis ao bem público, como diz Bruni no proêmio, tais ensinamentos são meios para o elogio da concórdia e da liberdade, proposições gerais do discurso, lições dignas e honestas reforçadas pelo mecanismo prudencial da escolha correta. *Docere* e *delectare* subordinam-se ao *movere*, verdadeiro "sentido de fim" atuante em cada página da *História*.

---

[18] Cf. Struever (1970:116). "*In turn, this dual nature manifests itself in two main areas of historical insight in Bruni's* History of Florence*: first, rhetorical values reinforce the specific political* values *which the Florentine historical process generates; second, concepts of rhetorical structure underline, make clear the* structure *of Florentine political history.*" Sobre os valores afirmados nas *Histórias* e na *Laudatio* de Bruni, conferir: Hankins (2000).

[19] Pode-se falar, nesse sentido, numa relação entre história e projeto político, como sugerido por Fubini (2003:173).

Tomando por pano de fundo a noção de "ordem hierárquica do discurso", o emprego da técnica retórica de amplificação dos vícios para reforçar a virtude, chamada de *indignatio*, revela-se decisivo em textos do gênero histórico, por remeter à narrativa dos fatos, cujas regras de conveniência são distintas das que regram as sentenças — as narrativas devem privilegiar a minúcia descritiva e a simplicidade elocutiva, enquanto a sentença deve se caracterizar pela brevidade da formulação e elevação das palavras —, por remeter a narrativa aos fins últimos do *movere*. Considere-se a passagem do livro IX da *História* que trata do movimento dos *Ciompi*, importante revolta popular do século XIV.

Ao longo de 1378, artesãos florentinos ligados à manufatura de lã lideraram uma série de motins que culminaram na tomada do poder pelos populares.[20] Às vésperas do conflito, a cidade encontrava-se dividida entre as famílias nobres da "parte guelfa" e os grupos com menor inserção política, muitos dos quais liderados por ricos comerciantes, como os Ricci, os Alberti e os Medici. Quando, por sorteio, Salvestro de Medici é escolhido *gonfaloniero* de justiça (a mais importante magistratura citadina), desafiando os nobres da "parte guelfa" ao tentar rever a situação dos advertidos — nobres e populares impedidos de participar da vida pública, ou mesmo exilados, em função de suposto passado gibelino —, instaura-se um conflito que logo se estende ao *popolo minuto*, especialmente os artesãos. As tentativas de pacificação promovidas por Luiggi Guicciardini, *gonfaloniero* que sucede a Salvestro, se mostram infrutíferas. Os conflitos se intensificam, assim como a violência do povo contra os *grandi*: casas são queimadas, nobres são julgados e mortos em praça pública, até que, por fim, os populares tomam o palácio da *Signoria* e nomeiam como *gonfaloniero* de justiça Michele de Lando, artesão de origem humilde, ainda assim representado na *História* de Bruni como um homem de virtude e constância, dotado de uma espécie de autoridade natural.[21]

---

[20] Para uma análise das implicações políticas e econômicas do movimento dos *Ciompi*, cf. Brucker (1984).

[21] "*Questo uomo, benchè fussi nato d'infima condizione e artigiano, nientedimeno io ardirò di dire, che per divina permisione fussi in que'tempi pericolosi disputato al governo della repubblica: perocchè lui sempre s'oppose alle disoneste cupidità del popolo minuto e della moltitudine [...] Avea da natura una certa autorità e presenza di uomo dabbene*" (Bruni, 1861:473).

Bruni interpreta esses episódios à luz de um dos mais importantes lugares *certae rei* da *História*: a concórdia. O movimento dos *Ciompi* foi, em sua visão, uma desordem sem precedentes.[22] A plebe e a multidão urbana passam a reivindicar um papel mais ativo na condução da República, almejando cargos, uma guilda própria e lugar de destaque nas magistraturas. O que teria incidido, segundo Bruni, num expressivo desequilíbrio do corpo político: os membros inferiores se sublevam, a ponto de, por algum tempo, Florença se tornar uma insólita República com duas cabeças: "O que uma deliberava a outra desfazia", afirma Bruni.[23] É no horizonte da indignação contra tamanho desequilíbrio que pode ser lida uma importante sentença do livro IX da *História*. Após narrar com detalhes sublevações populares, mortes, incêndios e exílios de nobres, Bruni eleva o estilo ao amplificar o lugar-comum da concórdia:

> Este pode ser um exemplo perpétuo para os homens de destaque da cidade: que não admitam movimentos e armas que venham da multidão, isto porque não podem ser detidas uma vez que se ponham em movimento e compreendam que são mais fortes, por serem em maior número. E principalmente deve-se evitar a princípio as sedições entre os cidadãos principais, porque delas se chega a este estado.[24]

Tem-se, aqui, o que o autor desconhecido da *Retórica a Herênio* chama de "sentença confirmada pela apresentação de uma razão".[25] Ou ainda, como na definição de Aristóteles, da disposição da sentença como abertura e epílogo de um entimema demonstrativo,[26] em que "a conclusão se

---

[22] "*Dopo la pace di fuori seguirono subitamente le discordie dentro, le quali quanto in alcun altro tempo turbarono la città*" (Bruni, 1861:470).

[23] "*Essendo adunque nella città due capi, e quel che deliberava l'una parte l'altra disfacea, ne seguiva grande confusione e disperazione delle cose che s'avevano a fare*" (Bruni, 1861:474).

[24] "*Questo può essere uno perpetuo esemplo agli uomini singolari nella città, che non patiscano il movimento venire nell'armi venire nell'arbitrio della moltitudine: perocchè non si possono ritenere quando hanno preso il morso, e intendono poter più perché sono maggior numero. E massimamente si debbe aver riguardo a'principi delle sedizione fra i principali cittadini, perché da quelle si viene a queste cose*" (Bruni, 1861:473).

[25] *Retórica a Herênio*, IV, 24, p. 235.

[26] Aristóteles. *Retórica* [1394a]. "Daí que, sendo o entimema um silogismo sobre tal tipo de coisas, resulta que as conclusões e os princípios dos entimemas, pondo de lado o silogismo em si, são máximas."

obtém a partir de premissas com as quais se está de acordo".[27] Onde a premissa 1, não necessária, mas "pertinente a maior parte das vezes",[28] seria: "Não admitam movimentos e armas que venham da multidão". A razão ou causa (segundo termo do silogismo retórico): "Isto porque não podem ser detidas uma vez que se ponham em movimento e compreendam que são mais fortes, por serem em maior número". E o epílogo: "Deve-se evitar a princípio as sedições entre os cidadãos principais". O entimema como um todo amplifica, com gravidade, brevidade e beleza, a tópica da concórdia, em *indignatio* contra os desequilíbrios do corpo político que produz nos ouvintes e nos leitores, verossimilmente, o efeito de compeli-los a não repetir os erros do passado. Configura-se, assim, a unidade ético-retórico-poética do discurso, pela convergência hierarquizada, numa tirada breve, entre *docere*, *delectare* e *movere*, os três objetivos da arte retórica que compõem a ideia de persuasão.

Já nas *Histórias florentinas* de Maquiavel, escritas entre 1520 e 1525[29] — ou seja, mais de um século após o início da redação da *História* de Bruni —, as sentenças, embora não deixem de conferir gravidade ao discurso e de amplificar lugares certos, aparentemente desestabilizam a subordinação do *docere* ao *movere*, sem todavia refutá-la. Isso porque, ainda que se façam presentes como horizontes regulatórios, os lugares certos (como a concórdia, a honestidade, a segurança, a utilidade e a liberdade) são de alguma forma ofuscados por demonstrações que, no horizonte de uma verossímil "primeira legibilidade normativa",[30] são tidos como nada convencionais — o que se relaciona, como pretendo sugerir, a uma série de novas demandas relativas aos "modos e ordens" de realizar um julgamento prudencial efetivo, *effetualle*, no que chamo de redefinição do conceito de prudência, cujos termos discutirei logo a seguir. O estudo das sentenças

---

[27] Aristóteles. *Retórica* [1396b].

[28] Aristóteles. *Retórica* [1396a].

[29] Sobre o processo de composição das *Istorie Fiorentine*, cf. Gilbert (1977:296-306).

[30] A primeira legibilidade normativa de um texto, categoria proposta por João Adolfo Hansen, pode ser caracterizada pela delimitação e compreensão de "preceitos técnicos dos códigos linguísticos ou retórico-poéticos, como gêneros, formas e estilos aplicados às representações, na medida em que, trate-se de um poema ou de uma ata de Câmara, os gêneros são protocolos que classificam e hierarquizam as matérias tratadas segundo usos particulares, [...] tornando-as adequadas a destinatários específicos compostos como 'leitores implícitos' na variação estilística da forma" (Hansen, 2001:16).

prudenciais nas *Histórias florentinas*, nesse sentido, lança luz, mesmo que de brilho tão pouco intenso quanto o da lanterna de Kafka, sobre o lento e descontínuo processo de configuração das condições que, a partir de meados do século XVI, farão tremer as "bases fortes" da concepção retórica de história, bem antes da "dissolução" do *topos* da história mestra da vida no *Sattelzeit* koselleckiano.[31]

Trata-se, a bem da verdade, e na perspectiva de um recorte diacrônico de valor puramente heurístico, de um modo bastante peculiar de conceber e lidar com os limites do conhecimento prudencial da realidade — entendido no sentido ciceroniano da convergência entre memória, inteligência e *providentia* (Cícero, 1998, II, p. 160) —, singular por não concluir, como em Gentillet,[32] Hobbes ou nos pirronistas históricos, pela recusa do primado da exemplaridade, ou mesmo de toda e qualquer possibilidade de conhecimento histórico. Singular por extrair desses limites argumentos *em favor* da prudência, não sem antes operar uma redefinição do próprio conceito, a qual já havia sido esboçada, em fins do século XV, no *Actius* e no *De prudentia* do humanista napolitano Giovanni Pontano,[33] mas que se consuma em escritos como *O príncipe*, os *Discursos* e as *Histórias florentinas*, de Maquiavel, e também nos *Ricordi* e na *Storia d'Italia* de Francesco Guicciardini (autor que, devido à falta de espaço, não será discutido neste texto).

---

[31] O que remete, mesmo que de forma indireta, ao que Anthony Grafton denominou "batalhas em torno da história", por volta dos anos 1700. O principal ponto em questão seria a recusa da subsunção da história à arte retórica. Diz Grafton que *"the voice of modernity resounds, harsh and self-confident, through Le Clerc's denunciation of Curtius. Cutting himself from a tradition that had lasted for a millennium and a half, he set out to show that history must no longer form a part of the classical art of rhetoric"* (Grafton, 2007:10-11). Sobre a autonomia da disciplina histórica em relação à retórica, Girolamo Cotroneo, em estudo sobre os tratados de *ars historica* dos séculos XV e XVI, atribui lugar de destaque a Bodin. *"Si tratta di un risultato che verrà raggiunto soltanto nella seconda metà del secolo sedicesimo, quando il Bodin giungerà a sostenere e a dimostrare che la storia puè essere scritta e copresa 'sine ullius artis adjumento'"* (Cotroneo, 1971:9).

[32] *"It is the maxim's claim to universality, its absolute and transhistorical pretension that most disturbs Gentillet, and appears to him to need most urgent debunking"* (Speckman, 1990:139).

[33] "[...] *la nozione pontaniana di 'prudenza' assume un significato nuovo, implica nuovi problemi e nuovi termi, riflette una nuova interpretazione dell'esistenza*" (Santoro, 1978:54). Embora a ideia de "nova interpretação da existência" me pareça demasiadamente psicológica, a percepção de Santoro sobre o significado da prudência em Pontano é bastante elucidativa. Sobre o tratamento de Pontano do gênero histórico, cf. Sabia (1995).

Os termos dessa reorientação conceitual devem ser buscados, em primeiro lugar, na associação entre as qualidades exigidas do prudente — *discretio* (ou, em sua variação toscana, *discrezione*), *acumen*, *solertia*, *celeritas*, *versatilitas*, *cunctatio* (arte de saber delongar) e *consyderatio*, entre outras, tópicas recorrentes no tratamento retórico da prudência em tratados antigos e renascentistas (Santoro, 1978:56-66) — e a ideia de *verità effetualle della cosa*, como na notável formulação de Maquiavel no capítulo XV de *O príncipe*. Essa articulação entre as qualidades prudenciais e um modo de examinar as "coisas do mundo" orientado pelos critérios retóricos da antecipação das ações e penetração nos possíveis efeitos das condutas humanas, além do amplo domínio dos decoros letrados (visando ao pleno controle dos efeitos persuasivos nas diversas práticas discursivas),[34] é decisiva para a consolidação de uma postura analítica mais flexível no que diz respeito ao tratamento dos assuntos políticos.[35] É no horizonte dessa flexibilização analítica que pode ser interpretado um segundo aspecto da reorientação conceitual, relativo ao deslocamento da prudência do quadro das virtudes cardeais, em especial a recusa de subsumi-la, como em Cícero, à justiça (Teixeira, 2008:6-15).

A maneira com que Maquiavel inventa, dispõe e orna as sentenças nas *Histórias* está diretamente relacionada à redefinição do conceito de prudência operada em seus escritos. É o que quero sugerir. Há, ainda assim, um sentido amplamente convencional na mobilização que o secretário faz das sentenças, o que parece indicar um profundo enraizamento de seus escritos nos costumes ético-retóricos dos séculos XV e XVI. Isso porque a redefinição do conceito de prudência parece resultar menos de uma atitude consciente de ruptura com "tradições" que de novos direcionamentos práticos do olhar, eles mesmos prudenciais, visando tanto ao aprimoramento cognitivo no exame das "coisas do mundo", especialmente a tensão entre diversidades substanciais e acidentais,[36] quanto dos modos expressivos, a

---

[34] Conformando uma unidade entre *rerum scientia* e *litteratum per itia*, como na sugestão de Leonardo Bruni, de inspiração notadamente ciceroniana (Pires, 2007:114).

[35] Afirma Victoria Kahn sobre o *De prudentia* de Pontano: "*As in Machiavelli's* Il principe, *the way to be absolutely successful in the contingent realm of human affairs is to be as flexible and capable of change as Fortune herself*" (Kahn, 1985:70).

[36] Por diversidades substanciais, entendam-se aquelas que remetem a aspectos estáveis

ratio dicendi, sem a qual o cálculo, mesmo o mais diligente, não poderia incidir em bons efeitos. *Copia rerum* e *copia verborum*, amplo conhecimento da matéria e eloquência penetrante, a tal ponto articuladas que uma se torna impensável sem a outra.[37]

Nas *Histórias florentinas*, embora o uso das sentenças obedeça aos mesmos critérios retóricos de invenção, disposição e elocução mobilizados por Bruni, elas tornam mais complexa e problemática a relação entre estratégias argumentativas e fins últimos do discurso. A proposição geral mantém-se como uma espécie de "sentido de fim", mas os "modos e ordens" da argumentação, para empregar conceito recorrente nos escritos do secretário, acabam incidindo num movimento produtor de diferença, uma espécie de deslocamento conceitual em direção às margens que, num primeiro momento, parece pôr em xeque os fins últimos do *movere*. Este, por sua vez, embora atue como uma espécie de ideal regulatório, vê a unidade hierárquica do discurso "balançada" por proposições pouco convencionais do *docere*, não apenas na narrativa, parte do discurso por excelência associada à exposição simples e minuciosa, mas principalmente nas sentenças prudenciais, que passam com frequência a remeter a lugares dúbios, incertos, passíveis de argumentação *in utramque partem*.[38]

ou recorrentes das coisas humanas, condições que ou retornam frequentemente ou se inscrevem na natureza humana. As diversidades acidentais dizem respeito às situações fortuitas e contingentes, que não podem ser rastreadas ou previstas. O prudente, nesse sentido, deve construir seus juízos a partir do exame cuidadoso das diversidades substanciais — o que só é possível pela combinação de discernimento natural, conhecimento das histórias antigas e modernas e experiência nos assuntos civis —, mas sem esquecer as constantes variaçoes da *fortuna* (Teixeira, 2007).

[37] "Abrem-se, assim, dois horizontes distintos, porém mutuamente dependentes, em torno da tópica da prudência. De um lado, a ênfase no *cálculo e medida* das coisas do mundo, com destaque para a questão dos efeitos, ou seja, os possíveis resultados das ações dos governantes e demais agentes envolvidos nos processos de tomada de decisões em Repúblicas, principados, reinos ou Estados papais. De outro, a representação de uma *performance letrada* da prudência em textos compostos segundo preceitos ético-retóricos-poéticos definidos e examinados pelas autoridades antigas e humanistas [...] Estas duas dimensões são indissociáveis; porém, para efeito analítico, será preciso muitas vezes tratá-las isoladamente, sem perder de vista sua articulação necessária" (Teixeira, 2008:6-7).

[38] Ou seja, passível de argumentação por contrários. O exemplo clássico de lugar dúbio é a discussão sobre o emprego da tortura nos processos judiciais. Pode-se argumentar em seu favor ou contrariamente à sua adoção. Como exemplos de lugares certos, além dos lugares próprios do gênero deliberativo, como a utilidade, a honestidade, a concór-

Como nota Francis Goyet, "o preço a pagar" por esse movimento é "pôr entre parênteses o fundo, a saber, o valor intrínseco do princípio, sua respeitabilidade: sua *dignitas*".[39]

Mais que dispositivos de amplificação de lugares certos, as sentenças, nas *Histórias florentinas*, são meios persuasivos para a demonstração dos produtos do ajuizamento prudencial. "Na história", afirma Maquiavel no proêmio geral, "se alguma coisa há que *deleite* ou *ensine*, é a descrição em particularidades" (Maquiavel, 2007b:7, grifos meus), o que exige a qualidade do *acumen*, um dos atributos destacado por Pontano no *De prudentia*, espécie de "acuidade intelectual que permite sondar os fatos e perseguir os erros de um arrazoado".[40] A descrição em particularidades é condição tanto do *docere* quanto do *delectare*; logo, do "verdadeiro conhecimento das histórias", a que o secretário faz referência no proêmio dos *Discursos*, conhecimento que advém da capacidade de extrair da leitura tanto o sentido (que remete ao *docere*) como o sabor (*delectare*) que as histórias têm.[41] "Motivo por que", complementa Maquiavel, "infinitas pessoas que as leem sentem prazer em ouvir a grande variedade de acontecimentos que elas contêm, mas não pensam em imitá-las, considerando a imitação não só difícil, como também impossível" (Maquiavel, 2007b:6-7). Condição do *docere* e do *delectare*, a descrição em particularidades é também alicerce do *movere*: é preciso discernimento, *discrezione*, para escolher o que imitar, e saber como imitar, para sentir o prazer que somente o co-

---

dia e a liberdade, pode-se mencionar o lugar-comum da história mestra da vida, que não comporta oposição verossímil, ou seja, a afirmação de que a história não é mestra da vida, muito embora seja impossível alcançar essa certeza por meio de um silogismo dialético. Sobre os lugares *dubiae rei*, cf. Goyet (1996:152). "*Pendant, ce sont les lieux* 'dubiae rei', *du fait non établi: ils ont leur place à l'intérieur du discours lui-même, du* docere *[...] Après, ce sont les lieux* 'certae rei', *du fait désormais établi: eux appartiennent par excellence à la péroraison et au* movere".

[39] "*Le prix à payer est de mettre entre parenthèses le fond, à savoir la valeur intrinsèque du principe, sa respectabilité: sa* dignitas" (Goyet, 1996:126).

[40] "*La qualité requise [pelo* docere*] est* l'acumen, *l'acuité intellectuelle qui permet de sonder les faits et de traquer les fautes de raisonnement*" (ibid.:475). A qualidade requerida [pelo *docere*] é o *acumen*, a acuidade intelectual que permite investigar os fatos e corrigir os erros de raciocínio.

[41] Vale mencionar a instigante sugestão de Mark Phillips (a partir de argumentos de Auerbach), para quem o emprego da língua vulgar, no lugar do latim das histórias humanistas, contribui para a vividez do discurso, por redespertar a sensibilidade direta dos leitores (Phillips, 1979:86).

nhecimento agudo e discreto pode proporcionar, mas principalmente, razão das razões, para incitar retoricamente a imitação, o que parece ser um dos objetivos fundamentais, se não o maior, dos *Discursos*.[42]

Como se vê, o modo ético-retórico de hierarquização discursiva não é refutado por Maquiavel. Todavia, a desestabilização da *doxa* pela prudência torna mais sinuosa a produção dos efeitos de incitação, uma vez que a *dignitas* dos fins últimos já não é tão solar, pois que eclipsada por demonstrações *dubiae rei* passíveis de contestação pelo senso comum. A prudência, como dispositivo da *verità effetualle*, não apenas conduz à escolha dos meios retos; ela vira a *doxa* do avesso, expõe suas fraquezas, subordina o exame das condutas dos agentes políticos a seus possíveis resultados práticos. Por essa razão, as sentenças prudenciais, em Maquiavel, já não são como lentes que fazem todo brilho convergir para a proposição geral; elas refratam a luz para as margens, abalam a unidade para em seguida fortalecê-la. Trata-se de *doxa* mobilizada contra a *doxa*, de opinião comum que atua como meio para a exposição dos limites da opinião comum.

Mas qual seria a proposição geral das *Histórias florentinas*, seu sentido de fim? O proêmio da obra parece bastante claro a esse respeito.[43] Após afirmar que "na história, se alguma coisa há que ensine ou deleite, é a descrição em particularidades", Maquiavel complementa: "Se alguma coisa há que seja útil aos cidadãos que governam as repúblicas, é aquela que demonstra os motivos dos ódios e das divisões da cidade, para que, diante do perigo que incorreram outros, eles possam ganhar sabedoria e manter-se unidos" (Maquiavel, 2007b:8). Assim como no proêmio da *História* de Bruni, há, aqui, a colocação de uma fórmula sentencial eri-

[42] Andrea Matucci afirma que tanto as *Istorie* quanto os *Discorsi* maquiavelianos contrapõem-se à "ratio *bruniana, che annulla la varietà dei fatto storici in un'unica linea fatale, una nuova forma di 'discorso' giudicante che penetra dentro ogni evento e ogni personaggio, ristabilisce tutti i singoli nessi di causa-effetto e riscopre quindi l'intero significato esemplare e político della storia*". Discordo, porém, da ideia de que "*la storia di Machiavelli, infatti, accetta la retorica solo nel suo primitivo senso 'orale' di forza di persuasione*". A própria hierarquização do *docere* ao *movere* mostra o enraizamento do secretário nos costumes retóricos (Matucci, 1991:192).

[43] "*É la questione, teorizzata e svolta nei* Discorsi, *dei conflitti politici e sociali che, fin dall'inizio, caratterizano la vita di ogni reppublica della quale, antica o moderna, si abbia notizia. Ed è così importante she non a torto potrebbe essere indicata come la questione stessa, per eccellenza, delle* Istorie Fiorentine" (Sasso, 1993:47).

gida a partir da tópica *historia magistra vitae*, com gravidade elocutiva e correção dispositiva, segundo o decoro do gênero. Do mesmo modo que no texto de Bruni, o lugar *certae rei* da concórdia constitui o fundo a ser amplificado. O que há de específico na formulação maquiaveliana é a exposição do percurso intelectual necessário à urdidura prudente da lição: os ódios e divisões da cidade não são apenas matéria-prima para a construção da *indignatio*; o exame detido de suas especificidades pode, sim, resultar em lições muito úteis para a cidade, talvez mais efetivas que a incitação pelos grandes exemplos de virtude.

Maquiavel, nos proêmios a cada um dos oito livros que compõem as *Histórias*, demonstra proposições gerais a serem exploradas na narrativa dos acontecimentos passados. É natural, portanto, que as sentenças possuam lugar de destaque em tais passagens introdutórias. No livro III, em grande parte destinado ao exame do tumulto dos *Ciompi*,[44] Maquiavel (2007b:157) se vale de uma sentença geral, disposta na forma de entimema, para iniciar sua exposição:

> As graves e naturais inimizades que há entre os homens do povo e os nobres, causadas pela vontade que estes têm de comandar e aqueles de não obedecer, são razões de todos os males das cidades; porque dessa diversidade de humores alimentam-se todas as outras coisas que perturbam as repúblicas.

Trata-se de passagem que poderia perfeitamente ser encontrada em um dos 12 livros da *História* de Bruni. Aqui, o lugar certo da concórdia é amplificado na *indignatio* contra as discórdias civis; sua finalidade pode muito bem ser a de tocar, mover os homens no sentido da virtude, do bem comum. No entanto, o complemento da passagem evidencia as nuances do tratamento dado pelo secretário à questão dos conflitos internos: sem desviar os olhos do fim honesto, Maquiavel direciona o foco analítico para a questão dos efeitos particulares dos diversos modos de discórdia:

> Foi o que manteve Roma desunida; é também — se for lícito comparar coisas pequenas a coisas grandes — o que manteve Florença dividida; se bem

[44] Sobre o tratamento do movimento dos *Ciompi* por Maquiavel, cf. Aranovich (2007:253-297).

> que os efeitos gerados em cada uma das cidades foram diferentes: porque as inimizades havidas em Roma, no princípio, entre o povo e os nobres eram definidas por disputas, enquanto as de Florença o eram por combates; as de Roma terminavam com leis, enquanto as de Florença terminavam com o exílio e a morte de muitos cidadãos; as de Roma sempre aumentaram a *virtù* militar, enquanto as de Florença a extinguiram totalmente; em Roma, a igualdade entre os cidadãos levou a grandíssima desigualdade, enquanto em Florença, da desigualdade chegou-se a uma admirável igualdade. Tal diversidade de efeitos só pode ser causada pelos diferentes fins que os dois povos tinham em mira: porque o povo de Roma desejava gozar as supremas honras ao lado dos nobres, enquanto o de Florença combatia para ficar sozinho no governo, sem a participação dos nobres.

Trata-se de análise pormenorizada das diferenças de qualidade das discórdias internas em Roma e em Florença, juízo prudencial erigido pelos "modos e ordens" da análise efetiva, *effetualle*. O arremate, exposto a seguir, resulta na formulação de que, em alguns casos, sob certas condições, os conflitos internos podem ser vistos como benéficos à ordem social como um todo:

> Por isso, com as vitórias do povo, a cidade de Roma se tornava mais virtuosa, porque o povo, podendo ocupar a administração das magistraturas, dos exércitos e dos impérios com os nobres, enchia-se da mesma *virtù* que havia nesses, e a cidade, ganhando *virtù*, ganhava poder.

Tem-se aqui o mesmo argumento desenvolvido por Maquiavel, com riqueza de detalhes, no quarto capítulo do livro I dos *Discursos*, considerado por ele mesmo contrário à opinião de muitos:[45] "Direi que quem condena os tumultos entre os nobres e a plebe", escreve Maquiavel,

[45] "Não quero deixar de falar dos tumultos que houve em Roma desde a morte dos Tarquínios até a criação dos tribunos; depois, quero dizer algumas coisas contra a opinião de muitos, segundo a qual Roma foi uma república tumultuária e tão cheia de confusão que, se a boa fortuna e a *virtù* militar não tivessem suprido seus defeitos, ela teria sido inferior a qualquer outra república" (Maquiavel, 2007a:21).

parece censurar as coisas que foram a causa primeira da liberdade de Roma e considerar mais as assuadas e a grita que de tais tumultos nasciam do que os bons efeitos que eles geravam; e não consideram que em toda República há dois humores diferentes, o do povo, e o dos grandes, e que todas as leis que se fazem em favor da liberdade nascem da desunião deles [...] [Maquiavel, 2007a:21-22].

Essa passagem dos *Discursos* é praticamente reverberada no proêmio ao livro III das *Histórias florentinas*. A grandeza dos romanos resultou, em grande medida, das lutas internas entre patrícios e plebeus: trata-se de tese das mais conhecidas, muitas vezes tomada como indício em favor da hipótese de ruptura do secretário com a "tradição humanista".[46] Minha sugestão é que, ao invés de demarcar uma intenção de ruptura, o exame do modo com que o argumento da discórdia é mobilizado permite compreender a estratégia de hierarquização discursiva das *Histórias*, a subordinação do *docere* da *verità effetualle* ao *movere* dos grandes princípios.[47]

A concórdia atua nas *Histórias florentinas* como esse horizonte regulatório enodoado, uma espécie de sol encoberto pelas nuvens do *docere*. Se as discórdias tiveram efeitos positivos na saúde do corpo romano, como ele argumenta nos *Discursos* e no proêmio ao livro III das *Histórias*, para os florentinos elas

[46] A ideia de ruptura com a tradição aparece muitas vezes como argumento de oposição entre forma historiográfica humanista e conteúdo inovador, no que diz respeito à interpretação das *Istorie*, como em Felix Gilbert: "*There are indications that Machiavelli considered the humanist prescripts as a literary convention rather than as an appropriate form for the writing of history*" ["Existem indícios de que Maquiavel considerava os preceitos humanistas convenções literárias, em vez de formas apropriadas à escrita da história / Maquiavel se serviu dos instrumentos retóricos herdados dos costumes para superar a tradição".]. Ou em Anselmi: "*Machiavelli si sia servito degli strumenti retorici consegnato dal costume per superare la tradizione*". Ou em Donald Wilcox, que interpreta as considerações de Maquiavel sobre Bruni e Poggio Bracciolini, no proêmio das *Istorie*, como crítica ao conteúdo das histórias humanistas, ou em Harvey Mansfield, que demonstra dúvidas sobre o correto entendimento das *Istorie*, se se trata de obra de ciência política ou realmente de uma história (Gilbert, 1977:237; Anselmi, 1979:162; Mansfield, 1998:131; Wilcox, 1969:20-21).

[47] Nesse sentido, concordo com Gisela Bock, quando esta afirma: "*Conversely, reading the* Istorie Fiorentine *solely to pick out Machiavelli's political opinion — and this has often been done — pressuposes that He was a poor historian, incapable or unwilling to let himself be guided by the sources more than by his own preconceived opinions and political partiality. [...] No passage of the* Istorie Fiorentine *may be used to demonstrate the author's implicit or explicit political view without examining if and how it was taken over from one of the sources or if it was Machiavelli's original contribution*" (Bock, 1999:185-186).

foram perniciosas. As razões desses maus efeitos são exploradas em minúcias: em Florença, os nobres lutavam constantemente entre si, dividindo-se em grupos antagônicos; já os populares, que no movimento dos *Ciompi* tentaram usurpar o poder, ofereceram um exemplo sem precedentes de inversão das hierarquias sociais, com consequente desequilíbrio do corpo político. De onde se conclui que, para Maquiavel, os conflitos internos devem ser avaliados, prudencialmente, segundo o critério dos efeitos: eles produzem bons efeitos quando contribuem para o bem comum e a concórdia, para a força das leis e da coesão social, para a *virtù*, quando o corpo político é capaz de se recompor dos desequilíbrios humorais,[48] como no caso do doente que, após uma enfermidade, recupera a saúde ao se submeter a novos tratamentos, a uma dieta mais adequada à sua compleição. Assim como a saúde possível do corpo humano resulta do equilíbrio provisório dos humores corporais (sangue, bile amarela, bile negra e fleuma), a concórdia cívica maquiaveliana também é, ela própria, provisória, sempre sujeita a alterações humorais, segundo o exemplo romano. Uma cidade sempre pacificada seria perfeita; mas ela só pode ser encontrada nos livros dos filósofos.

Diante do complexo jogo das forças políticas europeias na primeira metade do século XVI, das diplomacias de bastidores, dos exércitos de imensos contingentes, o apego a valores como concórdia, liberdade e honestidade pode muito pouco. E mesmo assim não são abandonados. Eles, naturalmente, incitam à ação; porém, tão importante quanto agir, dar a vida pelo bem público, é saber como agir, em que momento, em que circunstâncias, que partido tomar; do contrário, o bem comum estará em perigo. As *Histórias florentinas*, nesse sentido, com seu investimento no *docere*, ensinam a ajuizar, a compreender a dinâmica entre diversidades substanciais e acidentes, a interpretar as motivações de príncipes, embaixadores, magistrados, conselheiros, mostram como lidar com as intempéries da *fortuna*. Elas oferecem pouco mais que um mínimo de segurança para a navegação num mar turbulento. A prudência, nesse sentido, não é plenipotenciária; sua capacidade de fazer convergir memória, inteligência e providência, embora não seja descartada, passa a depender de tantos elementos, é submetida a tantos senões, tantas exigências, que poucos são os que realmente podem ser chamados de prudentes. E

[48] Sobre a questão, cf. Parel (1992:104-107).

mesmo estes, os últimos prudentes, não controlam plenamente o devir. A *fortuna* pode muito; ela é senhora de pelo menos metade de nossas ações, diz Maquiavel em *O príncipe*. O conhecimento prudencial, mesmo o mais efetivo, não pode superar esse limite, essa barreira cognitiva. Ainda assim, a resposta a tamanha incerteza não passa, em Maquiavel ou Guicciardini, pelo abandono da prudência, pela recusa do primado da experiência ou do valor da leitura atenta das histórias antigas e modernas. Eles vão no sentido oposto, e procuram aperfeiçoar uma forma de conhecimento que, embora incerta, ainda lhes parece a melhor maneira de lidar com as "coisas do mundo". São essas as únicas ferramentas conhecidas, disponíveis: as ferramentas ético-retóricas, capazes de manter acesas, ainda que com brilho fraco, as chamas dos lugares certos.

Referências

ANSELMI, Gian Mario. *Ricerche sul Machiavelli storico*. Pisa: Pacini, 1979.

ARANOVICH, Patrícia Fontoura. *História e política em Maquiavel*. São Paulo: Discurso Editorial, 2007.

ARISTÓTELES. *Ética a Nicômacos*. Trad. Mário da Gama Kury. Brasília: UnB, 1985.

______. *Retórica*. Trad. Manuel Alexandre Júnior, Paulo Farmhouse Alberto e Abel do Nascimento Pena. Lisboa: Centro de Filosofia da Universidade de Lisboa: Imprensa Nacional-Casa da Moeda, 2006.

AUBENQUE, Pierre. *A prudência em Aristóteles*. Trad. Marisa Lopes. São Paulo: Discurso Editorial, 2003.

AUTOR DESCONHECIDO. *Retórica a Herênio*. Trad. Ana Paula Celestino Faria e Adriana Seabra. São Paulo: Hedra, 2005.

BOCK, Gisela. Civil discord in Machiavelli's *Istorie fiorentine*. In: BOCK, Gisela; SKINNER, Quentin; VIROLI, Maurizio (Org.). *Machiavelli and republicanism*. Cambridge: Cambridge University Press, 1999.

BRUCKER, Gene. *Renaissance Florence*. Berkeley; Los Angeles; London: University of California Press, 1984.

BRUNI, Leonardo. *Istoria fiorentina, tradotta in volgare da Donato Acciaiuoli*. Firenze: Felice Le Monnier, 1861.

______. *History of the Florentine people*. Cambridge; London: Harvard University Press, 2001.

CÍCERO, Marco Tulio. *De inventione*. Galatina: Mario Congedo Editore, 1998.

______. *De oratore*. Cambridge; London: Harvard University Press, 2004.

COTRONEO, Girolamo. *I trattatisti dell' 'Ars Historica'*. Napoli: Giannini, 1971.

FORNARA, Charles William. *The nature of history in Ancient Greece and Rome*. Berkeley; Los Angeles; London: University of California Press, 1988.

FUBINI, Riccardo. *Storiografia dell'umanesimo in Italia da Leonardo Bruni ad Annio da Viterbo*. Roma: Edizioni di Storia e Letteratura, 2003.

GILBERT, Felix. Le *Istorie fiorentine* di Machiavelli: saggio interpretativo. In: *Machiavelli e il suo tempo*. Bologna: Il Mulino, 1977.

______. *Machiavelli and Guicciardini*. New York; London: WW Norton & Company, 1984.

GOYET, Francis. *Le sublime du 'lieu commun'*: l'invention rhétorique dans l'Antiquité et à la Renaissance. Paris: Honoré-Champion, 1996.

GRAFTON, Anthony. *What was history?* The art of history in early modern Europe. Cambridge: Cambridge University Press, 2007.

HANKINS, James. Rhetoric, history, and ideology: the civic panegyrics of Leonardo Bruni. In: HANKINS, James (Org.). *Renaissance civic humanism*. Cambridge: Cambridge University Press, 2000.

HANSEN, João Adolfo. Barroco, neobarroco e outras ruínas. *Teresa*: revista de literatura brasileira, São Paulo, v. 2, 2001.

KAHN, Victoria. *Rhetoric, prudence, and skepticism in the Renaissance*. Ithaca; London: Cornell University Press, 1985.

KOSELLECK, Reinhart. *Futuro passado*: contribuição à semântica dos tempos históricos. Trad. Wilma Patrícia Maas e Carlos Alberto Pereira. Rio de Janeiro: PUC-Rio; Contraponto, 2006.

LECHNER, Joan Marie. *Renaissance concepts of the commonplaces*. New York: Pageant Press, 1962.

MANSFIELD, Harvey C. *Machiavelli's Virtue*. Chicago: University of Chicago Press, 1998.

MAQUIAVEL, Nicolau. *Discursos sobre a primeira década de Tito Lívio*. São Paulo: Martins Fontes, 2007a.

______. *História de Florença*. São Paulo: Martins Fontes, 2007b.

MATUCCI, Andrea. *Machiavelli nella storiografia fiorentina*: per la storia di un genere letterario. Firenze: Leo S. Olschki Editore, 1991.

MAZZARINO, Santo. *Il pensiero storico classico*. Milano: Laterza, 2004. v. 3.

MOMIGLIANO, Arnaldo. *As raízes clássicas da historiografia moderna*. Trad. Maria Beatriz Borba Florenzano. Bauru: Edusc, 2004.

MONTEFUSCO, Lucia Calboli. *Exordium Narratio Epilogus*: studi sulla teoria retorica greca e romana delle parti del discorso. Bologna: Clueb, 1988.

MOSS, Ann. Commonplace-rhetoric and thought-patterns in early modern culture. In: ROBERTS, R. H.; GOOD, J. M. M. (Org.). *The recovery of rhetoric*. Charlottesville; London: University Press of Virginia, 1993.

PAREL, Anthony J. *The Machiavellian Cosmos*. New Haven; London: Yale University Press, 1992.

PHILLIPS, Mark. Machiavelli, Guicciardini, and the tradition of vernacular historiography in Florence. *The American Historical Review*, v. 84, n. 1, 1979.

PIRES, Francisco Murari. *Modernidades tucidideanas*. São Paulo: Edusp, 2007.

SABIA, Liliana Monti. *Pontano e la storia*: Dal *De bello Neapolitano* all'*Actius*. Roma: Bulzoni, 1995.

SANTORO, Mario. *Fortuna, ragione e prudenza nella civiltà letteraria del Cinquecento*. Napoli: Liguori, 1978.

SASSO, Gannaro. *Niccolò Machiavelli*. Bologna: Il Mulino, 1993. v. II: La storiografia.

SPECKMAN, Barbara. Machiavelli and Maxims. *Yale French Studies*, n. 77, 1990.

STRUEVER, Nancy. *The language of history in the Renaissance*: rhetoric and historical consciousness in Florentine humanism. Princeton: Princeton University Press, 1970.

TEIXEIRA, Felipe Charbel. O melhor governo possível: Francesco Guicciardini e o método prudencial de análise da política. *Dados*, Rio de Janeiro, v. 50, n. 2, p. 325-349, 2007.

______. *Timoneiros*: retórica, prudência e história em Maquiavel e Guicciardini. Tese (doutorado) — PUC-Rio, Rio de Janeiro, 2008.

VITI, Paolo. *Leonardo Bruni e Firenze*: studi sulle lettere pubbliche e private. Roma: Bulzoni, 1992.

WILCOX, Donald. *The development of Florentine humanist historiography in the fifteenth century*. Cambridge: Harvard University Press, 1969.

Como se deve ler a história: Jean Bodin e a *ars historica* do século XVI

FERNANDO NICOLAZZI

In order to understand what history is,
we must first ask: what has history been?
Donald R. Kelley (1970:2)

I.

Entre os séculos XV e XVII, mais precisamente na segunda metade do século XVI, emergiu no ambiente europeu, com um vigoroso caráter cosmopolita, um conjunto de textos que procuravam precisar, de forma mais sistemática que seus precursores italianos do século anterior, as modalidades pelas quais um saber histórico poderia ser legitimamente formulado. Sua abrangência perpassava ambientes os mais variados possíveis, desde povos latinos até germânicos, culturas católicas e comunidades reformadas, do sul ao norte da Europa, conciliando distintas visões de mundo e variadas práticas intelectuais. Como salientou recentemente um de seus mais importantes e fecundos historiadores,

> uma encruzilhada intelectual disposta em coordenadas traçadas tanto da tradição humanista como da tradição jurídica, deu aos múltiplos métodos e práticas um lugar de encontro, como o antiquariado se encontrava com

> a história eclesiástica, ambos colidiam com o direito, e todos, por sua vez, experimentavam as novidades das descrições feitas por viajantes de mundos desconhecidos do leste e, ainda mais surpreendentes, do oeste [Grafton, 2007:122].

As palavras de Anthony Grafton em seu belo estudo sobre as artes da história nos inícios da Europa moderna, intitulado, significativamente, *What was history?*, dão mostras do impacto que o gênero chamado de *ars historica* assumiu entre o humanismo renascentista e os primeiros clarões das Luzes na virada do século XVII para o XVIII.[1]

A emergência do gênero, talvez, tenha se originado como resposta a uma situação prévia em que se notava certo desinteresse pelas regras da história. Um humanista como o italiano Paolo Cortesi, escrevendo seu *De hominibus doctis*, em 1489, surpreendia-se com o fato de diversas outras formas de arte terem bem-estabelecidas suas regras de atividade, enquanto a história não havia ainda alcançado tal feito. A surpresa fica evidente em suas palavras: "Eu nunca paro de estar perplexo com o fato de que a história, tão árdua e difícil tarefa, não tenha regras", complementando de forma um tanto pessimista que "homens da nossa época são ignorantes dos preceitos da história; pois é perfeitamente claro, a partir de suas histórias, que os antigos tinham regras para essa arte, homens do nosso tempo, porém, carecem completamente dessas ferramentas". Essa era também a postura de Sperone Speroni degli Alvarotti, autor do *Dialogo dell'historia*, publicado em 1542, afirmando sem meias palavras que no século XVI "há muitos historiadores... mas não há um que ensine a arte de como compor histórias".[2]

Robert Black aponta uma razão ressaltada por outros pesquisadores para a relativa ausência, até o final do século XV, de grandes tratados sobre as regras da história, embora, como se sabe, a história fosse para os

---

[1] Embora trate tais textos a partir de ideia de gênero, o que leva ao entendimento de certa homogeneidade em suas características, o próprio Grafton sinaliza em seu estudo a disparidade das questões envolvidas de acordo com cada autor e com cada tradição de pensamento. Para Donald Kelley (1964:39), por sua vez, "de um ponto de vista histórico, faz mais sentido tratar a *ars historica* como um complexo de *topoi* retórico do que como um gênero literário".

[2] As citações são feitas por Robert Black (1987:132-133), que desenvolve de forma mais extensa a questão.

humanistas, prolíficos estudiosos do passado, um objeto importante de estudo dentro dos *studia humanitatis*. A razão seria a própria inexistência de textos provenientes da Antiguidade que pudessem embasar as discussões modernas. Felix Gilbert, em seu estudo sobre Machiavel e Guicciardini, é dos autores que sugere tal motivo. Para ele, "a razão provável do pequeno número de tratados teóricos escritos pelos humanistas sobre a história é que não existe na literatura clássica obra particular ou de tratamento sistemático da teoria e dos métodos da história".[3] Black, entretanto, ressalta o conhecimento, durante o início do humanismo renascentista, do texto de Luciano de Samósata sobre as maneiras de escrever a história, o que permitiria rejeitar a suposição acima referida. Não obstante tal argumento, é difícil sugerir que o texto fosse de conhecimento geral nesse período. Um dos humanistas que deixou algo a respeito foi o influente tradutor dos textos satíricos de Luciano, Guarino Veronese. Robert Black sugere por parte dele um "uso extenso" do tratado de Luciano. Contudo, o lugar escolhido por Guarino para usá-lo "extensamente" foi a relação epistolar, por isso, em grande medida, privada, com um de seus alunos, o historiógrafo Tobia Borghi. Guarino jamais traduziu o texto de Luciano sobre a escrita da história e, se comparada com a de outros escritos do autor satírico, o tratado teve uma recepção limitada e bastante tímida durante o século XV.[4] Por consequência, Black sugere outro motivo mais pertinente para explicar e compreender a situação: a desconsideração, originada em Cícero e repetida pelos sábios dos séculos XIV e XV, em relação às reflexões mais apuradas sobre as regras de escrita da história, pois, sendo uma forma de saber eminentemente prática, segundo a perspectiva da *historia magistra vitae*, o conhecimento histórico dispensaria graves elocubrações teóricas, as quais ficariam

[3] Gilbert (1996:171) salienta a influência de Aristóteles e Cícero sobre os humanistas e suas concepções de história, mas não chega a fazer menção a Luciano de Samósata.

[4] Sobre a influência de Luciano durante o século XV, e em particular sobre as traduções de Guarino, ver Marsh (1998:1-41). Embora houvesse edições em grego das obras completas de Luciano no *Quatroccento*, não encontrei referências a traduções para o latim do tratado mencionado. A mais antiga encontrada é *De ratione conscribendae historiae*, publicada em Nuremberg, em 1515. A referência consta em Mayer (1984, n. 64, p. 32). Traduções latinas do texto foram publicadas no século XVI, quando a situação já mudava consideravelmente de figura. Para uma bibliografia das edições dos trabalhos de Luciano nos séculos XV e XVI, ver Lauvergnat-Gagnière (1988:341 e segs.).

restritas às cartas, aos proêmios das obras ou, quando muito, dispersas no texto.[5] Além disso, tal como para a retórica ciceroniana, as regras da história seriam evidentes por si mesmas, tornando desnecessário o esforço de enumerá-las e desenvolvê-las de forma mais pormenorizada. Daí, portanto, segundo Robert Black, o relativo descaso com o tema para os humanistas italianos do Renascimento, leitores assíduos do advogado e cônsul romano.[6]

Quanto a tal argumentação, algumas ponderações são pertinentes. Pois se é verdade que Cícero colocou na boca de Antonio palavras no sentido da evidência das regras retóricas, situadas no lugar de um saber comum e compartilhado, ao mesmo tempo é possível, quando ele trata diretamente da história, perceber um lamento no tom das observações feitas. Antonio pergunta para Catulo se seria preciso "uma teoria das regras para cada um dos empregos da palavra", ao que ele próprio responde que é suficiente "beber nas fontes ordinárias, de onde se tiram os preceitos gerais da eloquência, para chegar a compor excelentes encômios; e não são necessárias para tanto noções elementares que se aprendem sem mestre".[7] Ainda sobre as matérias que exigem o talento da palavra, Antonio é taxativo: "Elas não têm seu lugar entre os diferentes gêneros de discurso, elas não são sujeitas a regras particulares [...] Não há uma entre elas que não demande todos os ornamentos da dicção; mas elas não vão procurar numa obra teórica os preceitos necessários" (Cícero, 1966, II, XII).

Sobre a história em particular, a coisa parece ser mencionada com particularidades. O trecho é longo, mas significativo. Antonio começa com a constatação de que, de fato, a história faz parte da retórica, para em seguida confessar:

> E, todavia, eu não encontro em lugar nenhum que os reitores a tenham feito objeto de preceitos especiais. Estes preceitos são bastante evidentes sob

---

[5] "O que os primeiros humanistas (*early humanists*) produziram foi uma série de cartas, prefácios, orações, invectivas e pequenos extratos nos quais as intenções, o estilo, o valor e, de certo modo, o método da história eram breve e incidentalmente discutidos" (Black, 1988:126).

[6] Texto importante que mapeia a questão desde os antigos é o de Reynolds (1953:471-492).

[7] Cícero (1966, II, XI).

nossos olhos. Quem não sabe que a primeira regra do gênero é de não ousar dizer nada de falso? A segunda, de ousar dizer tudo que é verdadeiro? De evitar, ao escrever, até a menor suspeita de favor ou de ódio?

Complementando, então:

Sim, eis os fundamentos da história, e não há pessoa que os ignore. Tudo repousa nos fatos e na arte de exprimi-los. Os fatos exigem que se siga a ordem exata dos tempos, que se descreva, os lugares. Como se quer, quando eles são importantes e dignos de memória, conhecer sua preparação, depois sua execução, enfim, seu resultado, o escritor deve então indicar o que ele pensa do próprio empreendimento; a propósito do evento, mostrar não apenas o que é dito ou feito, mas de que maneira ele é feito ou dito; quanto ao resultado, desenrolar suas causas com exatidão, percebendo a parte que remonta ao acaso, à sabedoria, à temeridade; ele informará também as ações dos personagens e mesmo, se seus nomes gozam de boa reputação, ele inclusive pintará seu caráter e suas vidas.

Após, enfim, inserir poucos comentários sobre as regras de estilo para a história, indaga num tom de queixa. "Ora, sobre todos estes pontos essenciais, existe um só preceito nos escritos dos reitores?", para concluir que "o mesmo silêncio envolve muitos outros gêneros que entram no domínio do orador, exortações, consolações, instruções, conselhos; todos, para serem bem tratados, exigem um grande talento de palavra; leia, entretanto, as obras transmitidas sobre a matéria: seu lugar ali é nulo" (Cícero, 1966, II, XV).

Não estaria Cícero, pela voz de Antonio, justamente propondo que tal silêncio fosse suplantado por palavras dispostas a pôr em ordem, de forma mais elaborada, as regras para a escrita da história, assim como para outros gêneros que fazem parte da prática do orador? O próprio *De oratore* parece intentar um esboço das regras da história.[8] A perspectiva apontada por Robert Black a respeito da relativa negligência dos primeiros humanistas em relação às regras da história é coerente e indica um caminho possível a ser percorrido por uma reflexão mais detalhada sobre

[8] Sobre a concepção retórica de história no *De oratore*, remeto a Teixeira (2008:551-568).

o assunto, medindo, sobretudo, o poder da influência de Cícero nesse ponto, especificamente. Pois se é inegável sua contribuição para justapor história e retórica, justaposição mantida de forma plena durante séculos, até que ponto ele aparece como razão principal para o não desenvolvimento de uma "teoria da história" até o século XVI, fica como questão. Já que, cerca de dois séculos depois da elaboração do *De oratore*, o próprio Luciano, mesmo sem qualquer referência a Cícero, lamentará tal negligência, ao afirmar ironicamente que "a maioria [dos historiadores] não acha que necessita de exortação alguma para tal empreendimento [escrever história], não mais que a habilidade para andar, ver ou comer, julgando ser muito fácil e ao alcance de todos escrever a história, contanto que alguém possa expressar com palavras o que acontece".[9] Seria, desde então, já uma resposta crítica à situação descrita por Antonio, em que o evidente por si mesmo não deveria ser problematizado? Por outro lado, a historiografia medieval, com o peso marcante do cristianismo em seus fundamentos, não teria ela também feito da história uma evidência? Pois de que adiantaria problematizar a escrita da história se apenas uma era tida como a forma de história verdadeira, dada de antemão por um texto fundador? Afinal, essa problematização não criaria condições para que se pensasse em outras formas de escrita e, por conseguinte, em outras histórias possíveis, arruinando o edifício intelectual erguido a custo alto pelo cristianismo e por seus historiadores?[10]

De qualquer maneira, a situação muda de figura com a emergência das *artes historicae*, notadamente importantes para o século XVI, que vê o texto de Luciano passar por uma revalorização significativa, levando à instituição aquilo que Black definiu, usando uma terminologia que poderia causar equívocos para leitores dos séculos XX e XXI, como "*the new laws of history*". Obviamente, as leis aqui não são as mesmas que certa ansiedade cientificista afirmou serem o fundamento epistemológico da

[9] Luciano (2008).

[10] Bernard Guenée (1980:26) apontou a ausência de tratados sobre as regras da história durante o medievo, onde o conhecimento histórico era nada mais que uma forma de saber auxiliar, voltado, sobretudo, ao divertimento e não à instrução. "Para os mestres do século XII, ela não foi mais, como a gramática, a retórica ou a dialética, uma 'arte' que pudesse se tornar o objeto de um ensinamento particular [...] E ninguém pensava em meditar sobre a história e a natureza."

história desde o século XIX. Funcionando menos como regularidades invisíveis que recobririam os eventos e dotariam a história de um sentido imanente, as "leis" humanistas operavam antes como regras gerais para a compreensão da história, entendida tanto no plano da *res gestae* como no âmbito da *historia rerum gestarum*. Pois o emergente gênero da *ars historica* visava educar o homem culto para o entendimento dos eventos que aconteciam, ao mesmo tempo que pretendia ensinar a seu possível leitor os preceitos adequados de leitura das histórias escritas. Ele colocava, portanto, um diante do outro, em uma relação tão evidente quanto complexa, o leitor e o historiador (ele próprio um leitor). O efeito prático visado era dotar os homens de letras de uma capacidade renovada em poder apreender os ensinamentos morais que a história porventura pudesse transmitir, mas não apenas isso.[11]

II

As artes da história no alvorecer da época moderna, tal como estudadas por autores como Beatrice Reynolds, Julian Franklin, Donald Kelley, George Huppert, Robert Black, Anthony Grafton, entre outros, são, portanto, preceitos para a boa prática da historiografia, estabelecendo os princípios fundamentais que garantiriam a validade do saber sobre o passado. Mais importante que isso, porém, elas se constituíram como regras gerais que procuravam normatizar, das mais diversas maneiras, as práticas de leitura da história.[12] Se, de Luciano de Samósata a Paul Veyne, passando pelo abade Gabriel Bonnot de Mably, a indagação sobre como se deve escrever a história encontrou terreno razoavelmente fértil na

[11] Ainda sobre o aporte teórico do gênero, as palavras de George Huppert (1970:59) são significativas: "Se os historiadores não possuíam nenhuma filosofia por volta de 1560, não era por falta de tentativas. Nada mostra com tanta claridade a grande demanda por uma abordagem filosófica do passado que a proliferação de tratados eruditos sobre método histórico, as *artes historicae*".

[12] "Por volta de 1560, tanto na Itália como no norte, uma nova *ars historica* tomou forma — uma arte definida como o guia não da escrita, mas da leitura da história, e que oferecia o fio de Ariadne através dos assustadores e assombrados (*demon-haunted*) labirintos da escrita da história, antiga e moderna, digna de confiança ou falsificada, que todo homem erudito deve explorar" (Grafton, 2007:26).

cultura histórica ocidental,[13] a atenção ao gênero aqui tematizado pode auxiliar na compreensão dos requisitos que, tanto ontem quanto hoje, determinam os variados graus de validade do discurso histórico. Afinal, podemos aventar a hipótese teórica de que a legitimidade do saber histórico situa-se não apenas nas capacidades "escriturárias" do historiador, com todo o aporte poético e retórico que define a escrita da história, mas nas condições criadas pelo intervalo ambíguo e incerto que separa (unindo) o ato da escrita da prática da leitura. Pois, como teóricos e historiadores da leitura já sugeriram, o leitor realiza ele mesmo um ato criativo e, em particular, o leitor da história não é apenas o indivíduo que é convencido pelas potencialidades retóricas do texto historiográfico, mas sim aquele que se *faz convencer* a partir de sua própria disponibilidade em aceitar ou não os argumentos que lhe são apresentados.[14] Nesse sentido, a importante formulação de Paul Ricoeur pode aqui ser assumida em toda sua complexidade. Nas palavras do filósofo francês, a escrita da história estabelece um "pacto tácito de leitura" pelo qual se reconhece que tal ou tal texto "diz a verdade" sobre seu objeto (Ricoeur, 2000:731-747). A legitimidade da história reside, portanto, nas condições pelas quais tal pacto pode ou não ser mantido. Tal é, parece-me, a importância em atentar para a longa tradição de textos que versaram sobre a leitura da história. Os tratados de *ars historica* do século XVI são um momento forte dessa discussão.

Entre tais tratados,[15] o *Methodus ad facilem historiarum cognitionem* de Jean Bodin ocupa lugar de destaque. Publicado originalmente em 1566, a obra contou, ainda no século XVI, com pelo menos seis outras edições, o que possibilita medir o grau de circulação que teve quando seu autor ainda era vivo.[16] Segundo a maior parte dos estudiosos, Bodin nasceu em Angers, capital da província de Anjou, no noroeste da França, provavelmente entre junho de 1529 e junho de 1530; aos 66 ou 67 anos, em junho de 1596, sua

[13] Ver Luciano (2008), Mably (1988) e Veyne (1998).

[14] Esta hipótese demandaria um esforço teórico que não é possível desenvolver neste texto, cujas intenções são indicar os fundamentos históricos da discussão.

[15] Para uma lista considerável de tratados sobre história entre os séculos XVI e XVIII, ver a compilação de Witschi-Bernz (1972:3-50).

[16] Duas delas (1576 e 1579) nas coletâneas de *artes historicae* organizadas por Johannes Wolf; outra, publica *solo*, em 1691. Beatrice Reynolds (1945:xxvii), tradutora da edição em língua inglesa da obra, menciona ainda edições de 1572, 1583 e 1595.

vida encontrou termo.[17] Sua cidade natal abrigava uma célebre faculdade de direito, cujas origens remontavam ao medievo, onde François Baudoin, jurista e autor estudado de perto por Grafton em seu livro sobre as *artes historicae* havia feito seus estudos. Não obstante, Bodin teve ali uma formação predominantemente religiosa, tendo professado seus votos junto ao convento de Notre-Dame-des-Carmes em 1545. Nos dois anos seguintes, um *séjours* em Paris para complementação de seus estudos filosóficos abriu-lhe o mundo da erudição e das discussões intelectuais contemporâneas.[18] Pierre Mesnard, tradutor para o francês de textos latinos de Bodin e autor de uma breve biografia do filósofo, considera este um momento fundamental em sua formação, a partir do qual o jurista teve contato com a filosofia aristotélica, com o neoplatonismo grego, judeu e árabe, com as Escrituras e com livros da tradição judaica, como o Talmude, assim como com o fermento reformador da doutrina luterana, o que possivelmente lhe rendeu uma acusação de heresia em 1548.

Mais importante, porém, foi o ambiente erudito parisiense despertar nele o interesse, em voga durante o século XVI francês, pelos estudos do direito, o que provavelmente lhe fez suspender seus votos religiosos e seguir na carreira jurídica. Basta apontar que é nesse período que se torna evidente o movimento reformador dos estudos legais na França, conhecido pelo nome de *mos Gallicus* e encabeçado, entre outros, pelo estudioso do direito romano Guillaume Budé, com vasta repercussão para a prática historiográfica, como já indicaram George Huppert e Donald Kelley.[19] Por essa razão, em 1550 Jean Bodin encontra-se em Toulouse, onde se situa uma prestigiosa universidade definida por Mesnard como a pátria francesa do direito romano e também onde estudou e lecionou um dos mestres da jurisprudência francesa, Jacques Cujas. Dali, retorna à capital por volta de 1561 para atuar como advogado junto ao Parlamento de Paris. Essa atuação jurídica permitiu lhe revelar o lado prático da

---

[17] As informações biográficas que seguem foram retiradas, sobretudo, de Hauser (1931:379-387) e Mesnard (1951:vii-xxi).

[18] "Paris, nesta época, era sobretudo a montanha Sainte-Geneviève com seus cursos magistrais e seus conciliábulos clandestinos, era a querela ramista, era a ofensiva humanista e, memorial do grande Budé, este colégio de quatro línguas cujos cursos, *abertos a todos*, atraíam nesta época os melhores espíritos da Europa" (Mesnard, 1951:xiii).

[19] Ver Huppert (1970:40 e segs.) e Kelley (1970:53 e segs.).

jurisprudência, para além de sua dimensão histórica, que se resumia, em alguns casos, apenas ao reestabelecimento textual do *corpus* de leis romanas. Segundo suas próprias palavras no *Methodus*, "aqueles que se imaginam possuir a ciência do direito sem conhecer a prática assemelham-se àqueles que se creem soldados por se exercitarem bastante nos estádios mas que jamais viram o exército ou experimentaram as fadigas da guerra" (Bodin, 1951:275). A diferença é importante, uma vez que colocará em lados opostos o reconhecido Cujas, preocupado com a restituição das fontes do direito antigo, e o próprio Bodin, para quem o jurista deveria atentar aos problemas colocados por sua mesma época, a qual demandava normas e leis específicas na forma de um direito universal.[20]

É esta, portanto, a situação pessoal na qual se encontrava Jean Bodin quando da publicação do *Methodus*, "essa bagunçada, mal-intitulada obra-prima da geografia histórica", segundo as palavras de Anthony Grafton.[21] Como o autor afirma desde a epístola dedicatória, "é quase involuntariamente e apesar da preparação de uma obra tanto mais importante sobre as Leis que eu me encontrei conduzido a este gênero de escrito".[22] A mencionada obra sobre leis viria a lume 10 anos depois, em 1576, quando é lançada a primeira edição dos *Six livres de la République*, publicada originalmente em francês e, dada a demanda internacional por ela ocasionada, vertida para o latim na década seguinte. Com mais de 10 edições francesas lançadas ainda em vida, a obra condensa todas as suas formulações sobre teoria política elaboradas ao longo de sua carreira de magistrado. Ela marca também o ápice de sua vida intelectual, pois o que viria a seguir, como o livro dedicado à demonomania, seria já, nas palavras de Pierre Mesnard, "prova de um pensamento que se esclerosa ao retomar temas da adolescência".[23]

---

[20] "A habilidade consumada dos advogados parisienses, sua evidente superioridade sobre todos os professores quando se tratava de elucidar um caso concreto, lembra oportunamente Bodin que o direito não se aprende, ele se dita (*il se dit*) [...] Diante do prático e de suas conclusões, o professor não possui outra autoridade que aquela dos conhecimentos gramaticais e históricos" (Mesnard, 1951:xvi).

[21] Em outro momento de seu texto, tentando adivinhar o porquê de John Pocock ter se desviado do estudo da obra, Grafton a define como um "*endlessly maddening text*" (Grafton, 2007:167).

[22] Bodin (1951:273). A obra é dedicada a Jean Tessier, então presidente da *Chambre des Enquêtes*.

[23] *La démonomanie* foi publicado em 1580 (Mesnard, 1951:xix).

Não obstante a imensa repercussão de suas ideias sobre a *res publica*, não foram as reflexões de Bodin sobre a doutrina política que serviram de ensejo para este ensaio, e sim, mais precisamente, os preceitos normativos esboçados em seu método para a fácil compreensão da história. Tais preceitos permitem entrever os elementos possíveis para refletir sobre como se deve ler a história, notadamente sob o viés marcante de um autor que, segundo seu biógrafo e tradutor, "pertenceu com todas as fibras de seu ser ao Renascimento francês" (Mesnard, 1951:xx).

III

"Como recolher as flores da história e arrancar delas os frutos mais doces, este Método pretende ensinar", escreveu Bodin (1951:273) nas linhas que abrem sua obra. Se o ensejo do livro era criar as condições para a realização de outro e mais importante trabalho sobre leis, isto se deve à considerável importância que o autor concede à disciplina histórica para os estudos jurídicos de forma geral. Tal é o caráter singular de que ele pretende dotar seu método, marcando distância em relação a outras formas de articulação entre direito e história. Nesse sentido, seus estudos o levaram a constatar três formas distintas de escrever: em primeiro lugar, há a escrita que inventa seus objetos e os desenvolve; em seguida, existe a prática de ordenar a matéria, polindo sua forma; por fim, escreve-se com o intuito de corrigir livros antigos. Embora o autor não coloque nesses termos, não seria possível considerar que as três modalidades de escrita remontam aos campos da poética, da retórica e da gramática? De todo modo, Bodin não se contenta com a profusão de comentadores que intentaram estudos sobre o direito romano. Como ele confessa, ficou espantado "de ver que havia e que sempre houve tantos autores de fértil invenção, ao passo que se encontram tão poucos para apresentar com arte e método os frutos de sua imaginação", incapazes ainda de reunir de forma producente os textos antigos de modo a permitir uma síntese prática das leis romanas (Bodin, 1951:273). Afinal, seu intuito essencial era estabelecer os parâmetros para um direito comparado que lhe permitisse fundamentar a ideia de uma jurisprudência universal. Pois, como ele mesmo indica, "há artes e ciências que regem, se não os fatos singulares, ao menos os fatos universais" (Bodin, 1951:273).[24]

A tarefa de recolha, crítica e organização dos fragmentos do direito romano, reconhecia Bodin, não era das mais fáceis, haja vista ainda que tais textos foram alterados por "gregos miseráveis". Não lhe causa estranheza, portanto, o fato de diversos comentadores evitarem a tarefa. Bodin chega ainda a criar uma classificação prévia de quatro tipos possíveis de comentadores: aqueles que conhecem solidamente a jurisprudência, mais pelo estudo do que pela prática; aqueles que, ao inverso, dedicam-se plenamente à prática mas mantêm parcos conhecimentos sobre a história do direito; aqueles que, de forma mais plena, conseguem combinar a prática de uns com o saber dos outros; por fim, categoria na qual, presume-se, Bodin pretendia se inserir, aqueles que, aliando prática jurídica com estudos históricos, conseguem ainda acrescentar à discussão uma dimensão filosófica, capaz, por sua vez, de criar as condições necessárias para a síntese universal almejada. Assim, o direito, com suas práticas críticas, a história, com sua visada geral, e a filosofia, com seu aporte sintético, coadunavam-se para a formação de um espaço de saber propício aos estudos eruditos, para os quais a França do século XVI se mostrava, segundo o autor angevino, como lugar privilegiado.[25]

Direito e filosofia, mas sobretudo história, disciplina crucial para os sábios quinhentistas. Pois é ela que permite organizar sinteticamente as dispersas leis antigas. Além disso, e talvez mais importante, é na história onde se buscam os elementos essenciais para a apreensão das leis, a saber, "os costumes dos povos, sem contar a origem, o desenvolvimento, o funcionamento, as transformações e o fim de todos os assuntos públicos, quer dizer o principal objeto desse método. Desse modo, não há fatos históricos mais fecundos do que aqueles que se costuma recolher sobre a disposição das *res publicas*" (Bodin, 1951:276-277). Havia, porém, um

---

[24] Bodin faz menção ao esboço de um plano geral do direito universal, mais tarde publicado como *Juris Universi distributio*. Ver o "Tableau du droit universel" (Bodin, 1951:82-97). Cabe mencionar, e o próprio autor faz questão disso, que para a feitura do *Tableau* houve o cuidado de se inserir notas de referência aos principais intérpretes do direito romano, "a fim de que cada um [de seus leitores] possa ter a saciedade de beber nas mesmas fontes que eu" (Bodin, 1951:274).

[25] "Todos estes textos não poderiam ser estudados mais fácil e comodamente que em nossa época de erudição, e em nossa escola de direito" (Bodin, 1951:276).

pressuposto básico para se considerar a validade dos estudos históricos e sua aplicabilidade ao direito: a separação entre a história e a gramática, o que levaria, como já notado por Mawy Bouchard, à reorganização das artes liberais na enciclopédia bodiniana. As palavras de Bodin (1951:276) são duras e eloquentes nesse sentido:

> E, com efeito, não é preciso esperar a bênção daqueles que ninguém se digna a consultar em matéria de direito, daqueles que preferem antes se passar por gramáticos do que por juristas; daqueles que encobrem com um alarde de falsa ciência sua ignorância da justiça e que esperam apenas da virtude das palavras a salvação do Estado, o estabelecimento do direito e a ordenação do processo. Esta peste de gramáticos se colocou hoje em dia a penetrar profundamente as avenidas de todas as disciplinas, que, à guisa de filósofos, de oradores, de matemáticos ou de teólogos, nos faz sofrer de desagradáveis gramáticos recém-saídos dos bancos da escola. Aqueles que deveriam se limitar a limpar docemente as manchas e nódoas dos quadros antigos para fazer aparecer a velha pintura, tomaram à mão um estilete de ferro e imprimiram tão profundamente sobre todos os livros marcas tão grosseiras e indeléveis que a imagem da Antiguidade não aparece mais senão com grande esforço.

O que estaria em jogo por meio dessa separação? Para Mawy Bouchard, tal passagem é um dos sinais tangíveis do lento processo de depuração da história de seus elementos poéticos.[26] A estratégia de Bodin é bastante sofisticada mas não original, pois seu anseio sempre indicado de pensar a história e o direito em termos de universalidades parece inverter as premissas assumidas por Aristóteles na *Poética*, quando este opôs história e poesia em termos de suas potencialidades: a primeira estaria restrita ao particular, ao que de fato ocorreu, enquanto à segunda, mais

[26] "Os debates que opõem poetas e 'historiadores' provenientes do novo curso humanista ocasionam uma subdivisão dos gêneros narrativos, que formavam antes uma única e grande família. A história, enquanto propedêutica do diretor e das 'ciências políticas', abandona o *trivium* aos 'poetas e reivindica um lugar à parte no cume da hierarquia das novas disciplinas" (Bouchard, 2004). Sobre a organização disciplinar durante o humanismo, ver alguns dos textos coletados em Kelley (1997); para o lugar da *historia* em tal momento, remeto ao importante e elucidativo livro de Pomata e Siraisi (2005).

próxima da filosofia, seria concedida a possibilidade de acessar o geral e o necessário, isto é, o que poderia ocorrer.[27] Para Bodin, a história, como obra de síntese, colocava-se numa posição de superioridade em relação à poesia, voltada mais para a invenção fabulosa do que para a imagem da verdade (*veritatis imago*), desejada para a primeira. Por extensão, a história aparecia igualmente como postulado para a própria filosofia.[28] Não é à toa que Políbio, entre os antigos, lhe servisse como referência primordial do que é ser um historiador.

A consequência disso é que Jean Bodin projeta para o conhecimento histórico propriedades que, costumeiramente, definiriam a condição poética.[29] O proêmio do livro traz por título, significativamente, três características que ele entendia serem próprias da história: a facilidade, o agrado e a utilidade. Isso se torna importante na medida em que, para seu contemporâneo Jean Amelin, por exemplo, acontecia de os franceses procurarem divertimento nas fábulas, "deixando para trás a história pela dificuldade de entendê-la ou de entendê-la bem". Sua tradução de Tito Lívio, atenta a tal problema, seria um convite para que os leitores se voltassem antes para a história do que para romances.[30] Bodin, por sua vez, remontando ao bordão ciceroniano da *historia magistra vitae*, faz questão de ressaltar as três dimensões dos estudos históricos: a história é útil por conservar a sabedoria antiga, sobretudo naquilo que diz respeito à ação política;[31] é uma prática fácil, pois dispensa o conhecimento pormeno-

---

[27] Ver Aristóteles (1996:1451b). Cito a partir da edição francesa, *Poétique*. Para uma interpretação renovada da visão aristotélica da história, que mostra como a censura poética da história representa também uma condenação epistemológica, ver Boulay (2005, n. 26).

[28] "Com efeito, a filosofia que se chama constantemente de sua parte guia da vida, teria desde há muito tempo cessado de nos lembrar os termos extremos de bem e mal se ela não tivesse reencontrado na história os ditos, os fatos e os ensinamentos do passado" (Bodin, 1951:278).

[29] Por exemplo, a facilidade da poesia em contraposição à dificuldade da história. Na dedicatória, Bodin (1951:274) fala sobre "as flores suaves e os canteiros da eloquência e da poesia", ao passo que a erudição histórica é tratada em termos de "rochedos horríveis e escarpados". Isso, como se verá, para refutar a ideia, difundida no século XVI, da história como "a mais difícil das coisas" (*sed cum historia sit rerum omnium difficilima*). Ver Paolo Cortesi, citado por Black (1987:137).

[30] Citado por Bouchard (2004).

[31] "Não nos traz ela um serviço ainda maior restaurando-nos e nos conservando todas as ciências, e em particular aquelas que nos concernem à ação?" (Bodin, 1951:279).

rizado de outras artes;[32] e, enfim, todo o agrado que possibilita reside na capacidade que ela tem, mais do que a poesia, de descortinar novos horizontes de experiência, a partir de fatos verídicos.[33]

Mas, indo além do argumento de Bouchard, a acusação contra os gramáticos parece também ser uma condenação de práticas voltadas para a exegese dos textos, isto é, para a filologia. No entendimento de Bodin, a função natural dos gramáticos deveria ser "limpar docemente as manchas e nódoas dos quadros antigos para fazer aparecer a velha pintura". Em outras palavras, trata-se do trabalho de estabelecimento correto das fontes antigas, uma atividade de crítica, portanto. O problema disso, segundo o filósofo, estaria no fato de que esta mesma atividade estaria comprometendo a autenticidade dos documentos, já que a mão pesada dos gramáticos acabaria por ocultar, com ornatos e embelezamentos, a imagem da Antiguidade inscrita em tais fontes. Ou seja, na perspectiva assumida pelo autor do *Methodus*, a história, ligada intimamente à jurisprudência, não se resumia apenas à dimensão erudita da crítica das fontes, mas também se mostrava um gênero bastante distinto da poesia, dadas suas potencialidades universalizantes em relação à verdade; a história seria, em certa medida, a conjunção da crítica erudita com a síntese universal.

Nesse sentido, o lugar privilegiado concedido ao saber histórico por Bodin, seja diante da poesia e da filosofia, como também diante da filologia, encarada ainda como premissa incontornável para o estudo e a prática do direito, demandava aos interessados na disciplina uma atenção cuidadosa no que diz respeito às suas regras. Tal a razão, portanto, para a elaboração de um tratado metódico que expusesse os preceitos da arte da história. Essas motivações são esclarecidas pelo autor da seguinte maneira:

> Vê-se até aqui a maior parte dos escritores misturar desastrada e imprudentemente as fontes, sem tirar delas o menor ensinamento. E gostaria bem de reconhecer que se encontraram alguns antes de mim que escreveram livros

---

[32] "Esta facilidade é tal que, sem solicitar o seguro de uma arte estrangeira, a história por ela mesma é acessível a todos" (Bodin, 1951:279).

[33] "Se os homens são efetivamente animados por um tal desejo de saber que os faz se deleitarem mesmo com narrativas fabulosas, que prazer não experimentarão diante dos altos fatos autênticos?" (Bodin, 1951:279).

> sobre a maneira de compor a história; e sem dúvida seu propósito origina-se de uma intenção louvável. Porém, pelo que me é permitido, eu compararia sua conduta àquela de alguns médicos que, após ter oferecido ao enfermo toda espécie de medicamento, discutem novamente sobre o tratamento conveniente sem se esforçar igualmente ao estudo da força e da natureza de todos os remédios dos quais se fez uso e abuso, ou de adaptá-los à doença em questão. Tal é, todavia, a atitude daqueles que compõem livros sobre os cânones da história, enquanto todos os livros são repletos de referências às obras antigas e as bibliotecas abundam de historiadores, [...]

Ao que ele complementa não sem certa ironia: "[...] não seria melhor convidá-los a ler e imitá-los, mais do que dissertar em forma sobre os exórdios, os desenvolvimentos, o valor das palavras e das frases?" (Bodin, 1951:280-281).

Este é, portanto, o ensejo que levou o filósofo a dedicar longas e em muitos casos estranhas páginas sobre a *ars historica*, em um tratado preocupado antes com o método da compreensão da história do que, mais precisamente, com as regras de sua composição. Bodin não esconde o valor didático buscado em sua empresa, com o fim claro de propor a seus contemporâneos não apenas ensinamentos a partir dos fatos históricos, mas também lições de como aprender com a própria história produzida pelos historiadores.

IV

O tema da leitura da história era uma questão candente em meados do século XVI. Quase uma década antes da publicação do *Methodus* de Bodin, Sebastian Fox-Morcillo, um filósofo espanhol leitor de Diodoro da Sicilia, já mostrava suas preocupações quanto à correta forma de ler e julgar os textos dos historiadores, buscando neles não apenas informações sobre o passado, mas também preceitos para o futuro.[34] Preocupação semelhante, ainda que conduzida segundo um viés nota-

---

[34] Fox-Morcillo é autor de uma *De historia institutione*, que apareceu em 1557. Ver Reynolds (1945:482-483).

damente mais cético, ocupou a atenção do italiano Francesco Patrizzi em seu *Della historia, dieci dialoghi*, de 1560.[35] Na França, o livro de Pierre Droit de Gaillard, *Méthode qu'on doit tenir en la lecture de l'histoire*, de 1579, é outro exemplo eloquente, em que a leitura da história, então encarada como a verdadeira sabedoria, passava a ocupar o lugar do "conhece-te a ti mesmo" dos antigos.[36] Uma obra que denota ainda a extensão, intelectual mas também geográfica, de tal preocupação é a coletânea de textos do gênero publicada pelo jurista de origem germânica Johannes Wolf, na qual constam os textos de Luciano, de Morcillo, Patrizzi e, com especial destaque, o *Methodus* de Jean Bodin, além de outros.[37]

Na obra de Bodin, a ideia do método está intimamente vinculada à prática da leitura. Como o próprio autor salienta: "Eu me propus apenas a preservar e expor o método requerido a lê-los e criticá-los cientificamente [os escritores de histórias], sobretudo a história humana".[38] Assim, pelo fato de a história humana ser a mais incerta das histórias e, ao mesmo tempo, estar voltada para a virtude da prudência, já que se dirige principalmente aos homens de ação destinados à gerência dos negócios públicos, há a necessidade de um julgamento criterioso por parte de seu leitor.[39] Existe ainda outra razão de contexto que demanda a preocupação com a leitura: a superabundância de textos históricos. Certamente a invenção da imprensa por meio de tipos reutilizáveis realizada pelo gravador Johannes Gütenberg pouco mais de um século antes, contribuiu para um afluxo maior de obras, bem como para uma circulação mais intensa de livros.[40] Além disso, o contexto dos descobrimentos ajudou para a situação. Para Anthony Grafton (2007:200), as *artes*

[35] Ver Reynolds (1945:485 e segs). Ver ainda Grafton (2007:123 e segs.).
[36] Ver Kelley (1964:35).
[37] A obra de Wolf teve duas edições, uma em 1576 e outra em 1579, esta, intitulada *Artis historicae penus*, em dois volumes e aumentada em relação à primeira. Para uma descrição detalhada dela, ver Reynolds (1945).
[38] Ver Bodin (1951:281-282). Para Bodin, três são os tipos possíveis de história: a humana, a natural, a sagrada. A primeira diz respeito à probabilidade ou verossimilhança, a segunda à necessidade lógica, a terceira à fé; por sua vez, a virtude da primeira é a prudência, a da segunda é a ciência, e, por fim, a da terceira, a religião.
[39] "A história humana provém principalmente da vontade dos homens que não é jamais semelhante a ela mesma e não se entrevê nunca seu termo" (Bodin, 1951:282).
[40] "A 'multidão de livros' era um assunto de espanto e ansiedade para autores que refletiam sobre a condição erudita entre os séculos dezesseis e dezoito" (Blair, 2003:11).

historicae "formavam parte de um esforço ainda maior para domar e usar as enchentes de informação (*floods of information*) vertidas na Europa por viajantes, navegadores e missionários — um paralelo, de muitas maneiras, com a *ars peregrinandi* ou a erudita arte da viagem". Como sugere ainda Marie-Dominique Couzinet (1996b:25), especialista na obra de Bodin, "o *Methodus* é uma resposta específica a um problema específico, o do afluxo do material 'histórico' sob forma de textos tanto quanto de informações indiretas que é preciso gerenciar para utilizá-las". Atento às circunstâncias de sua época, Bodin assim caracterizou tal situação: "Eis que atualmente a maior parte dos países da Europa abunda de historiadores que relatam as menores coisas enquanto os séculos anteriores, por assim dizer, jamais as encontrou". Dessa maneira, prossegue ele, "para não percorrer comentários ao infinito, não há outra forma senão procurar o melhor nas fileiras destes [historiadores] que nós enumeramos, com a ajuda do melhor critério" (Bodin, 1951:313). A lista dos historiadores elencados contempla igualmente antigos e modernos: entre aqueles, Políbio ocupa lugar privilegiado, ao passo que, entre estes, Guicciardini é posto em tal lugar.[41]

Ou seja, entendendo que a história é o fundamento moral e prático para a gestão da *res publica*, fornecedora de lições práticas e de ensinamentos morais, ler bem a história não significa apenas compreender seus fatos, mas igualmente compreender os discursos sobre os fatos. A citação é longa mas elucidativa:

> Porque a maior parte da história é consagrada a explicar a constituição e as mudanças das repúblicas, segue-se que convém expor brevemente os começos, as condições e o fim dos impérios para melhor penetrar na história. As ciências morais não oferecem aliás nenhum exercício que seja mais fecundo e frutuoso, ainda que todos os outros contribuam a ornar o espírito e a formar os modos do homem de uma maneira tão bela quanto notável.

[41] "Políbio, que de todos os grandes historiadores é tido como o mais verídico"; Guicciardini, por sua vez, é "o homem sobre que toda a Itália está de acordo em ver o modelo da mais alta sabedoria, de erudição, de integridade e de administração pública" (Bodin, 1951:298 e 309, respectivamente). Ao final do volume, no capítulo 10, Bodin inseriu uma lista recapitulativa de historiadores (*De historicorum ordine & collectione*), dispondo-os em uma classificação que os situa como história universal, geografias universais, história das religiões (subdividida em superstições pagãs, cristianismo e islamismo), história dos diferentes povos, e historiadores voltados para a história de diferentes Estados europeus.

> Mas tudo isso que a leitura dos historiadores nos ensina sobre os começos, o crescimento, a prosperidade, o declínio e a ruína das cidades é tão necessário aos particulares e às sociedades que Aristóteles não conhecia nada de mais eficaz para fundar e conservar as cidades do que ser instruído na ciência do governo [Bodin, 1951:349].

Note-se que "a história" e "a leitura dos historiadores" parecem indicar uma simbiose no conceito humanista da história, ao mesmo tempo o devir e sua representação. Sua apreensão de Aristóteles, por conseguinte, o faz perceber como que a arte da história se liga à arte do governo: ler a história e agir nela acabam por se tornar atitudes correlatas. As lições dadas pelo estagirita são assumidas pelo filósofo francês: ao ler a história, convém não se mostrar nem tão crédulo nem totalmente cético. Pois, "se nós acreditamos em todos os autores sobre todas as coisas, acontecerá muito recorrentemente de tomar o verdadeiro por falso e de falhar lamentavelmente na gestão dos negócios públicos: mas se, pelo contrário, recusamos toda confiança na história, não tiraremos dela mais nenhum fruto". A leitura, portanto, demanda uma justa medida; ela é também, nesse sentido, uma arte da prudência. Entre a credulidade ingênua e o ceticismo extravagante, há que se encontrar um ponto de equilíbrio. "O prudente leitor da história manterá, então, um meio-termo preciso entre esses dois defeitos, um provém da vaidade e o outro da insensatez; ele se contentará em fazer uma escolha minuciosa para não conservar senão as melhores fontes, e em não projetar sobre os fatos o menor julgamento antes de estar a par dos modos e do gênio do historiador" (Bodin, 1951:294). O jurista angevino fornece ainda um exemplo de como o leitor deve proceder em casos específicos. Por exemplo, quando há discórdia entre autores: "Lá onde os historiadores não estão de acordo, penso que se deve crer nos mais recentes, desde que eles utilizem provas peremptórias ou, ao menos, suficientes, para merecer assentimento" (Bodin, 1951:297).

Quanto ao judicioso julgamento dos historiadores e de suas histórias, Bodin indica um princípio metódico que funciona como um dos eixos teóricos de seu *Methodus*. Há um pressuposto extradiscursivo que deve orientar a crítica dos textos históricos: as generalidades naturais de cada povo em específico, isto é, atentar-se aos "fatos regidos pela natureza e não pelas instituições humanas" (Bodin, 1951:313). A ideia é que, de acordo com as determinações geográficas e mesológicas dos lugares, cada sociedade responde, em seu modo de existência, a características particulares. Ou seja, entre natureza e cultura, Bodin estabelece uma relação importante em que esta acaba por responder aos desígnios determinados por aquela. Por conseguinte, cria-se uma analogia entre influência do clima e crítica histórica que deve orientar os leitores nas avaliações que fazem do trabalho dos historiadores.

Um caso interessante pode ser mencionado. Bodin discorda de Políbio quando este sugere que o excesso de crueldade é fruto de uma educação relapsa. Uma comparação elucida seu argumento: se os povos americanos podem ser considerados cruéis, já que "mergulham as crianças no sangue dos inimigos mortos, sugam o sangue e se alimentam dos membros cortados de suas vítimas", trata-se, contudo, de uma crueldade qualitativamente diferente daquela dos citas. Estes "são levados à cólera por sua própria impetuosidade, e à vingança por um certo ardor corajoso". Porém, os citas podem ser facilmente acalmados, enquanto os nativos das Américas se mostram irredutíveis a qualquer tentativa de pacificação. Bodin (1951:322), então, fornece uma explicação:

> Esta crueldade não provém senão em partes da tirania que faz pesar sobre um homem a má educação e o livre jogo de seus instintos; tão mais importante é, a nosso ver, a repartição bastante desigual dos humores. Estes dependem, com efeito, de elementos desigualmente distribuídos, elementos que permanecem submetidos à ação dos corpos celestes [...] É por isso que os habitantes das regiões extremas são mais inclinados aos vícios.

Ou seja, Bodin, leitor de Políbio, avalia criticamente sua história a partir de pressupostos externos a ela, mas que, segundo seu método de leitura, funciona como parâmetro seguro para a avaliação de todos os historiadores. Como ele mesmo afirma, pelas regras estabelecidas sobre "as generalidades concernentes ao natural, se não de todos ao menos dos principais povos, a fim de poder colocar à prova por uma crítica justa a veracidade das histórias e de apreciar mais corretamente nelas os pontos particulares" (Bodin, 1951:313).[42]

Há ainda, no método para fácil compreensão da história de Jean Bodin, outra dimensão importante da leitura das histórias, a saber, o aporte mnemônico que lhe é atribuído. Em um ambiente em que se nota o "excesso" de informação ocasionado pelo desenvolvimento da imprensa e pela profusão das viagens, a memória se mantém como instância organizadora dos discursos sobre o passado. Assim, no capítulo segundo da obra, intitulado "Da ordem que convém de seguir na história" (*De ordine historiarum*), Bodin (1951:283) avisa que "não é suficiente acumular em si uma pilha de historiadores, é necessário ainda saber como utilizar cada um, em que ordem e de qual maneira é conveniente os ler". A metáfora de que ele se vale em seu argumento é significativa: da mesma forma como num banquete aprecia-se os mais diversos temperos, mas cuja combinação desregrada pode redundar num sabor pouco aprazível, a confusão no ordenamento das histórias pode engendrar equívocos indesejáveis. Convém ao bom leitor ler os textos, em primeiro lugar, na ordem cronológica em que aparecem. Começar pelo último e terminar pelo intermediário prejudica não apenas o entendimento, mas compromete igualmente a capacidade de fundar na memória seus conteúdos.

Para que os frutos da história sejam recolhidos sem perder o sabor, a *ars historica* de Bodin converte-se também em uma *ars memoriae*. Não é despropositado, portanto, o fato de o capítulo seguinte, intimamente ligado à dimensão ordenadora da história, voltar-se para a questão dos usos dos lugares-comuns (*locis*) na história.[43] Ali, a história é definida como a "narração exata das ações passadas"; definição que, por sua vez, conduz o autor a uma ponderação: "Mas a variedade e a complexidade das coisas

---

[42] Não obstante, o método crítico de Bodin não lhe permitiu evitar pelo menos um grande equívoco, o de assumir e sustentar como autêntica a obra do dominicano renascentista Giovanni Nanni, de Viterbo, reconhecido hoje, mas também em seu próprio contexto, como notório falsário. Para Anthony Grafton, Nanni, ou Annius de Viterbo, dominava como poucos os requisitos para a crítica histórica, embora os utilizasse menos para a procura do verdadeiro do que para a produção do falso. "Reconhece-se então que o primeiro teórico verdadeiramente moderno da crítica histórica [Annius] fora um falsário!" (Grafton, 1993:114).

[43] O título é "Como fixar com exatidão os lugares-comuns ou rubricas da História" (*De locis historiarum rectè instituendis*).

humanas é tão grande, tão grande a abundância e a massa das narrativas, que se os fatos históricos e os assuntos humanos não são distribuídos em classes bem-estabelecidas, será impossível de compreender alguma coisa da história e de guardar por longo tempo sua memória". Ao que o leva à definição de uma regra de leitura: "Será necessário, então, realizar na história aquilo que os doutos têm o costume de realizar nas outras ciências para aliviar a memória, isto é, dispor em uma ordem metódica as categorias das coisas memoráveis, a fim de poder dela se aproveitar como em um tesouro de exemplos variados para regrar nossa conduta" (Bodin, 1951:287). Se a escrita da história tem por pretensão, desde o "primeiro historiador", conservar contra as intempéries do tempo os fatos dignos de memória, a leitura pretende-se uma prática de disposição das coisas memoráveis. Seu complemento inevitável é, portanto, a feitura de cadernos de anotações ou livros de lugares-comuns, aquilo que em língua inglesa se define como os *commonplace books*, ou, segundo a definição de uma estudiosa no assunto, "bibliotecas portáteis" destinadas a facilitar a vida de leitores renascentistas.[44] Nesse sentido, a leitura ela própria demanda uma "tomada de notas", ou seja, uma escrita. "Enfim, para não ser tão seguidamente incomodados em nossa leitura para retomar a pluma, não nos esqueçamos, ao percorrer a história, de acrescentar nas margens os lugares-comuns: estas notas nos permitirão colocar mais facilmente cada coisa em seu lugar e fixar mais adiante em nossa memória, por tê-las relido constantemente nas passagens mais importantes" (Bodin, 1951:293). Como já afirmou Couzinet, em Bodin, mais do que conteúdo da memória, a história, enquanto objeto de leitura, é para o espírito humano a memória ela mesma.

---

[44] "Usados em sentidos múltiplos, em particular na retórica e na tópica aristotélica para designar a amplificação oratória ou os diferentes pontos de argumento, os 'lugares--comuns' designam também, na Renascença, as rubricas nas quais se classificam numa coletânea todos os tipos de citações, informações e anedotas memoráveis colhidas ao longo de leituras ou de observações pessoais" (Blair, 2006:74-93). Nesse artigo, a autora analisa o uso que Jean Bodin faz dos *loci* em uma obra publicada postumamente, o *Universae naturae theatrum*, de 1596, em certa medida cumprindo os preceitos elaborados no *Methodus*. Ver, ainda, Grafton (2007:209 e segs.).

V

Enfim, enquanto ferramenta de disposição de coisas dignas de memória, a leitura é também produtora de lugares-comuns, exemplos aos quais se pode retornar com o fito de extrair deles lições proveitosas para a vida. Como arte da memória, ela estabelece igualmente novos dispositivos mnemônicos para um contexto marcado, como já notou Ann Blair, pela "abundância de matérias a serem dominadas" e pela "mania pelos 'métodos'", oferecendo ao leitor humanista novos elementos para a rememoração, distintos daqueles utilizados pelos antigos em suas artes da memória.[45] O que cabe notar é que, antes de servirem apenas para o "orador pleno",[46] as lições da história oriundas da memória são voltadas para os homens de ação prática. A história, embora mantenha com a retórica ligações íntimas, constitui-se em uma forma de saber que parece transcender as regras do gênero elaboradas pelos antigos e assumidas por não poucos autores humanistas, sobretudo italianos do século anterior. Para Bodin, mais que "o testemunho dos séculos, luz da verdade, memória viva, mestra da vida, mensageira dos tempos antigos" (*historia vero testis temporum, lux veritatis, vita memoriae, magistra vitae, nuntia vetustatis*), na famosa passagem que Cícero (1966, II, IX) colocou na boca de Antonio, ou seja, a história como um ramo da eloquência, ela se converte, de forma autônoma, em "ciência política" (*civilis disciplina*), para a qual os preceitos da beleza do discurso cedem lugar aos requisitos da crítica documental e ao uso de fontes primárias.[47] Embora ainda hesitante no desvencilhamento da história em relação à eloquência, já que seu método se assenta em termos notadamente retóricos, pois a utilidade da história advém de sua qualidade de discurso verdadeiro, enquanto esta verdade depende da forma como o discurso é *retoricamente* ordenado, ele certamente dá um passo além ao

[45] Ver sobre as artes da memória, em geral, Yates (1966). Para a relação delas com o *Methodus*, ver Couzinet (1996a, sobretudo a primeira parte, p. 59 e segs.).

[46] Valho-me da expressão utilizada no texto de Teixeira (2008).

[47] "Não se deve acordar o mesmo crédito àqueles cujos escritos são inteiramente de segunda mão e que não viram os documentos públicos: também os melhores escritores, para dar a seus relatos uma maior autoridade, concordam que eles os tiraram dos arquivos públicos" (Bodin, 1951:296).

ressituar o lugar da história diante das demais artes liberais. Em Cícero, a história é um instrumento para o orador; em Bodin, a eloquência é apenas um dos requisitos para o historiador, e não o mais importante.

Das observações sobre a leitura da história no *Methodus* de Bodin, sobressai ainda a ideia de que o fundamento do conhecimento da história reside não apenas na forma geral da *historie* de Heródoto, mas também na capacidade de julgamento voltado para a história, seja enquanto devir, seja enquanto relato; um julgamento, sempre é bom lembrar, visando ao verdadeiro. Ou seja, a legitimidade do saber histórico não se encontra totalmente na capacidade investigativa daquele que produz tal saber, mas sim no espaço que, ao mesmo tempo, separa e une a escrita e a leitura. Se é possível falar em termos de "verdade da história", esta é colocada em um plano de decisão em que o leitor desempenha um papel ativo, não sendo apenas aquele que deve ser convencido, mas sim aquele que, por suas próprias habilidades, se faz convencer, aceitando ou recusando os argumentos que lhe são oferecidos pelos historiadores. Para Bodin, se a verdade nasce de um julgamento, é porque a realidade é ela própria de natureza jurídica.[48] Se o leitor, portanto, se coloca como juiz *a posteriori* dos fatos relatados, como uma espécie de *hístor*, é que a história lhe é dada a ver mesmo que por meio de um texto.[49] Como salientou Marie-Dominique Couzinet (1996a:157), "em Bodin, a leitura, sempre sinônimo de informação indireta, não o é mais no sentido de um maior distanciamento com relação à verdade. Ela designa, pelo contrário, um ponto de vista superior, capaz de abarcar a universalidade alargada da his-

---

[48] "Se a verdade se formula como um julgamento — verdadeiro ou falso, conforme à virtude ou não —, é, então, que a realidade à qual ela se refere deve ser ela mesma de natureza jurídica"; "a história entrega um saber não histórico sobre a natureza intrinsecamente jurídica da realidade e coloca seu leitor na posição de um juiz" (Couzinet, 1996a:135 e 141, respectivamente).

[49] Pensando nas considerações que François Hartog teceu sobre a noção de *hístor*. Ele é, para os antigos, uma espécie de árbitro de uma contenda, aquele de onde emana a decisão, embora nem sempre tenha presenciado ou visto os fatos que originaram a disputa. Sobre o "primeiro historiador", Hartog escreve que "a *historie* de Heródoto, com seu zelo de guardar a memória do que aconteceu dos dois lados (gregos e bárbaros), conservará algo da posição do *hístor* como árbitro, mesmo se o historiador não é nem pode ser um *hístor*. Poder-se-ia sustentar que é justamente porque ele não é o que é que tem necessidade de *historeîn* (investigar)" (Hartog, 2001:35). O leitor, nesse sentido, não investiga os fatos, mas pode abalizar a investigação que sobre eles é feita.

tória tal como ela aparece em seu tempo. A leitura não é mais associada ao ouvido, mas à visão".

Jean Bodin, ao que tudo indica, jamais pôs os pés na Itália, que lhe aparecia menos como um lugar de contemplação literária ou de trabalho erudito do que como uma realidade livresca visível por meio de textos, notadamente textos legais sobre o direito romano. Não obstante, o caminho que a erudição crítica seguiu dos humanistas italianos para os religiosos da França, de Lorenzo Valla até Jean Mabillon, por exemplo, encontrou um ponto de parada importante com os juristas franceses da segunda metade do século XVI. O filósofo angevino ali estava e, de modo muito particular, contribuiu para que o percurso ganhasse em consistência e complexidade. As questões por ele colocadas ainda hoje parecem encontrar certa pertinência. Afinal, se há pouco mais de três décadas Paul Veyne indagava, não sem ironia, se os gregos acreditavam em seus mitos, respondendo simples e provocativamente que sim e não, a leitura sobre as leituras da história faz perguntar qual a resposta possível de ser formulada para a indagação: acreditamos, nós modernos, em nossos historiadores?

Referências

ARISTÓTELES. *Poétique*. Paris: Gallimard, 1996.

BLACK, Robert. The new laws of history. *Renaissance Studies*, v. 1, n. 1, p. 132-133, 1987.

BLAIR, Ann. Reading strategies for coping with information overload, ca. 1550-1700. *Journal of the History of Ideas*, v. 64, n. 1, p. 11, 2003.

______. Bibliotecas portáteis: as coletâneas de lugares-comuns na Renascença tardia. In: BARATIN, Marc; JACOB, Christian (Dir.). *O poder das bibliotecas*: a memória dos livros no Ocidente. Rio de Janeiro: UFRJ, 2006, p. 74-93.

BODIN, Jean. La méthode de l'histoire. In: *Oeuvres philosophiques de Jean Bodin*. Editado e traduzido por Pierre Mesnard. Paris: Presses Universitaires de France, 1951.

BOUCHARD, Mawy. L'Invention fabuleuse de l'histoire à la Renaissance. In: *Fictions du savoir à la Renaissance,* 2004. Disponível em: <www.fabula.org/colloques/document101.php>.

BOULAY, Bérenger. Histoire et narrativité: autour des chapitres 9 et 23 de *La poétique d'Aristote. Lalies,* n. 26, 2005. Disponível em: <www.fabula.org>.

CÍCERO. *De l'orateur.* Livre déuxième. Texte établi et traduit par Edmond Courband. Paris: Les Belles Lettres, 1966.

COUZINET, Marie-Dominique. *Histoire et méthode à la Renaissance*: une lecture de la *Methodus* de Jean Bodin. Paris: Vrin, 1996a, p. 59 e segs.

______. *La Methodus ad facilem historiarum cognitionem*: histoire cosmographique et méthode. In: ZARKA, Yves Charles (Dir.). *Jean Bodin*: nature, histoire, droit et politique. Paris: PUF, 1996b. p. 25.

GILBERT, Felix. *Machiavel et Guichardin*: politique et histoire à Florence au XVIe siècle. Paris: Seuil, 1996. p. 171.

GRAFTON, Anthony. *Faussaires et critiques*: créativité et duplicité chez les erudits occidentaux. Paris: Les Belles Lettres, 1993. p. 114.

______. *What was history?* The art of history in early modern Europe. Cambridge: Cambridge University Press, 2007. p. 122.

GUENÉE, Bernard. *Histoire et culture historique dans l'Occident médiéval.* Paris: Aubier-Montaigne, 1980. p. 26.

HARTOG, François. *A história de Homero a Santo Agostinho.* Belo Horizonte: UFMG, 2001. p. 35.

HAUSER, Henri. Un précurseur: Jean Bodin, Angevin (1529 ou 1530-1596). *Annales d'Histoire Économique et Sociale*, v. 3, n. 11, p. 379-387, 1931.

HUPPERT, George. *The idea of perfect history*: historical erudition and historical philosophy in Renaissance France. Chicago: Urbana, 1970. p. 59.

KELLEY, Donald R. *Historia Integra*: François Baudouin and his conception of history. *Journal of the History of Ideas*, v. 25, n. 1, p. 39, 1964.

______. *Foundations of modern historical scholarship*: language, law, and history in the French Renaissance. New York: Columbia University Press, 1970. p. 2.

______. (Ed.). *History and the disciplines*: the reclassification of knowledge in early modern Europe. Rochester: The University of Rochester Press, 1997.

LAUVERGNAT-GAGNIÈRE, Christiane. L'ouvre et sa tradition e Lecteurs innocents. In: *Lucien de Samosate et le lucianisme en France au XVIe siècle*: athéisme et polémique. Genève: Droz, 1988, Appendice, p. 341 e segs.

LUCIANO. *Como se deve escrever a história*. Trad. Jacyntho Lins Brandão. Belo Horizonte: Tessitura, 2008.

MABLY, Gabriel Bonnot, abbé de. *De l'étude de l'histoire* suivi de *De la manière d'écrire l'histoire*. Paris: Fayard, 1988.

MARSH, David. Lucian in the Quattrocento. In: *Lucian and the latins*: humor and humanism in the early Renaissance. Ann Arbor: University of Michigan Press, 1998. p. 1-41.

MAYER, Claude-Albert. *Lucien de Samosate et la Renaissance française*. Genève: Slatkine, 1984. p. 32, n. 64.

MESNARD, Pierre. Vers un portrait de Jean Bodin. In: BODIN, Jean. *Oeuvres philosophiques de Jean Bodin*. Texte établi, traduit et publié par Pierre Mesnard. Paris: PUF, 1951. p. vii-xxi.

POMATA, Gianna; SIRAISI, Nancy G. (Ed.). *Historia: empiricism and erudition in early modern Europe*. Massachusetts: The MIT Press, 2005.

REYNOLDS, Beatrice. Introduction. In: BODIN, John. *Method for the easy comprehension of history*. New York: Columbia University Press, 1945. p. xxvii.

______. Shifting currents in historical criticism. *Journal of the History of Ideas*, v. 14, n. 4, p. 471-492, 1953.

RICOEUR, Paul. L'Écriture de l'histoire et la représentation du passé. *Annales HSS*, n. 4, juil./août, p. 731-747, 2000.

TEIXEIRA, Felipe Charbel. Uma construção de fatos e palavras: Cícero e a concepção retórica da história. In: *Varia Historia*, v. 24, n. 40, p. 551-568, 2008.

VEYNE, Paul. *Como se escreve a história*. Brasília: UnB, 1998.

WITSCHI-BERNZ, Astrid. Mains Trends in Historical-Method Literature: Sixteenth to Eighteenth Centuries. *History and Theory*, vol. 12, Beiheft 12: Bibliography of Works in the Philosophy of History 1500-1800. p. 51-90, 1972.

YATES, Frances. *The art of memory*. Chicago: The University of Chicago Press, 1966.

Entre antigos e modernos: notas sobre o *De nostri temporis studiorum rationes* (1708) de Vico

RODRIGO TURIN

O nome de Vico está estreitamente ligado à formação de uma (cons)ciência histórica. Ocupando um lugar canônico, e, portanto, sacralizado, ele presta-se à funçao de uma memorização historiográfica que permite delimitar uma identidade e assentar um lugar de fala. Ao ocupar os vazios e silêncios de seu texto, a crítica projeta os sentidos que permitem reconhecer nele uma racionalidade historiográfica moderna. Tal modernidade, no entanto, longe de ser singular, conforma-se igualmente pela lógica do trabalho de memória que a constitui. Assim, temos o Vico kantiano, hegeliano, historicista, estruturalista, e mesmo o Vico profeta de uma sociedade comunista.[1] Numa contramemória, por assim dizer, apresenta-se um Vico contrarreformista, próximo aos jesuítas, último baluarte do humanismo renascentista.[2] Ao nome de Vico, portanto, das

[1] Para mencionar alguns, respectivamente: Gentili (1915, ver prefácio de 1914); Croce (1911:251-256); Auerbach (1949:110-118); Paci (1969); Lifshitz (1948:391-414).
[2] Cf. Momigliano (1966:3-23); Rossi (1969); Tagliacozo (1982:93-108).

leituras de Herder e Michelet a Hayden White, sobrepõem-se diversas camadas (ainda que negativas) daquilo que entendemos por modernidade. Podemos encontrar aí, já, uma das formas (modernas?) de aprender com a história, onde o passado insere-se num regime teleológico que o esclarece, (re)atualizando-o como instância legitimadora de determinados saberes e disciplinas.

O nome de Vico, ainda, cola-se ao título de uma obra: sua *Scienza nuova* é como que a imagem evocada pelo nome. É este livro que tem a última palavra, que define o que Vico é enquanto herança. Processo iniciado pelo próprio autor em sua autobiografia, ao afirmar que a *Scienza nuova* concretizava tudo aquilo que seus escritos anteriores continham de forma latente, e referendada por um de seus editores modernos, ao afirmar que nessa obra estava a forma "mais completa e definitiva" de seu pensamento, restando às outras obras apenas um "interesse histórico".[3] Com certa liberdade, seria possível atribuir a essa relação entre obra e autor a famosa sentença de Michelet (leitor e tradutor de Vico): "Isso é mais do que um livro, sou Eu mesmo!".

O objetivo deste texto não é, todavia, fazer um trabalho sobre a memória de Vico. É, antes, levantar questões sobre um desses seus "textos menores", cujo uso se presta menos aos ritos de fundação. Se inicio apontando para essa forte memorização historiográfica sobre seu nome, não é com a intenção de desqualificar sua fortuna crítica (bastante rica), mas apenas para destacar ao mesmo tempo um risco e uma condição do trabalho historiográfico. O risco encerra-se justamente em tornar a história da historiografia um panteão, mesmo que camuflado, cujo efeito é encerrar e reificar seu objeto em nome de uma especialidade disciplinar. Por outro lado, também não se pode fugir àquilo que Paul Ricoeur (2001) denomina "condição hermenêutica" da escrita da história; condição esta que, se quisermos manter as fronteiras entre a pesquisa historiográfica e o trabalho de memória, deve ser tratada conscientemente através de um "uso controlado do anacronismo", para usar a expressão de Nicole Loraux (1993, n. 27). O que me interessa, enfim, é tentar especificar formas e sentidos dos usos do passado inscritos no texto vichiano, menos

[3] Cf. Vico (1977). A sentença de Mário Fubini encontra-se na p. 7; a visão retrospectiva de Vico, na p. 56.

para dizer o que Vico "é", fixando uma percepção unívoca dele enquanto "fato" (condição e efeito de sua memorização), do que para tentar reconstruir, a partir de determinadas preocupações, o que ele estava fazendo ao produzi-lo. Interrogar um texto historiográfico, afinal de contas, deveria implicar o reconhecimento de que, das ambiguidades, contradições e incertezas que o constituem, só poderemos tecer tramas narrativas particulares entre aquilo que dizemos e como o dizemos.

Proferida na Universidade de Nápoles em 18 de outubro de 1708 e publicada no ano seguinte, "Método (ou programa) de estudos de nosso tempo" consiste numa oração que inaugurava o ano letivo (Vico, 1971a). Desde que tomou posse na cátedra de retórica daquela universidade, em 1698, Vico ficara encarregado da tarefa de abrir o ano universitário com uma oração, cujo objetivo era emular os jovens alunos a dedicarem-se com afinco aos estudos. Verdadeiras aulas práticas de retórica, essas orações desenvolviam tópicos vinculados à importância, aos métodos e à utilidade civil do saber (Vico, 1971b). A oração de 1708, contudo, se destaca das seis anteriores em pelo menos dois fatores. Primeiro, por sua extensão e ambição, apresentando-se como um verdadeiro programa de reforma educacional, tendo como alvo as limitações de uma racionalidade cartesiana. Além disso, sua enunciação foi cercada de uma solenidade maior, já que se destinava não somente aos estudantes, mas principalmente ao cardeal Grimani, vice-rei de Nápoles, ali presente (Vico, 1977:37). Oração encomendada, dedicada ao rei de Espanha e proferida diante do vice-rei de Nápoles, mostrava-se como uma ocasião para o professor de retórica exercer sua excelência, apresentando aquilo que entendia dever ser o lugar e o papel dos estudos e dos estudiosos, e, com isso, concorrer ainda a mercês que lhe possibilitassem a já então desejada cátedra de direito (a qual, como se sabe, jamais viria a conquistar). Inclusive, o fato de Vico ocupar a seção mais longa de sua oração, desproporcional às demais, desenvolvendo uma hábil e erudita interpretação da grandeza e decadência da jurisprudência romana, não é algo gratuito.

Muito ainda resta a ser dito sobre a formação e a trajetória de Vico na Nápoles do final do século XVII.[4] Dois elementos dessa trajetória, no

[4] Cf. Nicolini (1932). Dois estudos vieram a contribuir muito para o entendimento da trajetória de Vico: Stone (1997) e Robertson (2005).

entanto, merecem destaque para meu argumento. Primeiro, a presença de uma querela entre antigos e modernos deflagrada desde a década de 1680. Essa querela, como destacaram alguns críticos, assumiu em Nápoles contornos específicos, sendo marcada por um caráter mais religioso se comparada àquelas ocorridas na França e na Inglaterra (cf. Levine, 1991:55-79). Em Nápoles, além da curiosa estratégia dos partidários dos modernos em irem buscar argumentos a favor de sua "modernidade" nos antigos, a querela singularizava-se igualmente pelo fato de que o ataque às filosofias modernas provinha basicamente da ortodoxia da Igreja Católica, seja pelo braço inquisitorial, seja pela ordem jesuíta (cf. Levine 1991:59). A corrente atomista-gassendista, o experimentalismo galileano, assim como a recepção do cartesianismo, eram promovidos por letrados como Leonardo di Cápua, Tommaso Cornelio e Giuseppe Valleta (Badaloni, 1969). Do outro lado, estava o ataque da Igreja, como do jesuíta De Benedictis em suas *Cartas apologéticas*, nas quais associava a posição moderna de Descartes às de Demócrito e Epicuro, enquanto negadores da Providência (Rossi, 1969:75). Essas posições antitéticas, e este é o segundo elemento que gostaria de destacar, localizavam-se em espaços distintos. Os "modernos" agrupavam-se em torno de academias, como as de Medina Celi e dos *Investiganti*, frequentadas tanto por nobres quanto por parte do *ceto civile*, principalmente advogados. Os "antigos", por sua vez, encontravam-se na universidade, sem mencionar as outras etapas do ensino, controlados em sua maioria pelos jesuítas, com os quais Vico se formou. A Universidade de Nápoles, como ressaltou John Robertson (2005:102-105), não era um lugar no qual novos pensamentos eram esperados, ainda que figuras de destaque fossem nela também acolhidas.

A trajetória de Vico passa por ambos os espaços. Ele iniciou-se nos estudos pelas mãos de jesuítas, desenvolvendo leituras tanto das autoridades greco-latinas quanto dos teólogos da segunda escolástica, especificamente de Suárez (cf. Nicolini, 1932:107-110). Após formar-se em direito, seguiu para Vatola, foi tutor dos filhos do duque de Ischia. Sete anos depois, de volta a Nápoles, ingressou como professor de retórica na universidade, onde permaneceria até o final de sua carreira. Mas ele também não foi indiferente à forte presença das teorias modernas introduzidas a partir dos salões e academias, tecendo amizades com "modernos", como Paolo Mattia Doria — a quem dedicou sua obra sobre a antiga sabedoria dos italianos —, e chegando mesmo a escrever um poema de clara tonalidade atomista, depois por ele renegado.[5] O que me interessa destacar de tudo isso é o fato de Vico, desprovido de qualquer tipo de capital financeiro ou simbólico — de origem bastante modesta, sem vínculos nobiliárquicos, sobrevivendo de rendas menores como a de tutor ou de professor de retórica, sem conseguir impor seu nome na República das Letras —, flutuar por esses espaços distintos, entre antigos e modernos. O estabelecimento de filiações de patronagem por meio de dedicatórias e cartas, a busca pela mercê de nobres e governantes para ocupar posições e ver suas obras publicadas e reconhecidas não eram práticas estranhas a indivíduos como Vico. E ele não deixou de recorrer a elas em diversos momentos de sua carreira, como atestam suas diversas cartas, tanto para autores "modernos" célebres como Jean Le Clerc, como também para membros do alto escalão do Vaticano, através das quais tentava garantir a publicação e também antecipar uma boa recepção e circulação de seus escritos (Stone, 1997:14). É interessante notar apenas quando suas pretensões de conquistar a cátedra de direito já haviam esmorecido, como comenta em uma carta, que ele se sentiu "livre" o suficiente para escrever sua *Scienza nuova* (Robertson, 2005:201).

Se recorro a esses dados de caráter sociobiográfico, não é para reduzir sua obra a alguma relação necessária unívoca, mas apenas para indicar e tentar restringir uma condição de possibilidade que garanta um viés de inteligibilidade, entre outros possíveis, sobre seu texto. Transitando entre antigos e modernos, e dependendo de ambos para garantir as condições de seu trabalho, os textos de Vico, enquanto performances, não ficaram desvinculados das relações que estruturavam a Querela em Nápoles e das posições que ele assumiu diante dessas relações no decorrer de sua trajetória. Talvez uma atenção maior a essa especificidade de sua trajetória possa ajudar a esclarecer parte das ambiguidades ressaltadas por sua fortuna crítica, que o classifica ora como baluarte dos modernos, ora dos antigos.

Esse me parece ser o caso, por exemplo, da oração proferida em 1708. Texto voltado a uma performance retórica, professoral, que tinha

[5] Cf. Vico (1993). Sobre o poema de Vico, cf. Roush (2003:147-167).

por objetivo deleitar, convencer e instruir seu auditório, o qual, como já disse, estava dignificado pela presença do cardeal vice-rei de Nápoles. O tópico que ele se propõe desenvolver concentra-se em determinar qual método de estudo é mais correto e melhor, o dos modernos ou aquele dos antigos. Esse *topos* retórico, em si mesmo, já era bastante antigo, constituindo parte do gênero epidítico, promotor de louvor ou vitupério. Contrastar antigos e modernos poderia servir tanto para o orador censurar indivíduos ou instituições contemporâneas, declarando serem inferiores a seus predecessores, como, ao contrário, para louvá-los, mostrando o quanto eram superiores àqueles do passado. É importante ressaltar que o fato de um orador defender os modernos não significava *necessariamente* que ele estaria adotando uma concepção acumulativa do tempo ou negando a autoridade do passado.[6] Robert Black (1982:9-10), em importante estudo, mostrou como Benedetto Accolti fez uso desse *topos* num discurso proferido em honra a Cósimo de Médici, cujo objetivo principal era demonstrar que ele era um melhor orador e humanista que seu rival Griffolini, concorrendo, assim, pelo suporte de Cósimo para seus trabalhos literários. A virtuosidade em lidar com os textos clássicos, de encontrar as citações corretas, de tecer comparações sobre diferentes áreas, de construir juízos agudos sobre as qualidades e defeitos de cada época, todos são exercícios que procuram expressar a habilidade do orador em persuadir. O uso do passado que aí se encerra, portanto, não difere em sua essência, servindo como um repertório de exemplos, os quais o orador deve saber acessar e dispor em seu discurso, tal como preceituam as partes da retórica.

O tópico escolhido por Vico para sua oração oferecia, assim, uma ótima oportunidade para fazer valer suas habilidades diante dos notáveis que o escutavam. E tornava-se ainda mais eficaz na medida em que trazia à tona assuntos que ocupavam um lugar de destaque no mundo letrado napolitano, cindido entre as filosofias modernas das academias e o ensino pós-tridentino da universidade. O âmago de sua oração está justamente na escolha de não apenas contrapor antigos e modernos, como inúmeros autores

[6] O que não implica, de modo algum, desconsiderar os efeitos que a Querela legou à formação de uma experiência temporal moderna. Tal consideração apenas alerta para os usos retóricos que o paralelo encerra, procurando evitar, assim, uma busca retrospectiva e apressada por "antigos" e "modernos". Sobre os efeitos da Querela, cf. Hartog (2005).

já haviam feito, de Alessandro Tassoni[7] a Charles Perrault,[8] mas antes de conciliá-los, na tentativa de achar um "justo meio" que permitisse orientar uma reforma educacional, então em pauta na universidade, agregando o que havia de melhor em cada um dos lados (cf. Robertson, 2005:101). Como afirma Vico (1971a:791): "Discorrendo sobre isso, poremos frente a frente a utilidade e as desvantagens de um e de outro, procuraremos quais das nossas desvantagens se podem evitar, e com que método, quais não se podem, e de quais desvantagens dos antigos estamos contrabalançados". Não um *contra* o outro, portanto, mas um *a favor* do outro. Inclusive, como ele ressalta ao final de seu texto, o título original que havia pensado para sua oração seria mais apropriado: "Sobre a reconciliação do método de estudos da Antiguidade com o método de estudos de nosso tempo".[9]

Com esse objetivo, Vico estrutura sua comparação a partir de determinadas oposições. O saber moderno estaria todo voltado para as noções de "verdade" e "indivíduo", enquanto a sabedoria dos antigos estaria pautada nas noções de "verossímil" e "bem comum". São estas oposições, com seus elementos correlatos, o que marcaria uma *diferença* entre antigos e modernos, motivando a comparação. Mas elas também indicam, como veremos, não apenas uma distinção de método de estudos, como principalmente um diagnóstico, espelhado no passado, de "corrupção" da sociedade dos modernos, ensejando, por sua vez, um exercício por parte do orador em aconselhar aos governantes (ali presentes) as ações necessárias para combatê-la.

Iniciando o confronto, Vico reconhece uma série de descobertas, como a construção naval e a invenção do relógio, que possibilitaram experiências desconhecidas aos antigos. No entanto, ele logo avisa, não é sua intenção enumerar e contrapor as diversas invenções de antigos e modernos, como outros já haviam feito, mas antes comparar e avaliar como esse saber era construído e qual seu papel. É neste aspecto que os antigos poderiam ensinar algo aos modernos, contrabalançando a noção estreita de verdade que estes então louvavam. Referindo-se à crítica cartesiana, Vico (1971a:792) afirma: "Um apenas, pois, é o fim de todos os estudos

[7] Cf. Tassoni (1930) e Fumaroli (2001).
[8] Cf. Perrault (1692).
[9] Cf. Vico (1971a:832). "*De recentiori et antiqua studiorum ratione conciliata.*"

que hoje se observa, se celebra, se honra da parte de todos: a verdade". Os modernos, ele prossegue, iniciam seus "estudos a partir da crítica, a qual, para libertar a verdade genuína não apenas do erro, mas também daquilo que pode suscitar a mínima suspeita de erro, prescreve que sejam afastadas da mente todas as verdades secundárias, os verossímeis, do mesmo modo que afasta a falsidade" (Vico, 1971a:796). Ao afastar as "verdades secundárias" em nome da Verdade do *cogito* cartesiano, o método moderno tinha por consequência, segundo Vico, sufocar no indivíduo as competências necessárias para o viver em comunidade: "De fato, a primeira coisa que vai formada nos adolescentes é o senso comum", diz ele, e "o senso comum é gerado do verossímil, assim como a ciência é gerada da verdade e o erro do falso" (Vico, 1971a:796). E "devendo os jovens ser educados sobretudo no senso comum, é de temer que isso seja sufocado nos modernos". Uma primeira lição que deve ser buscada no passado, nesse sentido, é o respeito a uma ordem natural de desenvolvimento das faculdades do indivíduo. Iniciar a educação dos jovens a partir da crítica seria tolher sua imaginação, assim como descartar a erudição livresca, como pregava Descartes, seria atrofiar sua memória. "Hoje, diz ele, se celebra apenas a crítica, e a tópica não apenas não a precede, como também é deixada de lado. E isto equivocadamente, pois como a descoberta dos argumentos vem, por natureza, antes do juízo sobre a verdade, assim a tópica, como matéria de ensino, deve preceder a crítica" (Vico, 1971a:796-797). Enquanto os antigos seguiam essa ordem natural, privilegiando a imaginação e a memória, os modernos, ao celebrarem a individualidade e a suposta autossuficiência do *cogito*, sufocam nos jovens a habilidade necessária para agir diante dos "fatos humanos". Estes, segundo Vico (1971a:808), "são incertíssimos", já que dominados pela ocasião e pela escolha. E, "porque para guiá-los vale mais a simulação e a dissimulação [...], aqueles que cultivam a verdade pura dificilmente sabem servir-se dos meios e com maior dificuldade conseguem os fins".

A (re)valorização da tópica frente à crítica justifica-se, ao final, pela utilidade civil do saber. O modo de raciocínio silogístico defendido pelos modernos como único válido, pois capaz de separar o verdadeiro do falso, é incapaz de oferecer aos indivíduos a prudência necessária na condução da vida cívica. "Aqueles que se esforçam em reduzir a preceitos o que cabe à prudência, empreendem tarefa vã, porque a prudência decide com base nas circunstâncias dos fatos que são infinitos e cuja compreensão, por vasta que seja, jamais é suficiente" (Vico, 1971a:820). Aqui, o que conta é a capacidade de tecer juízos argutos acerca das circunstâncias que presidem a ação dos homens, direcionando-as para o bem comum. A tópica, ao ensinar a "encontrar os argumentos", favorece o desenvolvimento dessa "agudeza" admirada por Vico no trato das coisas civis, capacitando o indivíduo a pôr em correlação coisas procedentes de direções diversas, tal como preceituavam autores como Baltasar Gracián e Tesauro.[10] Prudência e agudeza, desse modo, só poderiam ser adquiridas mediante a valorização do ensino da eloquência. (Re)desenha-se, assim, esse ideal ciceroniano e humanista de união entre retórica e filosofia, sabedoria e eloquência como condição da *vir civilis*.[11]

Nesta chave, a defesa de uma educação humanista e católica resguarda aos clássicos um papel fundamental, servindo não apenas como repertório de exemplos, mas também como critério de autoridade para medir a grandeza das obras contemporâneas, as quais, graças à perigosa difusão do meio impresso, ficam cada vez mais difíceis de ser corretamente avaliadas.

> Portanto — diz ele —, para disciplinar nossa leitura, tomemos como norma aquele que foi o juízo dos séculos, e regulemos nosso método de estudo colocando-o sob certa tutela. Vale dizer: leiamos, antes de todos os outros, os escritores antigos, cujo crédito, cujo valor e cuja autoridade são coisas por demais asseguradas: esses mesmos serão pois tomados como norma na condução de nossa escolha dos escritores modernos [Vico, 1971a:846].

Essa defesa da autoridade da tradição clássica, privilegiando a tópica em função da crítica, foi uma reação comum à crítica cartesiana. Na França, os escritos do padre jesuíta René Rapin, como suas *Instruções para a história* e suas *Reflexões sobre o uso da eloquência em nosso tempo*, nos quais lamentava a falta de eloquência dos modernos e seu desprezo pela autoridade do passado, guardam uma forte semelhança com as orações que Vico vinha

[10] Cf. Mooney (1991:183-210) e Miner (1998:53-73).
[11] Cf. Seigel (1966:3-48) e Skinner (1999).

proferindo desde 1699.[12] Todavia, como já disse, o objetivo da oração de 1708 não é apenas opor o modo de saber antigo ao moderno, mas conciliá-los, fazendo aquele vir ao favor deste, associando as realizações da ciência moderna com a sábia eloquência dos antigos. Para que essa conciliação ocorresse, seria necessário promover a (re)integração dos diversos campos de saber, das diferentes disciplinas então existentes. No passado, diz ele, todas as artes e disciplinas eram interconectadas e ficavam sob a tutela da filosofia. Aqueles que promoveram sua separação equivaleriam a um tirano que, tendo conquistado uma grande, opulenta e populosa cidade, viu-se obrigado, com o fim de manter sua própria segurança, a destruí-la e dividir seus habitantes em pequenos vilarejos, para que estes, lutando entre si, não se unissem contra seu comum opressor (Vico, 1971a:822). Em outra passagem, ele apresentaria esse processo de fragmentação como uma contingência histórica, especificamente moderna:

> Como o que devemos conhecer está contido em tantos livros, pertencentes a nações cujas línguas estão mortas, os Estados destruídos, os costumes desconhecidos, os códigos corroídos, todas as ciências e artes tornaram-se tão difíceis que com muita dificuldade uma pessoa vê-se capaz de ensinar uma só. Isto fez com que fosse necessário o estabelecimento das universidades, nas quais todos os ramos de conhecimento são ensinados, e na qual cada um ensina a disciplina de sua competência [Vico, 1971a:848].

Se essa fragmentação mostrou-se necessária, e mesmo trouxe ganhos de conhecimento, Vico não a encara como uma vantagem dos modernos. Do mesmo modo, ele não defende o simples descarte da filosofia crítica e empírica dos modernos em nome de uma educação baseada apenas na eloquência: "Ambos os métodos de raciocinar são defeituosos: aquele dos tópicos porque frequentemente assumem como verdadeiras coisas falsas e aquele dos críticos porque negam igualmente o verossímil. Portanto, para evitar os dois excessos, seria indicado instruir os jovens em todas as artes e ciências com o juízo integral". O que lhe interessa, enfim, é denunciar o caráter nocivo da fragmentação do saber moderno, sugerindo

---

[12] Cf. Rapin (1677, 1671). Como afirma o jesuíta nesta última obra: "*Mais à dire le vraie, il ne nous reste à present qu'un vain phantôme de cette Eloquence victorieuse que nous ne possedons plus qu'une idée*" (p. 5).

que ela é a causa da atual "batalha dos livros" que então cindia a República das Letras. Mais do que isso, essa separação dos saberes seria a causa de um mal maior: a perda (moderna) de sua utilidade civil.

O maior exemplo escolhido por Vico para ilustrar essa situação moderna encontra-se novamente no mundo antigo, e direciona-se a um campo de estudos em relação ao qual ele procurava mostrar sua virtuosidade: a jurisprudência. Como mencionado, a seção mais longa de sua oração destina-se a uma reconstrução do processo de grandeza e decadência de Roma, lido a partir do papel que essa cidade atribuiu às suas leis. Em sua origem, o conhecimento das leis e seu exercício estavam vinculados a uma concepção integral de sabedoria, abarcando o "conhecimento das coisas divinas e humanas, a ciência da justiça e da injustiça".[13] Este conhecimento era atributo dos patrícios, grupo que Vico identifica como não pertencente a nenhuma das três "ordens" romanas (plebe, senado, guerreiros), mas cujo papel fundamental consistia em conservar esse conhecimento e manter sua autoridade, garantindo, assim, a prerrogativa do interesse público sobre os privados. Aos poucos, e principalmente com o advento do Império, a jurisprudência romana perdeu seu caráter original, cindindo-se entre direito público, cujo segredo passava a ser propriedade do Estado imperial, e direito privado, por sua vez expandido e vulgarizado na sociedade romana enquanto prática clientelística. "Com o direito privado", afirma Vico (1971a:842), "assumindo tamanha importância, e tantos favores mostrando aos indivíduos, os cidadãos acabaram por assumir que a lei não era nada mais que um instrumento de vantagem pessoal, deixando, assim, de darem atenção ao bem comum." Vico qualifica esse processo de decadência, aqui resumido, como uma passagem da equidade civil (*equitas civilis*) à equidade natural (*equitas naturalis*), a perda da prerrogativa do interesse público em nome das vantagens individuais.

Essa leitura do passado volta-se a um diagnóstico do presente e, poderia se dizer, para os presentes. A lição que ele procura "colocar sob os olhos" de seu auditório, tal como o preceitua a *Retórica a Herênio*, está justamente nessa vinculação, sempre mencionada, entre a fragmentação do saber e a perda de sua utilidade civil. O que Vico propõe é *restaurar* o mode-

[13] Cf. Vico (1971a:826). "*Divinarum humanarumque rerum notitia, iusti et inusti scientia.*"

lo original da jurisprudência romana, submetida a uma filosofia integral, adaptando-o às monarquias modernas:[14] "O jurisconsulto deve estudar as origens, a consolidação, a forma, o acréscimo, o período de estabilidade e, enfim, a decadência do principado romano e pôr em confronto todas essas coisas com as condições de uma monarquia em nosso tempo, para investigar se não derivam delas a mesma utilidade pública" (Vico, 1971a:838). Para a "grandíssima vantagem do Estado", ele afirma, a filosofia do direito deveria convergir novamente com a jurisprudência; as leis adquirirem maior autoridade e inviolabilidade; a eloquência reflorescer para um bom encaminhamento das causas. Desse modo, conclui Vico (1971a:842, grifos meus), para vencerem suas causas, os advogados teriam de "colocar-se com todo seu empenho para provar que sua tese tem um fundamento no direito público; e tornando-se, assim, expertos na doutrina política, poderiam ainda, *como homens políticos, juntar-se ao próprio governo do Estado*".

O individualismo do *cogito* cartesiano, com o qual iniciou sua oração, seria, nesse sentido, expressão de um fenômeno mais geral, o qual, além de fundamentar o método moderno de estudos, colocava em risco a própria organização do moderno Estado monárquico. A fragmentação do saber e a valorização do indivíduo em função do bem comum, expressa pelo que chamou, associando estoicismo e cartesianismo, de uma "ética para solitários", eram os grandes perigos contemporâneos que um governo prudente deveria combater. Diante disso, encaminha a reforma que sua oração encerra: "Parecendo-me isto uma desvantagem, gostaria que os mestres das universidades formassem um único sistema de todas as disciplinas, adaptado à religião e ao Estado, com o fim de conseguir uma uniformidade de doutrina de ensino oficial para a educação pública" (Vico, 1971a:830).

Assim, a defesa de uma educação humanista, baseada na tópica, encontra-se com a necessidade do Estado monárquico de cercar-se de homens

[14] Tal restauração se dá no modelo da *restitutio*, tal como a define Hartog: "*Si toute opération de* restitutio *est présentiste dans son projet même, puisque sa finalité est d'agir dans et sur le présent, il n'en demeure pas moins qu'elle va chercher dans le passé l'*accroissement *dont elle estime avoir besoin pour s'imposer. En fasaint d'un avant un passé ressource et porteur d'autorité, c'est une opération pour temps de crise. Elle prend acte d'une coupure et en tire une partie de sa force. Puis, tout en ne cessant de la souligner, elle vise à la réduire, jouant ainsi sur deux tableaux, sinon double jeu. Encore un effort pour être à nouveau ancien, tout en sachant que la distance est irrémédiable! La* restitutio *peut s'analyser au final comme une opération de* captatio *ou de* translatio *de l'autorité du passé sur le présent, mais au nom du passé*" (Hartog, 2007:27).

prudentes como garantia de um bom governo e de sua conservação. Sem negar avanços alcançados pelo saber moderno, seria preciso contrabalançar sua tendência individualista através tanto da união entre eloquência e filosofia, quanto, principalmente, de sua reinserção na conduta do governo monárquico, legitimando e valorizando, ao final, diante desse mesmo governo, os detentores dessa sabedoria integral e o respectivo ensino. Ao final, o que Vico vai sugerir pelos meandros de suas comparações é a necessidade de sujeitos educados na arte por ele ali professada; e a necessidade, igualmente, poderíamos concluir, de um Estado que concedesse um espaço maior àqueles capacitados a ensiná-la. De modo análogo ao que proporia também seu amigo Paolo Doria, autor de uma *Instrução para os príncipes* (Conti, 1978), o que Vico parece propor é a substituição de uma república de togados por uma república de notáveis, entendendo estes como indivíduos prestigiosos que ocupariam uma posição intermediária entre o soberano e o vulgo, tal como os patrícios que ele identificou como os detentores da sabedoria jurídica na Roma antiga. Entre antigos e modernos, a última lição que fica, portanto, é da necessidade de sujeitos capazes de ir de um a outro, de traçar as fronteiras, de extrair desse percurso um saber, mesmo de conciliá-los prudencialmente em suas distintas semelhanças.

Referências

AUERBACH, Eric. Vico and Aesthetic Historism. *The Journal of Aesthetics and Art Criticism*, v. 8, n. 2, Dec. 1949.

BADALONI, Nicola. Introduzione. In: VICO, Giambattista. *Opere filosofiche*. Firenze: Sansoni, 1971.

BLACK, Robert. Ancients and moderns in the Renaissance: rhetoric and history in Accolti's Dialogue on the Preeminence of Men of his Own Time. *Journal of the History of Ideas*, v. 43, n. 1, Jan./Mar. 1982.

CONTI, Vittorio. *Paolo Mattia Doria*: dalla Republica dei togati alla Republica dei notabili. Firenze: Leo S. Olschki, 1978.

CROCE, Benedetto. *La filosofia di Giambattista Vico*. Bari: Laterza, 1911.

FUMAROLI, Marc. Les abailles et lês araignées. In: *La Querelle des anciens et des modernes*. Édition établie par Anne-Marie Lecoq. Paris: Gallimard, Folio Classique, 2001.

GARIN, Eugenio. Da Campanella a Vico. In: *Campanella e Vico*. Roma: Accademia Nazionale dei Lincei, 1969.

GENTILI, Giovanni. *Studi vichiani*. Messina: Giuseppe Principato, 1915.

GIANTURCO, Elio. Suarez and Vico: a note on the origin of the Vichian Formula. *The Harvard Theological Review*, v. 27, n. 3, Jul. 1934.

HARTOG, François. *Anciens, modernes, sauvages*. Paris: Galaade, 2005.

______. Ouverture. Autorité et temps. In: FOUCAULT, Didier; PAYEN, Pascal (Org.). *Les autorités*: dynamiques et mutations d'une figure de référence à l'Antiquité. Paris: Jérome Millon, 2007.

LEVINE, Joseph. Giambattista Vico and the Quarrel between the Ancients and the Moderns. *Journal of the History of Ideas*, v. 52, n. 1, Jan./Mar. 1991.

LIFSHITZ, M. Giambattista Vico (1668-1744). *Philosophy and Phenomenological Research*, v. 8, n. 3, Mar. 1948.

LORAUX, Nicole. Éloge de l'anachronisme en histoire. *Le Genre Humain*, n. 27, 1993.

MINER, Robert C. "Verum-factum" and practical wisdom in the early writings of Giambattista Vico, *Journal of the History of Ideas*, v. 59, n. 1, Jan. 1998.

MOMIGLIANO, Arnaldo. *Vico's Scienza nuova*: Roman "Bestioni" and Roman "Eroi". *History and Theory*, v. 5, n. 1, 1966.

MOONEY, Michael. *Vico e la tradizione della retorica*. Bologna: Il Mulino, 1991.

NICOLINI, Fausto. *La giovanezza di Giambattista Vico*. Bari: Laterza, 1932.

PACI, Enzo. Vico, structuralism and the phenomenological encyclopedia of the sciences. In: TAGLIACOZO, Giorgio (Org.). *Giambattista Vico*: an international symposium. Baltimore: John Hopkins Press, 1969.

PERRAULT, Charles. *Parelelle des anciens et des modernes en ce qui regarde les arts et les sciences*. Dialogues. Avec le poëme du Siècle de Louis le Grand, et um epistre en vers sur le génie. 2. ed. Paris: Jean Baptiste Coignard, 1692. t. I.

RAPIN, René. *Réflexions sur l'usage de l'éloquence de temps*. Paris: F. Muguet, 1671.

______. *Instructions pour l'histoire*. Paris: Sébastien Mabre-Cramoisy, 1677.

RICOEUR, Paul. *La mémoire, l'histoite, l'oubli*. Paris: Seuil, 2001.

ROBERTSON, John. *The case for the enlightenment*: Scotland and Naples, 1680-1760. Cambridge: Cambridge University Press, 2005.

ROSSI, Paolo. *Le sterminate antichità*: studi vichiani. Pisa: Nistri-Lischi, 1969.

ROUSH, Sherry. The Donna me prega of the Seicento? Reassessing Vico's Unautobiographical 'Affetti di un disperato'. *MLN*, v. 118, n. 1, Italian issue, Jan. 2003.

SEIGEL, Jerrold. Civic humanism or Ciceronian rhetoric? The culture of Petrarch and Bruni. *Past and Present*, n. 34, Jul. 1966.

SKINNER, Quentin. A política da eloquência. In: *Razão e retórica na filosofia de Hobbes*. São Paulo: Unesp, 1999.

STONE, Harold Samuel. *Vico's Cultural History, the production and transmission of ideas in Naples*. 1685-1750. New York: E. J. Brill, 1997.

TAGLIACOZO, Giorgio. Vico: a philosopher of the eighteenth and twentieth-century. *Italica*, v. 59, n. 2, 1982.

TASSONI, Alessandro. Ingegni antichi e moderni. In: *Prose politiche e morali*. Bari: Laterza, 1930.

VICO, Giambattista. De nostri temporis studiorum rationes. In: *Opere filosofiche*. Firenze: Sansoni, 1971a.

______. Orazioni inaugurali. In: *Opere filosofiche*. Firenze: Sansoni, 1971b.

______. *Autobiografia. Seguita da scelta di lettere orazioni e rime*. A cura di Mario Fubini. Torino: Einaudi, 1977.

______. *L'antique sagesse de l'Italie*. Paris: Flammarion, 1993.

Sobre os autores

Estevão de Rezende Martins é doutor em filosofia e história pela Ludwig Maximilian Universität München, é professor titular da Universidade de Brasília, onde coordena os projetos "Cultura, poder e ética nas relações intra- e internacionais" e "Teoria e metodologia das ciências sociais". É autor de *Cultura e poder* (Saraiva, 2007) e coorganizador de *Brasil — União Europeia — América do Sul: anos 2010-2020* (Fundação Konrad Adenauer, 2009), entre outras obras. Preside a Sociedade Brasileira de Teoria e História da Historiografia (SBTHH).

Ethel Mizrahy Cuperschmid é museóloga da Universidade Federal de Minas Gerais (UFMG), historiadora, coordenadora acadêmica do Centro de Memória da Faculdade de Medicina da UFMG e colaboradora do Instituto Histórico Israelita Mineiro, bem como pesquisadora de projetos em História das Radiações e do Câncer do CNPq. Doutora em história pela UFMG, com tese defendida em 2005 com o título "Narrativas dos sobreviventes do Holocausto". Defendeu o mestrado na mesma instituição sobre a história da comunidade judaica de Belo Horizonte (1922-1961). Possui graduação em comunicação social habilitação em relações públicas pelas Faculdades Integradas Newton Paiva Ferreira (1994) e também fez o curso de história na Faculdade de Filosofia e Ciências Humanas da UFMG.

Felipe Charbel Teixeira é graduado em história pela Universidade do Estado do Rio de Janeiro (Uerj), mestre e doutor em história social da cultura pela Pontifícia Universidade Católica do Rio de Janeiro (PUC-Rio). Publicou recentemente sua tese "Timoneiros: retórica, prudência e história em Maquiavel e Guicciardini", pela editora da Unicamp. É professor adjunto na Universidade Federal do Rio de Janeiro (UFRJ).

Fernando Nicolazzi é mestre e doutor em história pela Universidade Federal do Rio Grande do Sul (UFRGS), com estágio na École des Hautes Études en Sciences Sociales de Paris. É professor adjunto de historiografia brasileira na Universidade Federal de Ouro Preto (Ufop). Tem se dedicado aos estudos sobre história da historiografia moderna, área na qual tem produzido vários artigos. Membro do Núcleo de Estudos em História da Historiografia e Modernidade (NEHM).

Hans Ulrich Gumbrecht é "Albert Guérard professor" de literatura no Departamento de Literatura Comparada na Universidade de Stanford. Nascido em Würzburg, na Alemanha, em 1948, Gumbrecht foi educado em Paris, Munique, Regensburg, Salamanca, Pavia e Konstanz, tendo se doutorado na Universidade de Konstanz em 1971, onde foi professor-assistente até 1974. Lecionou depois nas universidades de Bochum e Siegen, tendo se transferido para Stanford em 1989. Além disso, Gumbrecht é professor-associado do Departamento de Literatura Comparada na Université de Montréal, diretor de estudos associados da École des Hautes Études en Sciences Sociales (Paris), *professeur attaché* no Collège de France e *fellow* da American Academy of Arts & Sciences. A historiografia tem sido frequentada regularmente por Gumbrecht, um dos mais influentes e criativos teóricos da história em atividade.

Helena Miranda Mollo é doutora em teoria literária pela Universidade Federal do Rio de Janeiro (UFRJ) e professora do Programa de Pós-Graduação e do Departamento de História da Universidade Federal de Ouro Preto (Ufop). É membro do Núcleo de Estudos em História da Historiografia e Modernidade (NEHM) e pesquisa a relação entre a historiografia e outros campos do conhecimento, na segunda metade do Oitocentos brasileiro, tema que concentra, atualmente, sua produção.

João Paulo G. Pimenta é professor do Departamento de História da USP (desde 2004), professor visitante do Colégio de México (2008) e da Universitat Jaume I, Espanha (2010). Autor de cerca de 40 artigos e capítulos de livros publicados no Brasil e no exterior, bem como de obras como *Estado e nação no fim dos impérios ibéricos no Prata, 1808-1828* (Hucitec, 2002) e *A corte e o mundo* (Alameda, 2008, com Andréa Slemian).

Manoel Luiz Salgado Guimarães (*in memoriam*). Doutor em história pela Freie Universität Berlin (1987), com pós-doutorado na École des Hautes Études en Sciences Sociales (2000). Até seu falecimento, em 2010, foi professor-associado da Universidade Federal do Rio de janeiro (UFRJ) e professor adjunto da Universidade do Estado do Rio de Janeiro (Uerj). Pioneiro na pesquisa em história da historiografia no Brasil, o trabalho do professor Manoel Salgado é hoje uma referência não só para historiadores, mas também para profissionais cujos interesses envolvam os problemas da memória e da cultura histórica.

Marcia de Almeida Gonçalves graduou-se na Universidade do Estado do Rio de Janeiro (Uerj), é mestre em história pela Universidade Federal Fluminense (UFF) e doutora em história social pela Universidade de São Paulo (USP). É professora da Universidade do Estado do Rio de Janeiro (Uerj) e da Pontifícia Universidade Católica do Rio de Janeiro (PUC-Rio), bolsista do programa Jovem Cientista do Estado (Faperj) e pesquisadora do Pronex/Faperj/CNPQ no programa "Culturas políticas e usos do passado: política, patrimônio e ensino de história", coordenado pelo professor Daniel Aarão Reis. Autora de *Em terreno movediço: biografia e história na obra de Octávio Tarquínio de Sousa* (Eduerj, 2009).

Moema de Rezende Vergara é graduada em história (1993) pela Universidade Federal Fluminense (UFF), tem mestrado em história pela UFF (1997) e doutorado em história social da cultura pela Pontifícia Universidade Católica do Rio de Janeiro (PUC-Rio) (2003). É professora do corpo permanente do Programa de Pós-Graduação em Museologia e Patrimônio da Universidade Federal do Estado do Rio de Janeiro (Unirio) e pesquisadora do Museu de Astronomia e Ciências Afins, na Coordenação de História da Ciência.

Rodrigo Patto Sá Motta é graduado (1990) e mestre em história (1993) pela Universidade Federal de Minas Gerais (UFMG). É doutor em história econômica (2000) pela Universidade de São Paulo (USP) e fez pós-doutorado na University of Maryland (2007). É professor-associado da UFMG e pesquisador do CNPq. Tem diversos trabalhos publicados sobre história do Brasil com ênfase no período aberto com o golpe de 1964. Entre outros, publicou *Jango e o golpe de 1964 na caricatura*.

Rodrigo Turin possui graduação em história (2002) pela Universidade Federal do Paraná (UFPR), mestrado em história (2005) pela Universidade Federal do Rio Grande do Sul (UFRGS) e doutorado pela UFRJ (2009), onde desenvolveu a tese "Tempos cruzados: escrita etnográfica e tempo histórico no Brasil oitocentista". Desenvolve trabalhos sobre a historiografia brasileira, historiografia geral e teoria da história. Integra o grupo de pesquisa vinculado ao CNPq "Antigos e Modernos", sob a coordenação do professor Francisco Murari Pires. É professor adjunto na Universidade Federal do Estado do Rio de Janeiro (Unirio).

Sérgio da Mata é doutor em história pela Universidade de Colônia, Alemanha. Realizou estágio pós-doutoral pela Faculdade de Ciências Culturais da Europa-Universität Viadrina (Frankfurt an der Oder), tendo ainda atuado como pesquisador convidado no Instituto Max Weber para Ciências da Cultura e Ciências Sociais da Universidade de Erfurt. Professor do Programa de Pós-Graduação e do Departamento de História da Universidade Federal de Ouro Preto (Ufop) e membro do Núcleo de Estudos em História da Historiografia e Modernidade (NEHM), da mesma universidade.

Valdei Lopes de Araujo é doutor em história pela Pontifícia Universidade Católica do Rio de Janeiro (PUC-Rio), com estágio na Universidade de Stanford, Califórnia. Defendeu tese sobre o conceito de história no Brasil da primeira metade do século XIX, trabalho publicado em livro pela editora Hucitec com o título *A experiência do tempo: conceitos e narrativas na formação nacional brasileira (1813-1845)*. É professor de teoria e história da historiografia na Universidade Federal de Ouro Preto (Ufop). É autor de diversos artigos sobre história da historiografia brasileira e teoria da história. Pesquisador do CNPq, membro do Núcleo de Estudos em História da Historiografia e Modernidade (NEHM) e do Centro de Estudos do Oitocentos (CEO).

Esta obra foi produzida nas
oficinas da Imos Gráfica e Editora na
cidade do Rio de Janeiro